本书系国家社会科学基金重大项目
"构建中华各民族共有精神家园的少数民族视域研究"(编号:17ZDA152)的阶段性成果

兼和丛书
第一辑

纳日碧力戈 著

中华民族共同体意识研究

A STUDY ON THE SENSE OF COMMUNITY OF THE CHINESE NATION

社会科学文献出版社
SOCIAL SCIENCES ACADEMIC PRESS (CHINA)

兼和丛书编委会

主　编

纳日碧力戈（长江学者、内蒙古师范大学资深教授）

乌日陶克套胡（内蒙古师范大学教授、民族学人类学学院创院院长）

执行主编

武　宁（内蒙古师范大学副教授、复旦大学博士后出站人员）

云　中（内蒙古师范大学讲师、中南民族大学民族学博士）

编　委

敖　其（内蒙古师范大学教授）

包凤兰（内蒙古师范大学教授、民族学人类学学院党委书记）

朝戈金（中国社会科学院学部委员、国家哲学社会科学一级教授）

陈岗龙（北京大学教授）

杜建录（长江学者、宁夏大学特聘教授）

方　铁（云南大学教授、教育部人文社科重点研究基地云南大学西南边疆少数民族研究中心原主任）

齐木德道尔吉（内蒙古大学教授、原副校长）

纳日碧力戈（长江学者、内蒙古师范大学资深教授）

沈卫荣（长江学者、清华大学特聘教授）

乌日陶克套胡（内蒙古师范大学教授、民族学人类学学院创院院长）

谢继胜（浙江大学教授）

谢咏梅（内蒙古师范大学教授）

邹诗鹏（长江学者、复旦大学特聘教授）
扎　布（青海师范大学教授、原副校长）

编委会秘书

朱苏道（内蒙古师范大学民族学人类学学院助理研究员）

总　序

本系列丛书冠名"兼和丛书"。"兼和"取自张岱年先生《天人五论》之《品德论》："品值之大衡曰兼，曰和，曰通，曰全。合多为一谓之兼，既多且一谓之和，以一摄多谓之通，以一备多谓之全。"冯友兰在《西南联合大学纪念碑文》中留下这样一段发自肺腑的文字："同无妨异，异不害同，五色交辉，相得益彰，八音合奏，终和且平……万物并育而不相害，道并行而不相悖，小德川流，大德敦化，此天地之所以为大。"执两用中，和合共生，以一统多，有容乃大，这是祖先留给我们的智慧，值得今人追求，也可供后人遵循。

中国古代文明是"连续性文明"，是兼和相济的文明，其势能来自古代的"地天通"精神，具体表现为：万物共属一个有机整体，它们由一股本质的生命力所贯穿，自然和人文的构成要素相互作用，相互联系，相互交融，以其平等属性，彼此对转圆融，共同构成如长江大河般连续不断的整体性宇宙结构，形成光光交彻、美美与共的生态系统关系，地天通，万物生。"通""生"成为连续性文明的代名词，在"通""生"的兼和视域中，物事互联，万象交融，兆民共情。

我国是统一的多民族国家，各族人民共同缔造了统一的多民族国家，共同开拓辽阔疆土、共同书写悠久历史、共同创造灿烂文化、共同培育伟大精神。中华民族在独立自主、强国富民、自立自信的长期斗争中，休戚与共、荣辱与共、生死与共、命运与共，形成了牢不可破的强大凝聚力。我国各族人民在新时代要紧紧围绕铸牢中华民族共同体意识这条主线，团结进步，共同繁荣发展，为实现强国建设、民族复兴伟业，齐心协力，踔厉笃行，勇往直前。

2020年12月，内蒙古师范大学被国家民委确定为中华民族共同体研究基地，实现了我校国家部委科研平台零的突破，体现了我校办学综合实力的显著提升，呈现了"世界眼光、中国立场、内蒙底蕴"的广阔视域。内蒙古师范大学中华民族共同体研究基地以铸牢中华民族共同体意识为主线，根据地区特色形构，结合北疆文化研究，聚焦构筑中华民族共有精神家园和推进各民族交往交流交融，开展重大基础理论和实践问题研究，努力推出符合时代要求、守正创新的学术成果，将基地建设成为服务决策、引领学术、培养人才的科研创新平台，为建设中华民族现代文明和实现中华民族伟大复兴提供理论推动和学术支撑。

内蒙古师范大学中华民族共同体研究基地"兼和丛书"立足于我国丰富多彩的社会文化，从纵深中挖掘底蕴，从丰富中寻找重叠，从多彩中发现共同，以中华民族是各民族共同组成之统一实体的观点，以中华文化是各民族文化之集大成的视角，以民族学人类学的学术立场，植根本土，深入田野，研究日常生活和民间智慧，研究经济社会和历史文化，研究各族人民创造、奋斗、团结、梦想的伟大精神和本土实践，努力发展六合一体、品值大衡的自主理论体系和守正创新思想。

纳日碧力戈
2024 年 10 月

目 录

导 论 1

第一章 "中华民族共同体"辨析 8
第一节 "中国"与"中华" 8
第二节 中国的"民族"话语 12
第三节 "共同体" 17
第四节 民族精神 21

第二章 中华民族的形成 25
第一节 陆海之国·地大物博 25
第二节 满天星斗 29
第三节 民族交融共生 34
第四节 语言互借互嵌 48
第五节 文化交流 54
第六节 经济互通 65
第七节 政治一统 77
第八节 走向自觉的中华民族：话语喧嚣 84

第三章 新中国的民族发展道路 91
第一节 中国共产党的领导 91
第二节 民族识别·民族平等·民族团结 95
第三节 民族区域自治制度：中华民族共同体的制度保障 104
第四节 中华民族共同体文化认同 108
第五节 各民族共同繁荣富裕 111

第四章 中华民族共同体的价值体系 115
第一节 地天相通·兼和相济 116

第二节　仁德守节·明理循规 ········· 129
　　第三节　深明大义·忠于祖国 ········· 133
　　第四节　百折不挠·自强不息 ········· 138
　　第五节　万物和谐·万象共生 ········· 145

第五章　双向铸牢中华民族共同体意识 ········· 158
　　第一节　中华民族共同体意识的交互性 ········· 158
　　第二节　人口较多民族的主导作用 ········· 160
　　第三节　四方铸牢共同体意识 ········· 163
　　第四节　守望相助奉献祖国 ········· 173
　　第五节　可持续的人文生态 ········· 179

第六章　"五通"铸牢中华民族共同体意识 ········· 187
　　第一节　心通 ········· 187
　　第二节　情通 ········· 189
　　第三节　语通 ········· 191
　　第四节　文通 ········· 197
　　第五节　政通 ········· 199

第七章　中华民族共同体精神的守正创新之路 ········· 206
　　第一节　重续地天通 ········· 206
　　第二节　共同体精神的意向性推动 ········· 211
　　第三节　共同体精神的艺韵共鸣 ········· 213
　　第四节　协商共生的伦理道德 ········· 215
　　第五节　希望之旅：让理想放出光芒 ········· 222

第八章　中华民族共同体与人类命运共同体 ········· 225
　　第一节　中华民族共同体是人类命运共同体的组成部分 ········· 225
　　第二节　中华民族共同体人文资源的兼容性 ········· 228
　　第三节　文化自觉与文化自信 ········· 233
　　第四节　中华文化日日新 ········· 239
　　第五节　中华民族共同体精神的当代价值 ········· 243

主要参考文献 ········· 260

导　论

党的十八大以来，中国特色社会主义进入新时代。习近平总书记在民族工作领域把马克思主义基本原理同中国具体实际相结合、同中华优秀传统文化相结合，提出了以铸牢中华民族共同体意识为标志的一系列重大原创性论断，形成了习近平总书记关于加强和改进民族工作的重要思想，推动了马克思主义民族理论中国化时代化。[①]

党的十九届六中全会指出，在中国特色社会主义进入新时代之后，党领导人民实现第一个百年奋斗目标，开启第二个百年奋斗目标新征程，马克思主义基本原理同中国具体实际相结合进入了崭新阶段。习近平总书记对新时代的党建工作和国家建设，包括新时代的民族工作和民族政策，提出了一系列新思想、新观念、新要求，号召全党保持同人民群众的血肉联系，以人民为中心，团结带领全国各族人民为美好生活奋斗。2021年召开的中央民族工作会议，提出了习近平总书记关于加强和改进民族工作的重要思想，包括"必须从中华民族伟大复兴战略高度把握新时代党的民族工作的历史方位，以实现中华民族伟大复兴为出发点和落脚点，统筹谋划和推进新时代党的民族工作""必须高举中华民族大团结旗帜，促进各民族在中华民族大家庭中像石榴籽一样紧紧抱在一起""必须构筑中华民族共有精神家园，使各民族人心归聚、精神相依，形成人心凝聚、团结奋进的强大精神纽带""必须促进各民族广泛交往交流交融，促进各民族在理想、信念、情感、文化上的团结统一，守望相助、手足情深"。[②] 根据知网信息，截至2020年10月，篇名中包含"铸牢中

[①] 本书编写组：《中华民族共同体概论》，高等教育出版社、民族出版社，2024，第1页。
[②] 《习近平谈治国理政》第四卷，外文出版社，2022，第244页。

华民族共同体意识"的期刊论文和报纸文章达 505 篇；截至 2024 年 5 月 2 日，篇名中包含"铸牢中华民族共同体意识"的期刊论文和报纸文章达 4848 篇，充分证明了学术界对"铸牢中华民族共同体意识"的高度重视。

当今世界，一方面风云变幻，战乱频仍，灾难不断，不确定性增加，人类进入了风险社会；另一方面，人类社会需要团结一致应对共同风险，创新维护和智慧改善自己的生态空间，建设人类命运共同体。全球化、网络化和数字化并没有带来众所期盼的"天下大同"趋势，相反带来了更多更强的民族主义、民粹主义、种族主义和极端主义，当今世界充满了排外和仇恨，许多国家内部也出现了分裂主义和极端主义的事件，如何应对这样的不稳定格局，变不稳定为稳定，化解仇恨，铸剑为犁，和平共处，包容差异，这些都是国际社会迫切需要解决的难题。中华民族面对百年未有之大变局，更需要铸牢中华民族共同体意识，构筑中华民族共有精神家园，早日实现中华民族伟大复兴。文化认同、精神认同是民族认同最深层次的认同，入心入脑，触及灵魂。"中华文化是各民族文化的集大成"①，中华文化认同是我国各族人民的生命线，是铸牢中华民族共同体意识的精神根基、认同源泉。"铸牢中华民族共同体意识"和"构筑中华民族共同精神家园"需要各族人民共同参与，国家视角需要结合本土知识，使之有形、有感、有效；大民族和小民族要互相认同，共同认同中华民族和中华文化，形成千灯互照、光光交彻、多元一统的人文生态。各族人民因为被尊重、被承认而认同、归心中华民族，中华民族因为被各族人民高度认同而成为稳固、凝聚的共同体。

中国是统一的多民族国家，民族工作"事关祖国统一和边疆巩固，事关民族团结和社会稳定，事关国家长治久安和中华民族伟大复兴"②。

> 正确把握中华文化和各民族文化的关系。中华文化与各民族文化，犹如主干与枝叶，根深干壮才能枝繁叶茂。各民族优秀文化是

---

① 《习近平著作选读》第一卷，人民出版社，2023，第 285 页。
② 尤权：《做好新时代党的民族工作的科学指引——学习贯彻习近平总书记在中央民族工作会议上的重要讲话精神》，《求是》2021 年第 21 期。

中华文化的组成部分，都对中华文化的形成和发展作出了贡献。把汉族文化等同于中华文化、忽略少数民族文化，把本民族文化自外于中华文化、对中华文化缺乏认同，都是不对的。①

中华文明经历了一个由"多"生"一"、以大一统为历史定位的发展过程。根据苏秉琦的观点，从新石器时代到夏商时期，发展水平相近的众多文明光光交彻，散布在中国这块土地之上，星罗棋布，灿烂辉煌。在绵延悠久的中国历史中，各个人群、各个族类虽有冲突碰撞、彼此攻伐，但在总体上，尤其是在近代一致对外的抗争中，休戚与共、荣辱与共、生死与共、命运与共，凝聚成交往交流交融的中华民族共同体。在一致对外的抗争中，各族人民同仇敌忾，团结一心，他们中间涌现出许许多多可歌可泣的英雄人物。各族人民同甘共苦，浴血奋战，结下了纯真友谊，培育了深厚感情。②

1840年以后，帝国主义列强侵略我国，使我国沦为半殖民地半封建社会。这就使我国的民族关系发生了一个很大的变化。这时，我国内部各民族的关系虽然依然存在，但它们却共同面临帝国主义侵略和生死存亡的问题。因而，我国各族人民联合和团结起来，反对帝国主义侵略，就成了它们关系的一个重要的内容和重要的方面。在反对帝国主义侵略的过程中，也使我国各族人民深深认识到他们的共同命运，从而加强了团结，加强了中华民族的观念和民族意识。1949年中华人民共和国成立，标志着我国开始进入社会主义社会，标志着我国民族开始发展为社会主义民族。社会主义的民族关系，由于消灭了剥削阶级，与阶级社会的民族关系有根本的和本质的区别，它不再是不平等的民族压迫的关系，而是民族平等的关系，是相互帮助和共同发展繁荣的关系了。③

---

① 尤权：《做好新时代党的民族工作的科学指引——学习贯彻习近平总书记在中央民族工作会议上的重要讲话精神》，《求是》2021年第21期。
② 苏秉琦：《满天星斗：苏秉琦论远古中国》，赵汀阳、王星选编，中信出版社，2016。
③ 翁独健主编《中国民族关系史纲要》，中国社会科学出版社，1990，第16页。

中华民族共同体由各民族共同组成，其中任何一个民族既不能等同于中华民族，也不能自外于中华民族。中华民族是大海，各民族是江河，溪流汇聚，百川归海，大势所趋，不可阻挡。费孝通较好地解释了中华民族共同体形成的过程：中华民族作为一个实体经历了从自在到自觉的自我认知过程，历史发展到今天，56个民族已结合成相互依存的统一整体，他们共休戚、共存亡、共荣辱、共命运，牢牢嵌入多元一体格局中，"56个民族是基层，中华民族是高层"。① 这是一个颇具新意的解读，解决了学界长期讨论、悬而未决的定位问题，尤其在认识上澄清了中华民族凝聚力如何形成的问题。统一的高层中华民族由基层的56个民族共同组成，称为中华民族共同体。习近平总书记在2019年全国民族团结进步表彰大会上总结的"四个共同"是对中华民族的最权威定义："我们辽阔的疆域是各民族共同开拓的"；"我们悠久的历史是各民族共同书写的"；"我们灿烂的文化是各民族共同创造的"；"我们伟大的精神是各民族共同培育的"。②

真正让中华民族从自觉走向自强、自信的推动者和实现者，是以毛泽东同志为主要代表的中国共产党人。中国共产党将马克思主义民族理论与中国历史和实际相结合，发展出本土化、创新性的中国特色民族理论，开展民族识别，制定政策措施，全面推进民族团结进步事业。新中国的民族区域自治制度是照顾历史传统、立足民族现状、考虑未来发展的制度创新，是"各美其美、美人之美、美美与共"的成功经验。在一个从几亿人口发展为十几亿人口的历史大国和文明大国里，形成各民族平等团结、共同繁荣发展的大格局，推动中华民族发展成为一个自觉、自强、自信的强大共同体，可谓前所未有，举世罕见，充分体现了中国特色、中国风格、中国气派。

马克思晚年阅读大量的民族志材料，研究亚细亚生产方式，研究包括"中国特色"在内的"东方特色"。中国延绵不断的文明史，其传统文化生生不息、不断探索、兼和相济的特质，引起国内外学者的浓厚兴趣。

---

① 费孝通主编《中华民族多元一体格局》（修订本），中央民族大学出版社，1999，第13页。
② 习近平：《在全国民族团结进步表彰大会上的讲话（2019年9月27日）》，人民出版社，2019，第4、5、6页。

雅斯贝尔斯提出"轴心时代"论，认为在公元前500年前后出现了包括中国、印度、波斯、巴勒斯坦、古希腊在内的轴心期文明，只是它们的历史命运不同：古埃及和古巴比伦因缺乏创新而消亡；中国和印度发展停滞；只有以古希腊为代表的欧洲文明在突破中获得新生。① 也许，作为复杂共同体的中国，自古有"行进""探索""关联"，不求"突破"和"断裂"的传统，就像我们现在朗朗上口的"守正创新""不失本色""在继承中发展""在发展中创新"的说法。坚守正固，不失本色，改革开放，为我所用，这是中国道路的本质所在。

苏秉琦在说到中国文化传统的重要文化因素时，除了提到"精于技艺，善于思考""兼容性和凝聚力""玉器的社会功能及其所体现的中国传统的价值标准和道德观念"以外，也提到了"以形意为主题结构的方块字体现了长于形象思维的中国传统的思维方式"，"形意"结合"会意"，"更产生了无穷的生命力"，"中国所特有的历经数千年发展的方块字文字系统在维系中国文化传统中"起到了"重要的纽带作用"。② 中国的汉字文化尤其是"六书"就代表这样一种传统。首见于《周礼》、经由《说文解字》表述的汉字六书，即象形、指事、会意、形声、转注、假借，成为至今沿用的古代汉字构字法，体现了形气神"一失其位，则三者伤矣"的传统思想。汉字六书背后的均衡兼顾的思想，指导着中华民族对于万物万象的认知，已经深深融入中华文化的底层，成为稳定的认知习惯。汉字的特点不仅仅在于笔画形体，还在于"形""气""神"的互融合一，在于体现其符号学意蕴的整体观、互动观、创新观，体现了"兼和相济""生生不息"的理念。古人"形意"关联的思辨传统超越了现当代物质和精神背离、主观唯心主义和机械唯物主义对立，还魂于物感物觉、事物相指、解释意义的三性/三元符号学③。

"形意"交融、"会意"创造的汉字文化集中体现了中国古人"致中

---

① 〔德〕卡尔·雅斯贝尔斯：《历史的起源与目标》，魏楚雄、俞新天译，华夏出版社，1989。
② 苏秉琦：《满天星斗：苏秉琦论远古中国》，赵汀阳、王星选编，中信出版社，2016，第91~92页。
③ 关于三性/三元符号学，参见纳日碧力戈《从皮尔士三性到形气神三元：指号过程管窥》，《西北民族研究》2012年第1期。

和"与"和而不同"的实用理性，可以用来解释我国各族人民互不分离、交融一体的生活智慧。张岱年对"一"和"多"的关系这样看："多集为一，一分为多。多而不害其一，一亦不失其多。宇宙既为一，且有多。"① 中华文明源远流长，中华民族共同体地大物博、人口众多，全离不开由"多"生"一"、以"一"容"多"的哲理导向。中国自古就是道德之国、"行进之国"、探索之国、创造之国。古人讲"道"，讲"德"，"道""德"两字均有"行进"之义，古今人群在行进中创造，在行进中团结，在行进中向往，表达了一种生生不息、日日新的奋斗精神。

爱国主义是中华民族精神的根基，也是社会主义核心价值观的根本，是中华民族共同体全面凝聚的底蕴所在。"爱国主义是中华民族的民族心、民族魂，是中华民族最重要的精神财富，是中国人民和中华民族维护民族独立和民族尊严的强大精神动力"②，是"中华民族精神的核心"③。以建党精神为代表的革命精神谱系，为各族人民建设现代化国家、为中华民族伟大复兴，提供了强大而持久的精神动力。2019年11月，中共中央、国务院印发了《新时代爱国主义教育实施纲要》，其要点包括："弘扬以爱国主义为核心的民族精神和以改革创新为核心的时代精神"；"固本培元、凝心铸魂"，激发"干部群众的爱国情、强国志、报国行"；"传承和弘扬中华优秀传统文化。……引导人们树立和坚持正确的历史观、民族观、国家观、文化观，不断增强中华民族的归属感、认同感、尊严感、荣誉感"；"引导各族群众牢固树立'三个离不开'思想，不断增强'五个认同'，使各民族同呼吸、共命运、心连心的光荣传统代代相传"。④

由爱国主义、自强不息、团结奋斗、守正创新、兼和相济、追求梦想等内涵构成的民族精神，既是中国人民的价值取向，也是中国人民的实践理性，指引着中华民族共同体团结一致、生生不息，为实现中华民族伟大复兴披荆斩棘，战胜困难，勇往直前。从古至今，我国各族人民

---

① 张岱年：《张岱年全集》第三卷《天人五论》，河北人民出版社，1996，第155页。
② 《新时代爱国主义教育实施纲要》，人民出版社，2019，第1、22页。
③ 《十九大以来重要文献选编（中）》，中央文献出版社，2021，第671页。
④ 《凝聚奋进新时代实现民族复兴的磅礴伟力——中央宣传部负责人就〈新时代爱国主义教育实施纲要〉答记者问》，载《新时代爱国主义教育实施纲要》，人民出版社，2019，第24~25页。

彼此间交往交流交融，对外开放，守正创新，不断扩大和更新中华民族共同体的文化体量，提炼和发展新时代价值，为培育和丰富人类共同体精神做出贡献。

中华民族共同体建设与构建人类命运共同体，一个着眼于促进各族交融凝聚增进各族共同性的国家民族建设，一个着眼于倡导各国和平共处、建设合作共赢的全球治理体系。二者性质、功能、范畴都有实质区别。但是，中华民族共同体建设对于推动构建人类命运共同体具有启示意义。一方面，中华民族越凝聚越强大，就越能巩固壮大构建人类命运共同体的中国力量；另一方面，中华民族共同体建设的历史经验、文明特性和制度逻辑，对于构建人类命运共同体具有理念启示和价值引领作用。对内推进中华民族共同体建设，对外推动构建人类命运共同体，实质上是新时代中国共产党人统筹国内国际两个大局的战略举措，是中华民族对人类社会作出更大更重要贡献的必然选择。[1]

---

[1] 本书编写组：《中华民族共同体概论》，高等教育出版社、民族出版社，2024，第363页。

第一章 "中华民族共同体"辨析

"中华民族共同体"由"中华""民族""共同体"组成,其中"中华"自古就有,"民族""共同体"属于晚近引入,需要对它们的词典定义和实际蕴含做一番辨析。需要特别指出,"中国"和"中华"水乳交融,应一并予以辨析。

第一节 "中国"与"中华"

一 "中国"

说"中华"一定要先说"中国"。根据《汉语大字典》(第二版),"中"有这样一些含义:

> 内、里面;方位在中央;中等;半,位置在两侧之间的;正,不偏不倚;媒介、中介;内心;内脏;身;宜于、适于;行、好;古代户役年龄;簿书、案卷;古代投壶时盛筹码的器皿;中国的简称;忠;姓;得当、恰当;正对上、恰好合上;受到、遭受;陷害、中伤;间隔;满、足;科举及第;仲。[1]

从甲骨文看,"中"为"旗旒之象形",经过战国时代和秦代的省减形变,汉代定型为"中"。[2] 虽然有王国维"象盛放算筹一类东西的容

---

[1] 汉语大字典编辑委员会编纂《汉语大字典》(第二版),四川辞书出版社、崇文书局,2010,第32~33页。
[2] 李学勤主编《字源》(上),天津古籍出版社、辽宁人民出版社,2012,第28页。

器"的判断和一些学者"象测日影的工具、象风标一类"的看法，但总的来说，"中"是一种工具或器物，是一根直杆，"上下或上中下皆有飘带，中间有一个附着于杆上的物件"，所以唐兰说它像徽帜、旌旗更符合字形。① 郭永秉认为通过清华简《保训》研究把"中"理解为"中和之气"的意见"较接近于事实"，"中和之气"是"取得政权合法性的一个重要标志"。②

"中国"最早见于现有传世文献中的《尚书·梓材》："皇天既付中国民越厥疆土于先王，肆王惟德用，和怿先后为迷民。"③《诗经·大雅·民劳》有"惠此中国"的句子，《诗经·大雅·荡》也出现了"中国"二字。陕西宝鸡贾村1963年出土的何尊，上面有"宅兹中国"的词语。④ 最早出现的这个"中国"是一个地理和空间概念，"国"字的含义是"城"或"邦"，"中国"就是"中央之城"或"中央之邦"。此处的"中国"强调"中间"和"周边"的位置关系，涉及自我和他者的区分：京师之地为"中国"，⑤ 京师之外就不是"中国"。周朝实行分封制，王畿和诸侯国都有包括国城和近郊的"国"，"国"与"野"对立，"野"是"国之外的土田"。⑥ 专家根据周代金文考证，当时的"国"与"或"

---

① 郭永秉：《九个汉字里的中国》，上海文艺出版社，2019，第4~6页。
② 郭永秉：《九个汉字里的中国》，上海文艺出版社，2019，第18~20页。参见王志平《清华简〈保训〉"叚中"臆解》，《孔子研究》2011年第2期，"摘要"：清华简《保训》公布后，学者们对于简文有关上甲微"叚中于河"的一段记述聚讼纷纭，"叚中于河"，"叚"当读为"格"，"中"是指天地阴阳中和之气，"河"就是"黄河"。"格中于河""追中于河"都是圣人感格瑞征、应运受命的一种体现，与我国古代宗教和思想中的"格物"说有着密切关系。
③ "上帝既然把中国的臣民和疆土托付给先王，现在国王只有推行德政，殷商遗民中的顽固派，才会先后心悦诚服地服从于我们的统治。"参见王世舜、王翠叶译注《尚书》，中华书局，2012，第213~214页。
④ 于省吾：《释中国》，载胡晓明、傅杰主编《释中国》（第三卷），上海文艺出版社，1998，第1515~1524页。
⑤ 《诗经·大雅·民劳》说"惠此中国，以绥四方"，又说"惠此京师，以绥四国"，以"中国"对"京师"，以"四方"对"四国"。参见陈连开《中国·华夷·蕃汉·中华·中华民族》，载费孝通主编《中华民族多元一体格局》（修订版），中央民族大学出版社，1999，第217页。
⑥ 郭永秉：《九个汉字里的中国》，上海文艺出版社，2019，第31页。

相通，指"城邑"。① 于省吾认为，"中国"作为专名出现在西周周武王统治时期，那时所说的中土之国和现在不同，在意义上与周边国家存在很大差别。② "中国"最初指周天子所居住的"丰"地和"镐"地。③ 周灭商后，商的京师④之地也称为"中国"。商朝的王都位于东、南、西、北四方之中，故称"中土"，它的周围分布着许多分属于东、南、西、北的小国。西周时期，也把京师或中原地区称为"中国"，这里是天子直接统治的王国，是诸夏居住的地方和建立的国家，所以，"中国"除了方位居中之意，也表示政治、经济、文化的中心。蒙古文书写的"Dumdadu ulus"（"中国"）之名首次出现于清初崇德年间完成的《元史》蒙译本，⑤ 如果将其按照直译的方式，就可以翻译成"中部的国"。可以确定的是，这个蒙译本是由满译本转译而来的，在满译本中，这个地方的用词是"Dulimbai gurun"（直译为"中央之国"）。随着学术研究的进一步推进，从《元史》蒙译本出现以后，"Dumdadu ulus"这样的翻译名在很多的蒙古文历史文献中可以查阅到。⑥ 清朝以降，文献中惯用的"Kitad"这一称谓和译自汉语的名称"Dumdadu ulus"都会经常使用到，但是，可以明显地发现，"Kitad"这一说法，较之前者出现的次数更多。⑦

从汉文"中国"的词源到蒙古语"中国"的译名，比较清楚地勾勒出"中国"从城邦"中都"、多民族之国到中华民族共同体的历史轨迹。

---

① 费孝通主编《中华民族多元一体格局》（修订本），中央民族大学出版社，1999，第211~212页。
② 于省吾：《释中国》，载胡晓明、傅杰主编《释中国》（第三卷），上海文艺出版社，1998，第1515~1524页。
③ 今陕西境内。
④ 在河南境内。
⑤ *Daiyuwan Ulus-un Teüke*, Ündüsten-ü Keblel-ün Qoriy-a, 1987, p. 38. 转引自乌兰《蒙古文历史文献中涉及"国"及其相关概念的一些表述方法》，《民族研究》2016年第2期。
⑥ Dumdadu ulus 一名还见于罗密《蒙古世系谱》（*Mongγol-un Borjigid Oboγ-un Teüke*, Lomi jokiyaba, Naγusayinküü, Aidajab tulγan qari ˇcaγulju tailburilaba, ˇCoiji kinaba, Öbör Mongγol-un Arad-un Keblel-ün Qoriy-a, 1989, pp. 56, 100, 102, 144, etc.）、《水晶念珠》（Raˇsipungsuγ, *Bolor Erike*, pp. 128, 189）、《黄金数珠》（*Altan Erike*, p. 310）、《蒙古布里亚特史》（*Buriyad-un Teüken Surbulji Biˇcig*, p. 287）等。转引自乌兰《蒙古文历史文献中涉及"国"及其相关概念的一些表述方法》，《民族研究》2016年第2期。
⑦ 转引自乌兰《蒙古文历史文献中涉及"国"及其相关概念的一些表述方法》，《民族研究》2016年第2期。

二 "中华"

世界上独立发展的六大古文明包括两河流域文明、埃及文明、印度文明、中国文明、墨西哥文明和秘鲁文明，其中唯有中国文明未曾中断，延续至今。[1]

如前所举，"中"的义项包括"内""里面""方位在中央""中等""半""位置在两端之间的"等，这里不再一一举出。[2]大约在魏晋时期出现了"中华"一词，"南北朝已普遍使用"，其古义与"中国"相当。[3]"中华"由"中国""华夏""诸夏""诸华"等词衍生而来，"夏"训"大"，"华"训"服章之美"。"中华"有三个含义：指中原和王朝直辖的郡县地区；指汉人；指"礼乐官第"的中原文化。[4] 陈连开引顾颉刚、王树声观点，认为"诸夏""华夏"主要用于春秋时期，到战国时期比较少用，原因是"民族融合"，"夏夷之防"消失。[5] 战国以前，夷、蛮、戎、狄不与东、南、西、北四个方位严格对应，"南方可以称夷，北方也可称蛮，羌似稳定居于西方，戎却可以称于东方"；时至战国，诸侯的意识形态和地理的疆界被打破，"形成包括少数民族在内的大一统观念"。[6]

明太祖朱元璋于1367年10月命徐达等北伐后发布檄文，提出"驱逐胡虏，恢复中华"，"归我者永安于中华，背我者自窜于塞外"；又说"元以北狄入主中国，四海以内，罔不臣服，此岂人力，实乃天授"，承认元朝合法、合天命。[7] 明太祖一方面要"驱逐胡虏"，另一方面承认元朝的正统性，由此可以看出正统观和民族观在那个时代交互作用的复杂

---

[1] 阴法鲁、许树安、刘玉才主编《中国古代文化史》（插图本）上，北京大学出版社，2008，第3页。
[2] 汉语大字典编辑委员会编纂《汉语大字典》（第二版），四川辞书出版社、崇文书局，2010，第32~33页。
[3] 阴法鲁、许树安主编《中国古代文化史》（一），北京大学出版社，1989，第1页。
[4] 阴法鲁、许树安主编《中国古代文化史》（一），北京大学出版社，1989，第1~2页。
[5] 陈连开：《中国·华夷·汉·中华·中华民族》，载费孝通主编《中华民族多元一体格局》，中央民族大学出版社，1999，第229页。
[6] 陈连开：《中国·华夷·汉·中华·中华民族》，载费孝通主编《中华民族多元一体格局》，中央民族大学出版社，1999，第229页。
[7] 陈连开引《明太祖实录》卷26，吴元年冬十月丙子条，参见阴法鲁、许树安主编《中国古代文化史》（一），北京大学出版社，1989，第2页、第39页注①。

性。从中国的历史大势看，正统观是主流，民族观服从于正统观。

总的来说，从魏晋时期到明代，"中华"主要指中原文化，其"中原和王朝直辖的郡县地区"和"汉人"的含义要服从"中原文化"这个关键含义，历史上携带"中原文化"的流动人口扩大了原有"中原和王朝直辖的郡县地区"的范围，"汉化"的少数民族可以"华夏之""中国之"，"蛮化"的汉族就要"非华夏之""非中国之"。到清朝晚期和民国初期，随着"民族"概念伴随"列强犯华"进入中国，"中华民族"的概念诞生了，古老的"中华"要被现代的"民族"重新定义，"民族"语义要调整，"民族"实践要变化。

第二节 中国的"民族"话语

尽管有学者考证，"民族"见于汉代郑玄注《礼记·祭法》，① 见于唐代李筌所著兵书《太白阴经》的序言中，② 或者更早的南北朝时期的《南齐书》，③ 甚至可以追溯到西晋王浚妻华芳墓志，④ 但彼"民族"非此"民族"，即汉文古籍里的"民族"尚不属于在中西交流中翻译引进并且逐渐确定下来的现代民族的范畴。⑤ 黄兴涛从 1837 年《东西洋考每月统记传》所载《论约书亚降迦南国》一文和 1872 年 8 月 24 日《申报》载《论治上海事宜》一文中各找出"民族"一词，并指出《东西洋考每月统记传》的主要编撰者德国籍传教士郭士立等使用的"民族"可能对译的是"race"、"nation"或"people"，而"显系上海华人所撰"《申报》

---

① 彭英明：《关于我国民族概念历史的初步考察——兼谈对斯大林民族定义的辩证理解》，《民族研究》1985 年第 2 期。该文作者认为此处的"民族"还不是一个名词，不是指"人们共同体"，而是指"家族"或"宗族"。
② 茹莹：《汉语"民族"一词在我国的最早出现》，《世界民族》2001 年第 6 期。
③ 邸永君：《"民族"一词见于〈南齐书〉》，《民族研究》2004 年第 3 期。
④ 李超：《汉语"民族"一词见于西晋永嘉年间》，《世界民族》2011 年第 4 期。
⑤ 但是中国古人的"民族"无疑为主要是由日语返借过来的现代"民族"，留下深刻的印记，让它具有难以抹去的"中国特色"。不失本色的中国"民族"要进入国际"民族"话语，补充和扩展现代"民族"语义，让现代"民族"的语义更加包容、概括性更强，真正成为被人文社会科学界广泛接受的跨国跨系跨地区的概念工具。国际现代"民族"话语中的"中国特色"或者"东方特色"，与"亚细亚生产方式""内卷""超稳定结构"等主题研究有密切联系，共同组成人文社会科学研究的"系统工程"。

文章中的"民族"指国内外民族,具有现代意义。①

从欧美传教士来华日久、近代中日交流频繁的事实,可以说现代意义的"民族"是来自欧美-日本的借词或者返借词,在频繁地使用和交流中逐渐固定下来。② 现代意义上的"民族"概念传入中国是在鸦片战争之后,当时西方列强大肆瓜分势力范围,中国面临"亡国灭种"之危。也就是在这个时候,中国出国留学人数大大增加,汉译出版事业空前发达,中外信息流通日益频繁。仅1900~1906年在日本的中国留学生人数已经超过1万人。③ 严复翻译的斯宾塞(H. Spencer)的《群学肄言》(*The Study of Sociology*)和赫胥黎(T. H. Huxley)的《天演论》(*Evolution and Ethics*)、1902年上海编译局出版的《乐养斋丛刻》、1903年上海文明书局编印的《平民丛书》、上海通社编译出版的《通社丛书》、国民丛书总发行所出版的《国民丛书》等,将西方的民族主义理论和各种学科知识介绍到中国来。中国有重视家族和文化礼仪的传统,西方的进化论和人种起源学说并不与之发生正面冲突。早期的中国学者在给"民族"下定义的时候,仍然着眼于家族世系和文化礼仪,例如蔡元培认为,"凡种族之别,一曰血液,二曰风习"④;柳亚子认为,"血裔、风俗、言语不同者,就是不同民族"⑤。汪精卫认为:"民族云者,人种学上之用语也,其定义甚繁,今举所信者,曰:民族者,同气类之继续的人类团体也。兹所云气类,其条件有六:一同血系(此最要者,然因移住婚姻,略减其例),二同语言文字,三同住所(自然之地域),四同习惯,五同宗教(近世宗教信仰自由,略减其例),六同精神体质。此六者皆民族之要素

---

① 黄兴涛:《"民族"一词究竟何时在中文里出现?》,《浙江学刊》2002年第1期。
② 这里涉及现代意义的"民族"的形塑,不涉及"最早出现"的问题。刘禾在把"民族"归类为日本返借词的同时,指出"文学"是一位美国传教士从英文literature翻译过来的,不属于日语返借词,只是它在中日之间的往返传播中,被广泛使用并且成为标准的对译词。参见 Lydia H. Liu, *Translingual Practice: Literature, National Culture, and Translated Modernity-China, 1900–1937*, Stanford, California: Stanford University Press, 1995, pp. 35, 47. 从以上引用的这些考证看,"民族"一词的借入似同时受到欧美和日本的影响。
③ Frank Dikötter, *The Discourse of Race in Modern China*, Hong Kong: Hong Kong University Press, 1992, p. 108.
④ 蔡元培:《释仇满》(1903年),《蔡元培选集》,中华书局,1959,第2页。
⑤ Frank Dikötter, *The Discourse of Race in Modern China*, Hong Kong: Hong Kong University Press, 1992, p. 108.

也。"① 以上"民族"定义都可以在瑞士法学家和政治学家约翰·布伦奇里（John Bluntschli，又译为伯伦知理）的有关定义中找到根据："（一）其始也同居于一地。（非同居不能同族也。后此，则或同一民族而分居各地，或异族杂处一地，此言其溯耳。）（二）其始也同一血统。（久之则吸纳他族，互相同化，则不同血统而同一民族者有之。）（三）同其支体形状。（四）同其语言。（五）同其文字。（六）同其宗教。（七）同其风俗。（八）同其生计。有此八者，则不识不知之间，自与他族日相阂隔，造成一特别之团体，固有之性质，以付诸其子孙，是之谓民族。"②

中国共产党接受马克思列宁主义指导，将苏联的民族模式与本土实践相结合，经历了一个由探索、创新到成熟的过程。为了团结少数民族共同抗战，中国共产党在《抗日救国十大纲领》中指出："动员蒙民回民及其他一切少数民族，在民族自决和民族自治的原则下，共同抗日。"③来自西方和苏联的民族自决主张深刻影响了中国共产党有关中华民族的认知和实践。美国总统威尔逊于1918年1月提出十四点和平原则，其中包括奥匈帝国的民族自决，是欧洲版的民族自决；④在此之前，列宁提出了苏维埃版的民族自决，目的有二：反对帝国主义，反对民族压迫；无产阶级和劳动人民在平等互信的基础上实现民族联合与民族团结。⑤马克思恩格斯认为，"人对人的剥削一消灭，民族对民族的剥削就会随之消灭。"⑥中国共产党早在1922年二大宣言里就提出"蒙古、西藏、回疆三部实行自治，成为民主自治邦"和"用自由联邦制，统一中国本部、蒙古、西藏、回疆，建立中华联邦共和国"的主张。⑦1931年11月中华工

---

① 精卫（汪兆铭）：《民族的国民》，《民报》1905年第1、2期。
② 梁启超：《饮冰室合集》第五册，中华书局，1989，第70~71页。
③ 中央档案馆编《中共中央文件选集》（第十一册），中共中央党校出版社，1985；转引自潘华、勾霄丹《抗战时期国共两党民族政策之比较》，《社科纵横》2010年第4期。
④ 威尔逊最初提"自治"，即"人民有权选择自己的政府形式；政府行使权力必须遵循民主的原则"。后来他的提法发生变化，把自决与按民族划分国家的原则挂钩，由国内诸族自治变为各族都有建国权。参见李红杰《由自决到自治》，中央民族大学出版社，2009，第179~180页。
⑤ 李红杰：《由自决到自治》，中央民族大学出版社，2009，第178页。
⑥ 《马克思恩格斯选集》第1卷，人民出版社，2012，第419页。
⑦ 《建党以来重要文献选编（一九二一—一九四九）》第一册，中央文献出版社，2011，第133页。

农兵苏维埃第一次全国代表大会通过"关于中国境内少数民族问题的决议案"。① 1938 年 10 月，毛泽东提出："允许蒙、回、藏、苗、瑶、夷、番各民族与汉族有平等权利，在共同对日原则之下，有自己管理自己事务之权，同时与汉族联合建立统一。"② 在抗日战争时期发布的《关于回回民族问题的提纲》《关于抗战中蒙古民族问题提纲》《中国革命和中国共产党》等文件，是中国共产党努力运用马克思主义解决民族问题的纲领和政策。③ 抗日战争结束后，随着形势发展，中国共产党调整了自己的民族战略，提出实行民族区域自治的主张。

以马克思主义为指导的中国共产党最初十分关心中国社会的性质问题，它涉及的是中心城市爆发革命，还是"农村包围城市"。毛泽东十分重视农民运动，1927 年 1~2 月他用 32 天时间实地考察了湘乡、湘潭、衡山、醴陵、长沙 5 县的农民运动情况，考察农民社会的性质，获取了大量的第一手资料，调研结束撰写了《湖南农民运动考察报告》。④ 1939 年 12 月，毛泽东在《中国革命和中国共产党》中指出："中国过去三千年来的社会是封建社会……自从一八四〇年的鸦片战争以后，中国一步一步地变成了一个半殖民地半封建的社会。自从一九三一年九一八事变日本帝国主义武装侵略中国以后，中国又变成了一个殖民地、半殖民地和半封建的社会。"⑤ 按照马克思主义的社会进化论，人类社会要经历从原始社会、奴隶社会、封建社会、资本主义社会到共产主义社会的五个阶段，当时还属于半殖民地半封建的中国社会还没有发达的资本主义，这样的社会性质不仅关系到中华民族是否能够"自立于世界民族之林"，而且关系到中华民族的主要代表汉族是否满足作为民族的条件。根据斯大林的民族定义，"民族是人们在历史上形成的一个有共同语言、共同地域、共同经济生活以及表现在共同文化上的共同心理素质的稳定的共同体"⑥。他强调：

---

① 金炳镐主编《民族纲领政策文献选编（一九二一年七月—二〇〇五年五月）》第一编，中央民族大学出版社，2006，第 93~94 页。
② 《毛泽东民族工作文选》，中央文献出版社、民族出版社，2014，第 1 页。
③ 国家民委《民族问题五种丛书》编辑委员会、《中国少数民族》编写组、《中国少数民族》修订编辑委员会编《中国少数民族》修订本，民族出版社，2009，第 19 页。
④ 《毛泽东选集》第 1 卷，人民出版社，1991，第 12~44 页。
⑤ 《毛泽东选集》第 2 卷，人民出版社，1991，第 626 页。
⑥ 《斯大林选集》上卷，人民出版社，1979，第 64 页。

"在资本主义以前的时期是没有而且不可能有民族的,因为当时还没有民族市场,还没有民族的经济中心和文化中心,因而还没有那些消灭各该族人民经济的分散状态和把各该族人民历来彼此隔绝的各个部分结合为一个民族整体的因素。"①

林耀华根据马恩列斯经典著作中涉及"民族"的希腊文、德文、英文和汉文的译名,对"民族"概念及其翻译进行了详尽的比较研究。② 他把"民族"分为"民族¹""民族²""民族³""民族⁴",认为民族¹一词含义最广,和古希腊语 ΕΘΝΟΣ(etnos)同义,俄语 этнография 一词由希腊语 этнос 和 графия 两字合成,意为"关于各民族的描述",其中 этнос 等于德语 Volk 和 Völker;苏联民族学家除了用 этнос 一词,也使用 этническая общность(人们共同体),相当于民族¹。马克思和恩格斯用 Völker 表示以农业为主的前资本主义人们共同体,也表示"分明到了资本主义社会的人们共同体"。列宁和斯大林用 народность 表示广义的人们共同体。林耀华指出,根据恩格斯《家庭、私有制和国家的起源》,民族²(Nation)由部落联盟发展而来,与国家伴生,即"民族²(Nation)"一词只限于阶级和国家出现后的人们共同体。它指两种"文明民族",一是古代地域性共同体,一是现代统一性共同体。如果说民族²(Nation)有双重含义,那么,民族³(Nation)就明确指向"资本主义上升时期"的"民族"了。列宁在《卡尔·马克思》一文中说:"民族是社会发展到资产阶级时代的必然产物和必然形式。"③ 林耀华在《关于"民族"一词的使用和译名问题》一文中还认为,在列宁和斯大林的语汇中,资本主义以前的人们共同体称为 народность(民族⁴)和 национальность。Народность 来自 народ,它强调人们共同体互相区分的总体特点和习俗,与德语的 Völkerschaft 同义,指恩格斯在《德国古代的历史和语言》中所说的从原始部落(Hauptstämme)"分裂发展出来的人们共同体"。④ 他们用 народность 即

---

① 《斯大林全集》第 11 卷,人民出版社,1953,第 289 页。
② 林耀华:《关于"民族"一词的使用和译名问题》,《民族学研究》,中国社会科学出版社,1985,第 37~69 页。本段引文没标出处的都来自该文。
③ 《列宁全集》第 26 卷,人民出版社,2017,第 75 页。
④ 〔德〕恩格斯:《德国古代的历史和语言》,刘潇然译,人民出版社,1957,第 7~8、56、62 页。

Völkerschaft 指 "较落后的民族,或是殖民地、被压迫的民族,或是非俄罗斯民族等等"。德语 Nationalität 和俄语 национальность 主要指民族性或民族特性,也指国籍或民族成分;它们的意义与民族^{2}相同,指 "阶级社会形成以后所有各阶段的人们共同体",既包括古代民族,也包括现代民族,如苏联当时的национальность 同时包括нация和народность。从林耀华详尽的语义考证看,中国当时把 "民族" 译成 nationality 即民族^{2}有充分根据,符合马克思、恩格斯、列宁、斯大林的原典用法。

表1-1 "民族" 一词的不同对译和意义

时代	汉语	希腊语 拉丁语	德语	俄语	英语	法语
原始社会时代	民族^1	ΕΘΝΟΣ	Volk Völker	народ народы	people peoples	People Peuples (Peuplade)
奴隶制、封建制时代	民族^2	Natio	Nation Nationalität	нация национальность	Nation nationality	Nation Nationalité
资本主义、社会主义时代	民族^3		Nation	нация	Nation	Nation
备注	德语 Völkerschaft 和俄语 народность 是民族^4(部族),属于奴隶制、封建制时代,也指 "在十月革命时还没有来得及经过资本主义而直接过渡到社会主义的共同体"。					

资料来源:笔者根据林耀华《关于 "民族" 一词的使用和译名问题》一文中的文字做了有关改动。

"民族是在一定的历史发展阶段形成的稳定的人们共同体。一般来说,民族在历史渊源、生产方式、语言、文化、风俗习惯以及心理认同等方面具有共同的特征。"[1] 这个民族概念是在2005年中央民族工作会议上提出的,在我国民族领域比较熟识,具有代表性和时代性。

第三节 "共同体"

这里涉及的 "共同体" 是人类学、社会学的 "共同体",英文是

---

[1] 本书编写组:《中央民族工作会议精神学习辅导读本》,民族出版社,2005,第10~11页。

community，可大可小，大到"欧共体"（European Community）、民族国家（"想象的共同体" imagined community），① 小到"同文同族"的"社区""社群"。在人类学/民族学语汇中，作为外来词的"共同体"可以指宗族共同体、精神信仰共同体、经济共同体，② 在马克思主义经典作家关于"民族"的论述中，"共同体"用来泛指各类族群。③

英文的 community（共同体）来自 14 世纪的中古英语 comunete，comunete 来自盎格鲁法语 communité，词根来自拉丁文，系由 communis 衍生的 communitat/communitas，意思是"共同"（common）。从词源看，community 来自希腊语，表示具有共同的利益诉求和伦理追求的群体生活方式；当时流行的"共餐制"有助于形成这样的群体和群体观念，城邦成员围着公共餐桌就餐，在交流中加强了同胞情谊，社会凝聚力也缘此而生。④ 另外一种说法是：community 来自拉丁语的 com（与……一起）和 unus（一；单一）。⑤

根据韦氏词典的定义，community 表示：居住在一个具体地方、享有共同利益的人群；在较大社会内部共居一处、具有共同特征或利益的一群人，如退休人员共同体；在较大社会内部散居、有共同兴趣尤其是专业兴趣的一群人，如学术共同体；拥有共同历史，享有共同的社会、经济、政治利益的一群人，如国际共同体；由共同政策联系在一起的一群人；不同的个体在同一个地方组成的互动共同体；国家；联合体。牛津词典里把具有共同宗教信仰的人也称为共同体。李义天主编了《共同体与政治团结》文集，摘选了克雷格·卡尔霍恩、威尔·金里卡等学者的有关论述，并且在前言中对"共同体"作了语义梳理。李义天引用杰拉

---

① 相当于滕尼斯的"精神共同体"和安德森的"想象的共同体"，它属于人们互相身份认同的联盟，是注重共同利益、共同价值认同和归属的"脱域"共同体。尹广文：《共同体理论的语义谱系学研究》，《学术界》2019 年第 8 期；转引自〔英〕安东尼·吉登斯《现代性的后果》，田禾译，译林出版社，2000，第 18 页。
② 张国芳：《滕尼斯"共同体/社会"分类的类型学意义》，《学术月刊》2019 年第 2 期。
③ 林耀华：《关于"民族"一词的使用和译名问题》，《民族学研究》，中国社会科学出版社，1985，第 37~69 页。
④ 林耀华：《关于"民族"一词的使用和译名问题》，《民族学研究》，中国社会科学出版社，1985，第 8~9 页。也许我们可以不无戏谑地说：请客吃饭很重要！
⑤ Gerard Delanty, *Key Ideas: Community* (Second edition), London and New York: Routledge, 2010 (2003), "Introduction," p. x.

德·德兰蒂（Gerard Delanty）的话说，"共同体"有不同基础，涉及族群[①]、宗教，阶级、政治；"共同体"可大可小，对它的依附关系可深可浅；可以以地方为基础，也可以向全球开放；可以支持或颠覆现有秩序；可以是传统的、现代的或后现代的；可以是保守的或进步的。[②] 克雷格·卡尔霍恩引用社会学家麦基文（R. M. Maciver）的话说：共同体大小不一，可以是村、镇、县、省，也可以是国家或更大；只要人们生活在一起，就会有一些共同特点，如行为举止、传统习惯、语言文字等。[③] 德兰蒂指出，现代性的三次高潮制造了重要的共同体话语：美国和法国的革命；19世纪末发生的工业化；当前出现的全球化。[④] 在俄语中，"共同体"有两种，一是община，二是сообщество。根据《汉俄大词典》，община是"共同体条件下的集体"，сообщество是"国家集体组织"。[⑤] 又据《大俄汉词典》（修订版），община是历史上的公社，旧时代的村社、协会、团体、商会、商社，动物的群、群体；сообщество是"由共同生活条件或共同利益联系在一起的人群或群体"，生物学上的"群落"或"生物社会"，"共同体"。[⑥]《现代汉语大词典》"共同体"条的定义是：人们在共同条件下结成的集体；由若干国家在某一方面组成的集体组织，如欧洲共同体。[⑦]

德国社会学家斐迪南·滕尼斯著《共同体与社会》一书，[⑧] 详细讨论

[①] 原文为ethnicity，该书译者译为"种族"，不准确，应译成"族群"或"族裔"。
[②] 李义天：《共同体：内涵、意义与限度》（前言），载李义天主编《共同体与政治团结》，社会科学文献出版社，2011，第2页。另参见 Gerard Delanty, *Key Ideas*: *Community* (Second edition), London and New York: Routledge, 2010 (2003), "Introduction," p. xi。感谢杨文炯教授推荐李义天主编的《共同体与政治团结》一书。
[③] 克雷格·卡尔霍恩：《共同体：为了比较研究而趋向多变的概念》，载李义天主编《共同体与政治团结》，社会科学文献出版社，2011，第5页。
[④] 克雷格·卡尔霍恩：《共同体：为了比较研究而趋向多变的概念》，载李义天主编《共同体与政治团结》，社会科学文献出版社，2011，第5页。
[⑤] 上海外国语大学俄语系《汉俄大词典》编写组编《汉俄大词典》，上海外语教育出版社，2009，第737页。
[⑥] 黑龙江大学俄语语言文学研究中心辞书研究所编《大俄汉词典》（修订版），商务印书馆，2001，第1258、2216页。
[⑦] 罗竹风主编《现代汉语大词典》，上海辞书出版社，2009，第413页。
[⑧]〔德〕斐迪南·滕尼斯：《共同体与社会——纯粹社会学的基本概念》，林荣远译，商务印书馆，1999。

了"共同体"的含义,成为学科经典。滕尼斯认为共同体源于自然群体或历史上形成的较小的联合体,如家庭、宗族、村庄、城市等,涉及本能、习惯和共同记忆,分为血缘共同体、地缘共同体、宗教共同体等类型。"社会"晚于"共同体"出现,是人造物,是机械的聚合体。"本质意志"对共同体的聚合起着至关重要的作用,它有三种基本形式:一是"本能的中意",是欲望、感觉和理念的综合表现;二是习惯,是重复的正面经验和印象的总体;三是记忆,是根据经验抽象出来的各种理念的总体。① 人的意志存在于相互关系之中,互相感觉,互相作用,一方施加意志,另一方感受到它,或者起到肯定作用,或者起到否定作用。② 共同体的基本单位是私密、单纯的共同生活。家庭生活触及灵魂,终生难忘;婚姻是生命的完美共同体。③ 比这种亲密共同体大一些或大得多的共同体,是以语言、习俗、信仰为基础形成的共同体,以及建立在农田、森林、牧场等生产资料基础之上的财产共同体。"在一般的意义上,也可以说有一个包括整个人类的共同体,像教会所希望的那样。"④

"共同体"一词于20世纪中期前后引入中国,在人类学、社会学里以"社区"的面貌出现。燕京大学于1922年设立社会学系,先是用全英文授课,七八年之后,吴文藻开始用汉语讲授社会学,遇到community和society两个英文词,当时都译成"社会";芝加哥大学的派克来讲学,说"community is not society",翻译成"社会不是社会"显然不妥,费孝通和同学们经过一番讨论,就用"社会"对译society,用"社区"对译community,"社区"从此成为"日后的通用术语"。⑤

> 好在community必须以地区为基础,如邻里、村寨、乡镇、城郊

---

① 〔德〕斐迪南·滕尼斯:《共同体与社会——纯粹社会学的基本概念》,林荣远译,商务印书馆,1999,"译者前言",第 iv 页。
② 〔德〕斐迪南·滕尼斯:《共同体与社会——纯粹社会学的基本概念》,林荣远译,商务印书馆,1999,第52页。
③ 〔德〕斐迪南·滕尼斯:《共同体与社会——纯粹社会学的基本概念》,林荣远译,商务印书馆,1999,第53页。
④ 〔德〕斐迪南·滕尼斯:《共同体与社会——纯粹社会学的基本概念》,林荣远译,商务印书馆,1999,第53页。
⑤ 张冠生:《书生去——杂忆费孝通》,深圳报业集团出版社,2016,第62~63页。

甚至大到民族国家都可以用社区来表示，是一个以地域为基础的人群。用"社区研究"这个名字还可以包括我们当时进行的农村和民族调查，所以就这样用开了。①

学科不同，对"共同体"的使用也不同：社会学把它当成类似于邻里、小城镇那样的群体组织；人类学把它看成是类似于少数民族那样的文化人群；政治学把它看成是建立在公民身份、自治、市民社会和集体身份之上的政治共同体；哲学和历史学把它看成是一种意识形态或者乌托邦。②

共同体的突出特征是社会生活方方面面的交互性，共有共享，共有共享的意志就是"保护和捍卫的意志"。③ 这对我们深刻理解中华民族共同体精神有启发：我们作为共同体成员，要以分配和再分配的方式共有共享各种资源，从生产资料到象征资源，从友爱到帮助，从理想到价值观，都形成共有共享的交互关系。"本能的中意""习惯"和"记忆"共同构成的"本质意志"，是构建共同体精神的"本质意志"，在理性的"选择意志"助推下，培育出各民族和睦共生的本能、习惯和记忆，凝聚成万众一心的中华民族共同体意识，并且在本能意志和选择意志交融的基础之上，夯实打牢其思想基础。

第四节　民族精神

"共同体精神"和"民族精神"基本上是同义词，但"共同体精神"包容性更强，体现了兼和地天的核心思想。把汉语的"民族"和"共同体"结合起来，从而把"民族精神"和"共同体精神"结合起来，成为"共同体的民族精神"，更能体现中国各民族共同开拓疆域、共同书写历史、共同创造文化、共同培育精神的历史过程，更能体现由"多"升

---

① 《费孝通文集》第十三卷，群言出版社，1999，第10页。转引自赵旭东主编《费孝通与乡土社会研究》，社会科学文献出版社，2010，第19页。
② 《费孝通文集》第十三卷，群言出版社，1999，第xi页。
③ 《费孝通文集》第十三卷，群言出版社，1999，第76页。"共同体的生活是相互的占有和享受，是占有和享受共同的财产。"（原文有加重号。——引者注）

"一"的价值凝练。

近现代汉语中的"民族精神"是外来概念,与德国的"民族精神"关系密切。德国为了建设现代强国,高度强调体现在语言、文化、教育、宗教、日常生活方面的德意志民族精神。"中华民族共同体精神"指中国各民族交融凝聚的共同体精神,是"二生三""三生无限"的共同体精神,是包容兼和的共同体精神,是由家到族、由族到国,层层递进的共同体精神,这种继承传统、守正创新的共同体精神不同于西方意义上的民族精神。

现代汉语的"精神"相当于"意识",不过这是后起之义。伍雄武指出,中国古代的"精神"还有其他含义,如"精华""活力",其中"精"指"精华""精细""精气","神"表示"玄奥""奇妙""天德""万物变化的内在根源"。[1] 古汉语的"精神"和英文 spirit、德文 geist 相同,兼指灵魂、意识、神灵和本质、核心力量、精华和精神实质。[2] 民族的凝聚与形成就是文化的凝聚与整合(融合),而文化的凝聚与整合(融合)以民族精神为核心。[3] 民族精神是民族文化的主体精神,是民族文化的灵魂和升华。[4] 中国人的民族精神重视中庸和合,从古史记载到现代小说,从《春秋》《左传》到《三国演义》《水浒传》,都在弘扬刚柔相济、自强不息的意志品质,和谐与中道的价值观,超强的包容、涵摄和创新的能力。中华民族的民族精神体现在整体观和综合观上,处世讲究"致中和",不偏激,有余地。

19 世纪德国大哲学家黑格尔(1770-1830)讲"宇宙精神"(宇宙理性),也讲到民族精神。他认为,世界精神外化为自然,然后又从自然而复归于自身,体现为精神。精神又从主观精神辩证地向客观精神发展。至此,宇宙精神就表现于民族精神、人民意识之中。

---

[1] 伍雄武:《中华民族的形成与凝聚新论》,云南人民出版社、云南大学出版社,2014,第251~252页。
[2] 伍雄武:《中华民族的形成与凝聚新论》,云南人民出版社、云南大学出版社,2014,第196页。
[3] 伍雄武:《中华民族的形成与凝聚新论》,云南人民出版社、云南大学出版社,2014,第194页。
[4] 孔庆榕:《中华民族精神与民族凝聚力学术研讨会会议总结》,《哲学动态》1993年第3期。

所以，民族精神是宇宙精神发展的特定阶段。在这个阶段中，宇宙精神体现在某一民族精神之中，而民族精神则体现在该民族的制度、法律、国家之中。①

美国作家梭罗指出，精神世界至关重要，没有它，人类无异于畜生——如果失去精神家园，就算得到整个世界又有何用！② 18 世纪法国思想家孟德斯鸠有名著《论法的精神》，他所说的法的精神接近民族精神，不同的气候、土地、风俗、宗教、人口、贸易等因素综合作用，产生不同的法的精神。③ 德意志民族主义者较早提出了民族精神，认为民族语言体现民族精神，不同的民族语言代表不同的民族性格。赫尔德、费希特、施莱格尔等对本族语言顶礼膜拜，成为语言相对主义的代表人物，他们把民族语言和民族精神紧密联系起来，甚至认为民族语言就是民族精神。施莱尔马赫说，一种语言代表一种独特的思维方式，这种语言思考的事物不能被另一种语言重复；语言如同教会或国家，是一种独特生活的表达。④ 洪堡特认为精神力量是人类进行创造的原则，具有不可解释的深度，不仅为民族凝聚打下基础，也为民族注入了生命力。一个民族的生活环境、气候条件、宗教信仰、社会制度、文化习俗可以脱离这个民族，但是他们绝不会放弃自己的语言，"因为语言是一个民族生存所必需的'呼吸'（Odem），是它的灵魂之所在"⑤。洪堡特进一步指出语言与精神力量共同成长，"语言仿佛是民族精神的外在表现，民族的语言即民族的精神，二者的同一程度超过了人们的任何想象"⑥。

民族精神和民族主义形影相随，其差别在于，民族精神是内生、自

---

① 伍雄武：《中华民族的形成与凝聚新论》，云南人民出版社、云南大学出版社，2014，第 198 页。
② 〔美〕享利·戴维·梭罗：《寻找精神家园》，方碧霞译，外语教学与研究出版社，2010。
③ 转引自伍雄武《中华民族的形成与凝聚新论》，云南人民出版社、云南大学出版社，2014，第 198 页。
④ 〔英〕埃里·凯杜里：《民族主义》，张明明译，中央编译出版社，2002，第 57~58 页。
⑤ 〔德〕威廉·冯·洪堡特：《论人类语言结构的差异及其对人类精神发展的影响》，姚小平译，商务印书馆，1997，"译序"，第 39 页。
⑥ 〔德〕威廉·冯·洪堡特：《论人类语言结构的差异及其对人类精神发展的影响》，姚小平译，商务印书馆，1997，"译序"，第 50 页。

然长成的,而民族主义靠外在鼓动,是一种政治运动,是一把双刃剑,可以成为仇外的极端主义,也可以成为被压迫民族的思想武器。民族主义能够取代民族精神,把民族精神狭隘化,将它光芒四射的崇高壮美遮蔽起来,只讲敌友排斥,不讲团结共生。例如,卡尔·施密特把民族精神简化为政治敌友论:弄清谁是我们的敌人,谁是我们的朋友,无须借助道德、审美、经济或其他领域的评判。"政治敌人不一定非要在道德方面是邪恶的,或在审美方面是丑陋的;他也不一定非要以经济竞争者的面目出现,甚至与政治敌人拥有商业来往会更加有利。然而,政治敌人毕竟是外人,非我族类;他的本性足以使他在生存方面与我迥异,所以,在极端情况下,我就可能与他发生冲突。"①

以本尼迪克特为代表的文化人类学心理学派强调文化特质的作用,这种文化特征决定于内部的目的性,即民族精神。本尼迪克特在《文化模式》一书中指出,每个民族都有自己的文化模式,它决定着该民族审时度势的取向,这种取向就是民族性格和民族精神。此前斯宾格勒(《西方的没落》②)和汤因比(《历史研究》③)同样强调了文化因素在社会历史发展中的决定性作用。

民族精神是"民族文化能动的内核和根据",是民族共同体自觉、自信、认同的价值目标,是民族文化的巨大势能,是民族文化的内生动力。④ 民族精神是民族文化的"根"与"魂";文化认同的"根"与"魂"就是共同体的民族精神认同。同时,民族精神最终是人类精神和世界精神的组成部分,它要升华为人类精神和世界精神,因此它不能封闭,也不能僵化,而应当充满活力,饱含势能。

---

① 〔德〕卡尔·施密特:《政治的概念》,刘宗坤等译,上海人民出版社,2004,第107页。
② 〔德〕奥斯瓦尔德·斯宾格勒:《西方的没落》上下册,吴琼译,上海三联书店,2006。
③ 〔英〕阿诺德·汤因比:《历史研究》,郭小凌等译,上海人民出版社,2010。
④ 参见伍雄武《中华民族的形成与凝聚新论》,云南人民出版社、云南大学出版社,2014,第256~267页。

第二章 中华民族的形成

"中华"的语义前后有所不同;"民族"是近代的舶来品。"中华"和"民族"结合成"中华民族",中华民族要自立于世界民族之林的跨世纪努力由此肇始。新时代来临,为了强调各民族的共有、共享、共存,"中华民族共同体"成为政界和学界新话语中的核心概念。我国绝大多数民族都源于本土,祖祖辈辈生于斯,长于斯,经济和文化上相依互补,政治上向往统一,近代以来各民族团结起来抵抗外敌,形成休戚与共的关系。千百年来,中国各族人民自强不息,祖辈们留下三笔宝贵的遗产:我们的祖国有960多万平方公里的广袤国土,是世界上陆地面积最大的国家之一;"56个勤劳勇敢智慧的民族",组成多元一体、互补共生的中华民族大家庭;文化丰富多彩,源远流长,博大精深。[1]

第一节 陆海之国·地大物博

中国幅员辽阔,山河壮丽,气象万千,崇山峻岭高耸入云,高原丘陵气势磅礴,大型盆地群山环抱,大漠沙碛浩瀚无际,江河奔流不息,海岸绵延万里,海域浩渺无垠,岛屿星罗棋布;有现代冰川和古代冰川作用遗迹、冻土和冰缘地貌、沙漠、泥石流、岩溶地貌、黄土地貌、红层-花岗岩地貌等多种地貌类型。[2] 自晚第三纪尤其是上新世晚期以来,喜马拉雅山和青藏高原大幅抬升,决定了我国地貌的地域分异;急剧褶

---

[1] 国家民委《民族问题五种丛书》编辑委员会、《中国少数民族》编写组、《中国少数民族》修订编辑委员会编《中国少数民族》(修订本),民族出版社,2009,第1页。
[2] 中国科学院《中国自然地理》编辑委员会编《中国自然地理——地貌》,科学出版社,1980,"前言",第vii页。

皱隆升的台湾山地,是西太平洋边缘岛弧上的重要组成部分;这种构造变动仅对华南地区影响较小。① 贺兰山、六盘山、龙门山,横断山以西、昆仑山以南青藏高原的唐古拉山、冈底斯山-念青唐古拉山和喜马拉雅山,昆仑山以北的柴达木盆地、阿尔金山-祁连山、塔里木盆地、河西走廊与阿拉善高原、天山、准噶尔盆地和阿尔泰山等,接近东西方向排列,符合北西西或北东东的构造走向;东部的情况有所不同,大兴安岭、山西高原、陕北盆地、四川盆地、鄂西-云贵高原、广西盆地、东北平原、华北平原、山东山地、东南沿海山地、台湾岛和海南岛,其排列方向符合北东或北北东的构造;穿插其间的东西向和北西向构造,尤其是东西向的阴山和秦岭,也对地貌单元的排列产生了影响。②

中国位于欧亚大陆东南部,东南濒临太平洋,西北深入亚洲腹地,西南与南亚次大陆接壤。中国大陆自古形成由山地、高原、丘陵、盆地和平原构成的不同地形地势,西高东低,由世界最高山脉喜马拉雅山起始,地势向东南沿海倾斜,呈现巨大的梯级下降地貌。来自海洋的湿润气流深入内地,形成降水;河流自西向东,形成落差,水能蕴藏丰富。江河滚滚东流,沟通了东西交通,方便了沿海和内地的经济联系。多种多样的地形为因地制宜发展农、林、牧、副多种经营提供了有利条件。中国北方有蒙古高原,有茂密的西伯利亚原始森林,也有广袤的大漠草原,包括大小兴安岭、腾格里沙漠、毛乌素沙漠、巴丹吉林沙漠、锡林郭勒草原、呼伦贝尔草原等;西北方的河西走廊直通天山、阿尔金山、阿尔泰山、昆仑山绵延高耸的雪峰,塔克拉玛干大沙漠有30多万平方公里,一望无际,再往西就是帕米尔高原,古称"葱岭",把中国与西亚隔开;西南方有平均海拔4000米的青藏高原,耸立着"世界屋脊"喜马拉雅山,另外还有喀喇昆仑山、唐古拉山、冈底斯山、念青唐古拉山、可可西里山、巴颜喀拉山、阿尼玛卿山等;云贵高原与青藏高原毗连,有大娄山、苗岭、武陵山、云岭,云岭和怒山山脉、高黎贡山脉以及金沙江、澜沧江、怒江等河谷地共同构成横断山脉;东部是辽阔的海洋,绵

---

① 中国科学院《中国自然地理》编辑委员会编《中国自然地理——地貌》,科学出版社,1980,第2页。
② 中国科学院《中国自然地理》编辑委员会编《中国自然地理——地貌》,科学出版社,1980,第2页。

延的海岸线长约2万公里。①

中国的自然环境可分为东部季风区、西北干旱半干旱区、青藏高寒区等三大自然区。西北干旱半干旱区和青藏高寒区的环境对经济发展有制约，人口分布密度低；东部季风区人口密度大，自然环境有差异，不同地区的经济活动和文化发展的情况各有不同。华南地区农业发生较晚的原因是环境优越，天然食物充足，人们缺乏人工种植粮食的压力和动力；森林资源丰富的东北地区适合狩猎和采集，寒冷的天气也不适合大力发展农业；西南地区多山，交通不便，农业难以形成规模。从地理和气候看，只有黄河中下游地区和长江中下游地区最适合发展农业。②

胡焕庸1935年提出关于中国人口地域分布的"胡焕庸线"，也称"瑷珲-腾冲线"（黑河-腾冲线），③迄今是我们研究中国历史文化和经济社会的重要参考。80多年过去了，其意义不减当年。当时瑷珲-腾冲线东南侧的面积占全国面积的36%，那里的人口却占全国人口的96%；该线西北侧的面积占全国面积的64%，人口仅占全国人口的4%。④瑷珲-腾冲线西北部是山地高原、沙漠戈壁，空气稀薄，日照强烈，气候高寒，大部分地区的年降水量在400毫米以下，除西藏东南部、新疆伊犁河、额尔齐斯河流域等部分地区以外，年径流深度在50毫米以下；瑷珲-腾冲线东南部是平原丘陵，水网稠密，土地肥沃，水资源富裕，年降水量为800~1600毫米，年径流深度在50毫米以上，广东、福建、台湾等地达到900毫米以上。⑤胡焕庸根据国土、历史、生态、经济四要素把中国人口分布划分为八大区：辽吉黑区机械增长率高，人口承载力较大，可大幅度容纳移民；黄河下游区水资源较贫乏，但人口兴盛繁荣；长江中下游区自然资源富饶，承载人口最多；东南沿海区拥有海外华侨1000万人，由此形成首批四个经济特区，成为开发窗口；川黔滇区是我国人口分布特点的缩影——四川50%的土地养育着96%的人口，云贵两省的坝子面

---

① 《中华民族凝聚力的形成与发展》编写组编《中华民族凝聚力的形成与发展》，民族出版社，2000，第2~4页。
② 阴法鲁、许树安、刘玉才主编《中国古代文化史》（插图本）上，北京大学出版社，2008，第1~2页。
③ 胡焕庸：《中国人口之分布——附统计表与密度图》，《地理学报》1935年第2期。
④ 胡焕庸：《中国人口地域分布》，《科学》2015年第1期。
⑤ 胡焕庸：《中国人口地域分布》，《科学》2015年第1期。

积不到 10%，养育着 90% 的人口，"在只占全省面积 1.1% 的成都平原上人口密度超过 800 人/平方公里，这个区域创造了以有限资源潜力承载超高密度人口的一个奇迹"；晋陕甘宁区农业资源承载人口达到饱和，黄土高原水土流失严重，人民生活水平相对较低，但工业资源尤其是煤蕴藏量有巨大潜力；蒙新、青藏区有少数民族聚居，人烟稀少，能源蕴藏量巨大，蒙新区的石油和煤炭资源引人注目，还有大量可开发的耕地资源。[1] 胡焕庸把上述八个人口大区由东到西归入三个台阶：第一级台阶是东部沿海四大区：辽吉黑区、黄河下游区、长江中下游区、东南沿海区；第二级台阶是晋陕甘宁区和川黔滇区；第三级台阶是蒙新区和青藏区。[2] 第一级台阶上的四个人口大区孕育了四大经济圈，辽吉黑区以松辽经济区为主体，自然资源丰富，固定资产雄厚，陆路交通发达，科技力量强大；黄河下游区有渤海经济圈，以京津唐地区为主，这里有化学工业和轻纺工业，未来可以把石油化工、海洋化工、旅游业作为经济支柱；长江中下游区孕育了长江三角洲经济圈，借助沪江浙发达的科技文化优势，形成九个大中城市构成的"九龙壁"，尤其要成为领航工业的电子工业基地，也是消化引进国外先进技术打入国际市场的窗口；东南沿海区孕育了"黄金海岸"经济圈，集结了沿海与港口城市群，作为亚洲东部海运交通枢纽，与港澳台组成面向国际市场的大商埠和引进外资、技术和设备的最敏感地区，也是对外开发的试验基地。在第二级台阶上，晋陕甘宁区孕育了山西能源重化工经济圈，有发达的铁路运输网，是国家的能源基地；川黔滇区孕育了围绕重庆的长江上游经济圈和贵州后方工业基地经济圈，有得天独厚的长江航道作为联系纽带，以开发铁路运输和地方资源为目标，形成条块结合、城乡结合的自然经济区，促进长江上游的经济发展；贵州的煤、铝、磷、汞、锰矿和水储量等工业资源居南方首位，通过和经济发达地区互相支援，可建成能源、重工业、轻工业、林牧业特色基地。在第三级台阶上，蒙新区孕育了新疆能源经济圈，可作为中国未来最大的石油煤炭基地。青藏区孕育了作为国内最大的可再生能源（新能源）基地的青藏新能源经济圈，其太阳能和地热能位列世

---

[1] 胡焕庸：《中国八大区的人口增长、经济发展和经济圈规划》，《地理研究》1985 年第 4 期。
[2] 胡焕庸：《中国八大区的人口增长、经济发展和经济圈规划》，《地理研究》1985 年第 4 期。

界第二;黄河上游为我国提供了最丰富的水力资源。胡焕庸在1985年写出的这篇文章可谓高瞻远瞩,虽然各方面的情况已经发生了翻天覆地的变化,但他设计的那幅宏伟蓝图的轮廓依旧清晰,依旧鼓舞人心。

第二节 满天星斗

中华文明经历了一个由"多"生"一"的发展过程。张岱年对"一"和"多"的关系这样看:"多集为一,一分为多。多而不害其一,一亦不失其多。宇宙既为一,且有多。"[1] 中华文明之所以能够源远流长,中华民族共同体之所以能够如此超大,离不开由"多"生"一"、以"一"容"多"的历史进程。如果说张岱年以哲学论证了"一"与"多"的辩证关系,那么苏秉琦就以考古学论证了"一"与"多"的关系,他提出的中华文明起源"满天星斗"说影响深远——历史的命运将这些文明源头交汇在一起,组成当代的中华文明共同体。苏秉琦从宏观角度,根据文化区系类型理论从事田野工作和理论探索,"最终是为了阐明把亿万中国人凝聚到一起的基础结构"[2]。貌似纯粹的学理背后是意志推动,是哲理深思,是道理担当。"中国"最初为空间概念,是"中心城市",后来其实体及意义都大大扩展,与中华、华夏合一,在历史长河中不断把其他文化和文明的要素包容进来,最终在当代中国的承载之下,形成由各民族文化组成的当代中华文化共同体。苏秉琦认为,仰韶文化所代表的由氏族发展为国家的历史"不能代替中国大地上各地文明起源史",这并不否认它是"中国国家起源和中华民族起源史这座大厦中的一根擎梁柱"[3]。这是对中华民族共同体渊源的准确定位,是中国历史"由多生一""以一容多"的核心特质。

在中国古文化大系内部,可分为六个大的文化区:一、以燕山

---

[1]《张岱年全集》第三卷,河北人民出版社,1996,第155页。

[2] 苏秉琦:《满天星斗:苏秉琦论远古中国》,赵汀阳、王星选编,中信出版社,2016,第2页。

[3] 苏秉琦:《满天星斗:苏秉琦论远古中国》,赵汀阳、王星选编,中信出版社,2016,第70页。

南北、长城地带为重心的北方区；二、以山东为中心的东方区；三、以关中、晋南、豫西为中心的中原区；四、以环太湖为中心的东南区；五、以环洞庭湖与四川盆地为中心的西南区；六、以鄱阳湖-珠江三角洲为中轴的南方区。①

苏秉琦在探讨各文化之间的碰撞融合机制和中国文明形成的时候，提出研究"古文化、古城、古国"三部曲和中国文明起源形成发展的"原生型""次生型"和"续生型"三类型说。② 根据辽西的考古材料，红山文化拥有"坛、庙、冢"的祭祀中心，有神职人员，有阶级和阶层的分化，有各类工匠，有社会分工和专业化，可能形成了属于"原生型文明"的"古国"；夏家店下层文化代表了"一个文化昌盛期"，贵族大墓中出现了象征特殊身份的随葬器物，出现了防御设施和城堡群、城堡带，"古国"阶段进入"方国"阶段；夏家店上层文化表明多种文化"交错共存"，"燕文化及其共存的其他文化，在周朝的八百年中，为进入下一个更高的国家发展阶段准备好了条件"，"秦汉在辽西打上了帝国的烙印"。③ 中国文明起源形成发展的"原生型""次生型"和"续生型"三类型说，在苏秉琦那里也表述为"国家形成的三模式"，其中红山文化代表"原生型文明"，受到北方红山文化早期文明影响、推进治水事业、颇具"王气"的中原文明是"次生型文明"，北方草原民族受到汉族文明的影响，"依靠历史的借鉴和特定的历史环境"较快进入国家发展的捷径，发展了"续生型文明"。④ 李学勤把中华文明的起源和国家的形成划分为三个阶段：（1）大体平等的农耕聚落形态，对应于公元前7100年~

---

① 苏秉琦：《百万年连绵不断的中华文化——苏秉琦谈考古学的中国梦》，《满天星斗：苏秉琦论远古中国》，赵汀阳、王星选编，中信出版社，2016，第9页。苏秉琦在谈到"系"的时候指出，中国古文化绵延丰富，社会发展带来文化分解组合，互相作用，甚至发生突变。"类型"指区系的分支，"类型"之间发展不平衡，但"类型"本身有自己的渊源和典型特征。
② 李伯谦：《中国考古学思想发展史上的一场革命——重读苏秉琦考古学文化区、系、类型理论札记（提纲）》，《南方文物》2010年第3期。
③ 苏秉琦：《百万年连绵不断的中华文化——苏秉琦谈考古学的中国梦》，《满天星斗：苏秉琦论远古中国》，赵汀阳、王星选编，中信出版社，2016，第14~15页。
④ 苏秉琦：《百万年连绵不断的中华文化——苏秉琦谈考古学的中国梦》，《满天星斗：苏秉琦论远古中国》，赵汀阳、王星选编，中信出版社，2016，第16~17页。

公元前5000年的彭头山、磁山·裴李岗、老官台、河姆渡文化和公元前5000年~公元前4000年的半坡、姜寨文化；（2）初步分化和不平等的中心聚落形态，对应于公元前3500年~公元前3000年的仰韶后期、红山后期、大汶口后期、屈家岭前期、崧泽和良渚早期；（3）都邑国家形态，对应于公元前3000年~公元前2000年夏之前的方国时期，即龙山文化和古史记载的颛顼、尧、舜、禹时期。①

根据学术界过去普遍的看法，仰韶文化、延续仰韶文化的龙山文化与夏族有关；马家窑文化与西部地区的民族有关；大汶口文化、今山东的龙山文化与东部地区的东夷诸部族有关；河姆渡文化、马家浜文化、良渚文化与南方地区的古越人有关；大溪文化、屈家岭文化与荆蛮、百濮等族类有关；新乐下层文化、富河文化、红山文化与东胡诸部族有关。② 考古材料证明，早在秦汉时代，汉地对西南民族地区有显著影响，例如云南晋宁石寨山出土文物，有滇族文化的风格，也有汉族文化的特点；所刻绘的舞蹈反映了中原的"武舞"（"刑天氏之乐"）和"文舞"（"大禹服有苗之乐"）；孟孝琚碑上的龙纹和龟纹"与内地常见的'四神'图案中龙、龟画法如出一辙"。③ 南越王墓出土500多件青铜器，大

---

① 李学勤：《中国古代文明与国家形成研究》，云南人民出版社，1997，第14~15页。
② 《中华民族凝聚力的形成与发展》编写组编《中华民族凝聚力的形成与发展》，民族出版社，2000，第13页。郭立新教授指出（个人通信），现在把仰韶文化和夏族相联系的看法已经不那么流行，持这种观点的学者越来越少；而且学界普遍否认龙山文化是仰韶文化的直接延续。此外，一般认为，河姆渡文化的年代为公元前5000年~公元前3000年；大汶口文化晚期为公元前3000年~公元前2350年，红山文化后期也已进入公元前3000年以内；龙山文化的年代在公元前2350年~公元前1700年。有两种观点否定了大溪文化、屈家岭文化与荆蛮、百濮等有关的看法：一种观点认为大溪文化、屈家岭文化和石家河文化是先夏文化，后石家河文化的一部分是夏文化；另一种观点认为这些是三苗文化。郭静云认为大溪文化、屈家岭文化和石家河文化是楚大文明的开创时期，后石家河文化晚期为夏文化（郭静云：《天神与天地之道——巫觋信仰与传统思想渊源》，上海古籍出版社，2016，第7~8、246、319、341页）。比较早认为屈家岭文化、石家河文化为三苗文化的，是俞伟超先生的《先楚与三苗文化的考古学推测——为中国考古学会第二次年会而作》，《文物》1980年第10期。后来，下面这些论文继续这种论点：杨新改、韩建业：《禹征三苗探索》，《中原文物》1995年第2期；韩建业：《斜腹杯与三苗文化》，《江汉考古》2002年第1期；尹弘兵：《禹征三苗与楚蛮的起源》，《武汉科技大学学报（社会科学版）》2011年第2期。
③ 《中华民族凝聚力的形成与发展》编写组编《中华民族凝聚力的形成与发展》，民族出版社，2000，第153页。

部分具有中原风格,也有六山纹镜等荆楚特色的文物,另有南越特点的青铜器数十件,如鼎、鍪、提甬等,"这是当时各民族文化交流的结晶和见证"。①汉通西域,汉朝的制度文化西向传播,西域体制中出现了监、吏、都尉、将、相、侯等官名,龟兹王绛宾夫妇"乐汉衣服制度",莎车王延"慕乐中国"。②

陈连开根据地理特点把中华民族的生存空间分为"两类三带":从东西看,有"面向海洋四季分明的湿润东部或东南部"和"背靠欧亚大陆干旱的西部或西北部",东部大多是农业区,西部主要是游牧区③;从南北看,有秦岭、淮河以南亚热带的水田农业区,有秦岭、淮河以北到秦长城以南温湿带和中温带的旱地农业区,有秦长城以北寒温带的游牧区④——农牧这两大类型和水田农耕、旱地农耕、游牧这三个发展带各民族的统一过程,"也就是统一多民族国家的形成与发展至于确立的过程",这"两类三带"民族文化汇聚辐射,互相影响和吸收,"也就是中华民族共同文化形成与发展的过程"。⑤

> 两大类型和三带各民族间的相互依存和相互补充的经济联系和文化影响的发展,以致相互不可分割关系的形成与发展过程,是中华民族整体性得以发展的最深层的基础,是多民族终于结成统一国家的根源所在。⑥

于逢春明确提出"五板块"的分类,充分考虑绿洲、渔猎、海洋等文明及其过渡形态,为它们"正名",使分类显得更加全面。从万里长城、天山山脉以北至贝加尔湖北岸、西伯利亚森林,再从大兴安岭以西至锡尔河,属于大漠游牧文明板块的范围;从柳条边、万里长城到南海

---

① 《中华民族凝聚力的形成与发展》编写组编《中华民族凝聚力的形成与发展》,民族出版社,2000,第153页。
② 《中华民族凝聚力的形成与发展》编写组编《中华民族凝聚力的形成与发展》,民族出版社,2000,第154页。
③ "间有小块河谷与绿洲农业区"。
④ "包括游猎和渔猎区广义称之"。
⑤ 陈连开:《中华民族解》,《中南民族学院学报》1992年第5期。
⑥ 陈连开:《中华民族解》,《中南民族学院学报》1992年第5期。

与中南半岛北部，再从巴颜喀拉山、横断山以东至黄海、东海，属于泛中原农耕文明板块；大兴安岭、柳条边、朝鲜半岛北部、日本海、鄂霍次克海与外兴安岭环绕的东北地方，属于东北渔猎耕牧文明板块；喜马拉雅山、喀喇昆仑山、昆仑山、阿尔金山、祁连山与巴颜喀拉山、横断山环绕的青藏高原，属于雪域牧耕文明板块；从库页岛沿亚欧大陆东侧经台湾岛到加里曼丹岛的鄂霍次克海、日本海、黄海、东海、南海等海域构成"由人、物、信息、交通、渔场所构成的移动的空间"，属于海上文明板块。①

黄河中下游和长江中下游地区是农耕文明地带，这里有发达的农业经济，有从农业生产中衍生、也反作用于农业经济的农业文化，形成影响深远、辐射四方的"汉字圈"。时代发展推动农耕文明向游牧文明、山地文明延展，三大文明插花交错，相互关联，在核心区的接合部形成多种"过渡地带"。② 游牧文明属于东亚北部草原文明的组成部分，以游牧经济和游牧文化为基础，其发展演变的过程与元朝时期草原文明向外部世界的扩展、融合、消解有关，游牧文明和农耕文明结合起来，成为形塑广大中国版图的主要力量。山地文明分布的范围因地理环境复杂而有犬牙交错的特点，山地经济和山地文化在类型上同样复杂多样，山地文明与农耕文明在接合部发生交融，演变成为农耕文明的新增部分。山地经济大多能够自给自足，虽然发展缓慢，但后发优势比较明显，也具有介于农耕经济和游牧经济之间的特点。可以说，山地文明的过渡性和中介性，很容易推动农耕文明和游牧文明之间的交往交流交融，山地文明不愧是农耕文明和游牧文明的黏合剂。

---

① 于逢春：《"中国疆域五大文明板块"视野下的西域》，《新疆师范大学学报（哲学社会科学版）》2015年第1期。
② "河西走廊有两张名片：一张是嘉峪关。西北有句民谚：'一出嘉峪关，两眼泪涟涟。往后看鬼门关，往前看戈壁滩。'西北的人们常把嘉峪关看作'口内'与'口外'、内地与边疆的分界线。另一张是敦煌。敦煌是丝绸之路的中心，也是中华文明的源头之一，但敦煌又位于人们视为'口外'之地的'边疆'。作为分界线的嘉峪关与作为丝路文明中心的敦煌，二者文化边界并不一致，这恰恰体现出历史上的河西走廊是一个'过渡地带'。因此，要理解河西走廊的过渡性质，不能以单线的中原视野，而要以中原、北方草原、青藏高原、西部绿洲等多元互动的空间视角，以中华民族多元一体的整体性视角进行观察。"参见黄达远《"过渡地带"视野下的河西走廊——理解"中华民族多元一体格局"形成的河西经验》，《中国民族报》2018年3月30日。

我国民族地区地大物博，自然资源丰富，森林资源占全国总量的75%，水力资源蕴藏量占全国总量的66%，石油基础储量占全国的20.5%，天然气基础储量占全国的41%，煤炭基础储量占全国的36%，铬矿基础储量占全国的73.8%，铅矿、锌矿、铝土矿的基础储量都超过全国总储量的一半，我国盐湖资源的90%以上在民族地区，青海省的钾盐储量占全国的97%。①

第三节　民族交融共生

人类群体为了生存和生活的需要，或出于政治考量②，或出于精神追求③，或出于物质考虑，或出于安全保障④，或出于"种的繁衍"需要⑤，或出于其他种种原因，需要迁徙或移民他乡。根据葛剑雄、吴松弟、曹树基的观点，移民的基本类型有生存型和发展型两种：生存型移民属于为了生存而迁入其他地方定居的人口，灾害、战乱、土地矛盾、人口压力等是迁出地的推力；发展型移民"是以提高物质生活或精神生活的水平为目的的移民行为"。⑥

距今四五千年以前，中国大地上已经出现了五大民族集团：一是夏、商、周人群吸纳周边民族人群而成"华夏"，是汉族的前身；二是分布在今淮河流域和山东半岛等地的"东夷"；三是商周时期分布于长江以南及巴蜀等地的"南蛮"；四是分布于今甘、宁、青地区包括氐、羌系人群的"西戎"；五是分布于中原北方、东北方和西北方的"北狄"。⑦东夷人口在商代以后逐渐融入华夏；南蛮人群是今天苗、瑶、侗、彝、黎等民族的祖先；西戎人群中的氐人逐渐融入汉族，羌人中的"发羌"后来成为

---

① 国家民委《民族问题五种丛书》编辑委员会、《中国少数民族》编写组、《中国少数民族》修订编辑委员会编《中国少数民族》（修订本），民族出版社，2009，第4页。
② 如政治联姻。
③ 如宗教信仰。
④ 如避祸、逃兵役等。
⑤ 如婚嫁。
⑥ 葛剑雄主编《中国移民史》第一卷，福建人民出版社，1997，第49~50页。
⑦ 国家民委《民族问题五种丛书》编辑委员会、《中国少数民族》编写组、《中国少数民族》修订编辑委员会编《中国少数民族》（修订本），民族出版社，2009，第8页。

吐蕃，是藏族的先民；北狄分"狄"与"东胡"两部，分别是维吾尔、哈萨克、柯尔克孜、乌孜别克、蒙古、满、鄂伦春、鄂温克等民族的先民。中国历史上的西晋永嘉之乱、唐安史之乱和宋靖康之乱引发了中原人口三次大规模南迁，北方少数民族也大举迁入中原，"参与滚雪球运动"。① 南北朝时期出现了影响深远的民族大迁徙，北方畜牧文化和黄河流域农耕文化在陕北、晋北、冀北以及内蒙古南部这个长城地区过渡带交流碰撞、互相依存、互补共生。北方民族进入中原，带来充沛的活力和昌盛的文化，"其遗物、遗迹显现了草原文化与中原文化结合的光彩"，"北朝文化在都城建筑以及农业、科学技术、艺术等方面都留下了可称为瑰宝的遗产"。"总之，北方草原民族不仅为中华民族注入了生命活力，还带来了欧亚大陆草原民族文化，在中西文化交流上起到了重要作用。"②

各民族的人口交融是多元一体的中华民族形成的一个基本前提条件；这些彼此交融的民族所拥有的疆域也是构成近现代中国版图的一个基本前提条件。史前华夏族与不同文化区系的居民不断组合、重组，最终融合成为汉族，进入中原的少数民族不断融合进来，汉族的人口也不断壮大；以形、意为主的方块字成为人们认同的交际工具，"成为其后数千年间维系民族共同体的文化纽带，产生了极强的凝聚力"。③

> 从本质上说，今天的汉族是以古老的华夏各族为基础，融合大量其他民族的产物。正是这些非华夏（汉）族人口的不断注入，才使汉族的人口以超过其他民族的速度增加，身体素质得到提高，经受住了无数次天灾人祸而越来越强大。在融合各族人口的过程中，汉族也有充分的机会吸取各族文化的精华，充实和发展本族的精神文化和物质文化。④

---

① 国家民委《民族问题五种丛书》编辑委员会、《中国少数民族》编写组、《中国少数民族》修订编辑委员会编《中国少数民族》（修订本），民族出版社，2009，第10页。
② 苏秉琦：《百万年连绵不断的中华文化——苏秉琦谈考古学的中国梦》，《满天星斗：苏秉琦论远古中国》，赵汀阳、王星选编，中信出版社，2016，第14~15页。
③ 苏秉琦：《满天星斗：苏秉琦论远古中国》，赵汀阳、王星选编，中信出版社，2016，第63页。
④ 葛剑雄主编《中国移民史》第一卷，福建人民出版社，1997，第89~90页。

汉族的"汉"原指"天河、宇宙银河",《诗经》里有"维天有汉"的句子;"汉人"得名于汉朝。①

汉族吸收迁入汉族地区的异族移民以及融合移殖地区原有移民的能力也是非常之强的。至战国后期,在秦、赵、燕长城以南黄河流域内的戎、狄、胡等非华夏族基本已被诸夏所吸收,重新迁出的人口很少,一个民族完整地迁回的更少。例如汉武帝时迁入江淮之间的越族,从西汉开始迁入并在东汉时扩大了迁移规模的匈奴人,东汉时迁入的乌桓人,西晋初开始不断迁入、到北朝时遍布北方的鲜卑人,唐朝时大量迁入中原的突厥、回鹘、昭武九姓、西域诸族、吐谷浑、党项、高丽、百济、奚人,只要没有再迁出的,无不融合于汉族之中。②

自秦朝统一中国,经过近2000年的纵横捭阖、文治武功,在清朝乾隆年间形成了拥有1000多万平方公里领土的大国,为现代中国版图奠定了坚实的基础。历史上的中国疆域由中原王朝的疆域和边疆政权的疆域两部分组成,秦朝军队夺取今广东、广西和越南东北一带,把10多万戍卒和罪犯安置在岭南,设立南海、桂林、象郡三郡,由中原移民担任要职,移民成为当地统治的基础;三国时期,移民进入今浙江南部和福建北部,西晋末年移民涌入长江三角洲,后来有一部分移民进入福建;秦朝灭亡后,来自今河北正定县南的移民赵佗自立为南越王,当地的越人"愿意接受汉朝的统一";汉朝把匈奴人从他们的游牧地河西走廊驱逐出去或内迁进来,再把汉民迁移过去;东晋十六国期间,汉人与非汉人之间的联系因大量的人口迁移而得到加强。③ 秦朝和西汉向蜀地移民,这些移民成为当地的主要人口;明初及以后向云南大规模移民,中原移民成为那里的主要人口,这是巩固疆域的重大措施;边疆地区以不发达的农业、游牧业、半农半牧业为主,中原王朝对那里采取屯垦政策,"以军队

---

① 国家民委《民族问题五种丛书》编辑委员会、《中国少数民族》编写组、《中国少数民族》修订编辑委员会《中国少数民族》(修订本),民族出版社,2009,第2页。
② 葛剑雄主编《中国移民史》第一卷,福建人民出版社,1997,第89页。
③ 葛剑雄主编《中国移民史》第一卷,福建人民出版社,1997,第76~78页。

为主,安置一定数量的家属或流放对象,在驻地垦荒耕种",战时就成为士兵。①

草原民族自匈奴时代起与中原农耕民族的交流频繁,兼容并蓄是社会和文化活力的表征。移居于长城南北的少数民族在容纳和同化来自中原的移民的同时,也普遍出现"汉化"现象,借用汉式姓汉式名的情况也增多。例如十六国中的前赵开国皇帝刘渊和他的儿子昭武皇帝刘聪,皆为匈奴冒顿单于之后。"汉高祖以宗女妻冒顿,故其子孙以母姓为氏。"②

> 羯胡石勒,字世龙,小字匐勒。其先匈奴别部,分散居于上党武乡羯室,因号羯胡。祖邪弈于,父周曷朱,一字乞翼加,并为部落小帅。周曷朱性凶粗,不为群胡所附。勒壮健,有胆略,好骑射,周曷朱每使代己督摄部胡,部胡爱信之。③

三国、西晋、东晋、十六国、南北朝时期,各民族有分化,有聚合,在大迁徙中发生交融,许多民族首领率部进入关中和中原,先后建立起20多个地方政权,进入汉人地区的周边少数民族"脱下皮裘着汉装,放下牧羊鞭,向汉人学习先进的农耕技术",通婚改姓,融入汉族;唐朝推行开明的民族政策,推动"胡汉夷越一体",抛弃华夷之辨,"爱之如一",少数民族进入政治要害部门担任官员,"官至宰相者多达数十人"。④边疆政权大多由非汉人建立或统治,如吐蕃、契丹、前秦、北魏

---

① 葛剑雄主编《中国移民史》第一卷,福建人民出版社,1997,第79~81页。
② (北齐)魏收撰《魏书·列传》第八十三,中华书局,1974,第2043页。
③ (北齐)魏收撰《魏书·列传》第八十三,中华书局,1974,第2047页。
④ 《中华民族凝聚力的形成与发展》编写组编《中华民族凝聚力的形成与发展》,民族出版社,2000,第17页。"庚辰,上御翠微殿,问侍臣曰:'自古帝王虽平定中夏,不能服戎、狄。朕才不逮古人而成功过之,自不谕其故,诸公各率意以实言之。'群臣皆称:'陛下功德如天地,万物不得而名言。'上曰:'不然。朕所以能及此者,止由五事耳。自古帝王多疾胜己者,朕见人之善,若己有之。人之行能,不能兼备,朕常弃其所短,取其所长。人主往往进贤则欲置诸怀,退不肖则欲推诸壑,朕见贤者则敬之,不肖者则怜之,贤不肖各得其所。人主多恶正直,阴诛显戮,无代无之,朕践祚以来,正直之士,比肩于朝,未尝黜责一人。自古皆贵中华,贱夷、狄,朕独爱之如一,故其种落皆依朕如父母。此五者,朕所以成今日之功也。'"(宋)司马光编著《资治通鉴》卷一百九十八,中华书局,1956,第6247页。

等，这些政权的疆域是中国疆域最终形成的必不可少的条件。①

隋唐与契丹往来较多，尽管契丹对突厥降服过，也依附过回纥，但"唐后期契丹对中原王朝的朝贡关系始终存在"，尤其册封与和亲是唐朝与契丹关系的重要表现形式，如唐朝在贞观二十二年（648年）"委任契丹部落酋长窟哥为松漠都督，赐姓李氏""开元四年（716年），李失活入朝，唐朝封宗室外甥女杨氏为永乐公主以妻之"。② 契丹建辽，大量吸收汉族难民和投降军民，还在战争中掠夺人丁，使辽国人口增加到数百万人。③

元朝实现了政治上的空前统一，各民族交往交融没有障碍，"四海为家"，行千里万里，"如在户庭"，"如出邻家"，边疆民族纷纷内迁中原，多民族杂居，元朝灭亡后遍布全国的蒙古驻军就地融入当地社会，大多融入汉族中，变成汉族。④ 蒙古西征从西域、西亚和东欧带回的工匠、炮手、兵士和平民，被称为"回回"。⑤ 此处有必要提及元代"汉人"。陶宗仪在《南村辍耕录》中提到元代"汉人八种"⑥，包括契丹、高丽、女真、渤海等八种民族名称。陈寅恪提出陶宗仪所说"汉人八种"抄自某种蒙古文的设想，刘迎胜根据陈寅恪和王国维的研究及新近有关成果，提出"汉人八种"是"元朝统治者对境内使用汉文的各民族的统称，并不代表这些民族本身都自我认同为汉人"；辽金时代的华北人自称"汉儿"，宋人也这样称呼他们；北人把宋朝统治下的人民称为"南家"和"蛮子"，元统一之后均称为"南人"；汉人与辽金元统治者近而与南人远，汉人与南人分属不同的群体。⑦ 跨语言研究帮助我们更加深刻地认识

---

① 《中华民族凝聚力的形成与发展》编写组编《中华民族凝聚力的形成与发展》，民族出版社，2000，第81~82页。
② 彭丽：《隋唐时期中原王朝与北疆突厥、契丹民族关系研究》，硕士学位论文，陕西师范大学，2012。
③ 葛剑雄主编《中国移民史》第一卷，福建人民出版社，1997，第82页。
④ 《中华民族凝聚力的形成与发展》编写组编《中华民族凝聚力的形成与发展》，民族出版社，2000，第18页。
⑤ 葛剑雄主编《中国移民史》第一卷，福建人民出版社，1997，第84页。
⑥ 汉人八种：契丹、高丽、女直、竹因歹、术里阔歹、竹温、竹赤歹、渤海（女直同）。参见（元）陶宗仪撰《南村辍耕录》，上海古籍出版社，2012，第11页。
⑦ 刘迎胜：《"汉人八种"新解——读陈寅恪〈元代汉人译名考〉》，《西北民族研究》2020年第1期。

到汉族的来源和名称的复杂性，同时也更加深刻地认识到语言、文化、政治以及其他因素与族群认同之间错综复杂的非一致性关系。满族以近百万人口入关，"占据了北京和华北其他要地，满族的基地立即从东北转移到华北"①。大量满族人在各地政府和军队中任职，"多融入了汉人社会"，增加了汉族人口的数量。②属于满族和蒙古族的清代宗室、觉罗以及满洲、蒙古旗人，原各有自己民族的姓氏。但是，在与汉族大规模接触之后，经过汉译的这些姓氏往往长达数字，不便称呼，于是就出现了以名为姓的情况，原来的民族姓氏，除了填写履历时注明外，反不为人所用。如清末直隶总督满洲人端方，本姓托忒克氏，但以"端制军""端午帅"称世，死后加谥号称"端忠敏公"，"端"具有姓的功能。云贵总督蒙古族锡良，本姓巴岳特氏，但人称"锡制军""锡清弼""锡清帅"，死后加谥号称"锡文诚公"，"锡"起到了姓的作用。③

汉人向周边地区更大规模的推进是从明代开始的。以军屯为先导的移民广泛进入云南和贵州，逐步压缩当地民族的居住区和土司的辖境。清朝完成的"改土归流"，就是以汉族居民在当地总体上的压倒优势为基础的。在汉人的全面推进下，到清朝后期，南方的非汉族都已退缩到山区，成为真正的"少数"民族。汉族对东北和台湾的移民在19世纪达到高潮，前者并一直持续到20世纪40年代。与此同时，进入内蒙古和西北其他地区的汉族移民也有可观的数量。总之，到40年代，除了西藏以外，其他各少数民族聚居的省区都已有汉族移民迁入。④

不仅汉族是多民族融合而成的，许多少数民族也是多民族融合而成的，他们都成为现代中华民族的组成部分。中国历史上和当下的移民和人口迁移，不仅涉及汉族，也涉及少数民族，例如永嘉之乱后出现了民

---

① 葛剑雄主编《中国移民史》第一卷，福建人民出版社，1997，第84页。
② 《中华民族凝聚力的形成与发展》编写组编《中华民族凝聚力的形成与发展》，民族出版社，2000，第18页。
③ 石继昌：《漫谈旗人姓名》，载傅璇琮编《学林漫录》（初集），中华书局，1980。
④ 葛剑雄主编《中国移民史》第一卷，福建人民出版社，1997，第89页。

族迁移，除了汉族南迁以外，还有匈奴、鲜卑、乌桓、羯、氐、羌、卢水胡、丁零、高车、柔然、铁勒等族的迁移；靖康之乱后，大量汉族人迁往其他地区，也有数百万女真人、契丹人、渤海人迁入北方。① 中国的边疆地区过去大多是游牧区或者半农半牧区，中原王朝的驻军和行政人员无法依靠当地生产的粮食来维持生活，只能靠军队和"一定数量的家属或流放对象，在驻地垦荒耕种"，也就是屯垦。② 屯垦把比较发达的农业带到游牧区和半农半牧区，提高了那里已有的初级农业的水平，也带动了那里的商业、手工业和城市建设。一些边疆民族和游牧民在建立政权或者向内地、农业区扩张的时候，也重视移民的作用。③ 例如，契丹族通过扩张建立辽国，移民起了很大作用：本族人移民新占领区，同时把新占领区或临时占领区的人口迁往腹地或缘边地区。④

> 汉族移民不仅成为辽一般行政州县中的主要成分，大大促进了辽国和东北地区经济文化的发展，其中的优秀分子还为辽国典章制度的制定和社会的进步作出重大贡献，上层汉族移民及其后裔已经成为辽朝统治集团的重要组成部分。⑤

满族、蒙古族、藏族、维吾尔族、回族等许多少数民族大量吸收包括汉族在内的其他民族的人口，形成"你中有我，我中有你"的局面，"在感情和观念上起着潜移默化的作用"，培养了彼此之间的共同感情，"结成亲密的关系"。⑥ 在南北朝时期，"北人"与"南人"之间的差别比"北人"与少数民族之间的差别要大，北魏中后期的鲜卑统治者及其汉臣都认为自己的政权代表了正统，南方的汉族统治者不过是逃亡的"岛夷"。⑦ 936 年契丹获得燕云十六州，契丹人大量迁入，汉人、渤海人以及其他少数民族也继续迁入，多年过去，这些"燕人"已经认同契丹。

---

① 葛剑雄主编《中国移民史》第一卷，福建人民出版社，1997，第 20~21 页。
② 葛剑雄主编《中国移民史》第一卷，福建人民出版社，1997，第 80 页。
③ 葛剑雄主编《中国移民史》第一卷，福建人民出版社，1997，第 82 页。
④ 葛剑雄主编《中国移民史》第一卷，福建人民出版社，1997，第 82 页。
⑤ 葛剑雄主编《中国移民史》第一卷，福建人民出版社，1997，第 82 页。
⑥ 葛剑雄主编《中国移民史》第一卷，福建人民出版社，1997，第 95 页。
⑦ 葛剑雄主编《中国移民史》第一卷，福建人民出版社，1997，第 95 页。

因此当北宋联合女真人灭辽，以为可以利用燕人的民族感情时，就受到了燕人的批驳："南朝每谓燕人思汉，殊不思自割契丹已近二百年，岂无君臣父子之情？""谚语有之：一马不备二鞍，一女不嫁二夫。为人臣岂事二主，燕中士大夫岂不念此？"①

人口交融并不仅限于汉族和少数民族之间，少数民族之间的人口交融也比较普遍。秦武公、穆公开地千里，遂霸西戎，秦国势力到达今甘肃东南部，华夏族与戎人部族杂处，有相当一部分华夏人逐渐融入戎人部族。生活在西藏的穆斯林被称为卡契、"藏回"，他们的祖先来自印度、克什米尔、尼泊尔、拉达克，也来自我国的四川、云南、陕西、甘肃、青海等省份，他们在保留自己的宗教信仰的同时，在语言、服饰、饮食、婚姻等方面，已经完全融入藏族。② 明代伊斯兰教在蒙古人中盛行，皇亲贵族有不少人皈依了伊斯兰教，蒙古穆斯林有的定居下来，加入了当地的回族，有的继续从事畜牧业，但坚守伊斯兰信仰，这些穆斯林牧民被称为"托茂""托茂家""托茂人"。③ 历史上把汉化的"回回人"或者"回回"化的汉人称为"汉回"，他们构成兼有汉人文化和伊斯兰教信仰的群体。清代汉人称"伊尔根"（伊勒根）（irgen），意"民人"，因此清代的"汉回"被称为"民回"，到清末民初，"汉回"之称恢复。④

杨富学、安玉军根据近些年来的相关研究成果，对裕固族族源和裕固族吸收藏族、蒙古族、土族成分的情况，做了详尽考证。⑤ 裕固族源于古代回纥，是我国人口较少民族之一，840年分三支西迁，一支在今新疆吐鲁番一带建立高昌回鹘汗国，一支越过葱岭，在中亚葛逻禄地区建立喀喇汗王朝，一支留在河西地区的甘州、肃州、沙州和瓜州，成为形成裕固族的基础。河西走廊自古就是汉族、藏族和北方草原各族人群融汇

---

① 葛剑雄主编《中国移民史》第一卷，福建人民出版社，1997，第96页。原文参见（宋）徐梦莘撰《三朝北盟会编》，上海古籍出版社，1987，第55、56页。
② 杨晓纯：《西藏卡契、"藏回"辨析》，《青海民族研究》2017年第4期。
③ 杨德亮：《蒙回信仰春秋——托茂人伊斯兰信仰的历史与现状调查》，《青海社会科学》2009年第2期。
④ 周传慧：《"汉回"名称及群体出现的时间考》，《回族研究》2011年第1期。
⑤ 杨富学、安玉军：《藏族、蒙古族、土族因素与裕固族的形成》，《青海民族研究》2016年第2期。

的地方，各种人群在这里登上历史舞台，如现在已经消失的塞人、月氏人、匈奴人、粟特人、契丹人、西夏人等，又如至今和裕固族人毗邻而居的土族先民吐谷浑人、藏族先民吐蕃人、蒙古人等。回鹘人进入河西走廊后皈依佛教，甘州回鹘的直系后裔"察汗尧熬尔"融入当地藏族，与青海藏族交错混居的裕固族鄂金尼部落兼通藏语，被称为"讲藏语的部落"。1226 年，速不台率领蒙古大军征服裕固族先民撒里畏吾诸部，撒里畏吾诸部接受蒙古统治，在蒙古阔端王统治下的撒里畏吾诸部开始接受藏传佛教；1307 年察合台曾孙出伯被封为豳王，撒里畏吾诸部的驻牧地区位于豳王兀鲁思的核心地带，"蒙古与回鹘这两大北方古老的游牧部族开始了水乳交融的合牧混居的交汇历史"，成为今日讲突厥语族语言的西部裕固族人和讲蒙古语族语言的东部裕固族人的"孕育生成的母体"。后来，降明的末代豳王卜烟帖木儿被明廷封为撒里畏吾地面安定王，"这个以蒙古豳王后裔为统治者的集团都明确开始以撒里畏吾为认同，以一个共同族群集团的面貌存在"。① 1532 年蒙古俺答汗与吉囊率部打破亦不剌军，乘势收服了柴达木盆地西北部的撒里畏兀儿人，在此期间"撒里畏兀儿人不断受到鄂尔多斯东蒙古征服者的冲击"，因此在文化上受到一定影响。17 世纪前期，支持藏传佛教格鲁派的蒙古固始汗成为西藏最高统治者，撒里畏兀儿人成为属部，在社会组织结构方面受到很大影响，类似于蒙古和硕特部，同一个家族组成"阿伊勒"，多个血缘阿伊勒组成"亚森/黛青（氏族）"，多个同源氏族组成"鄂托克"，多个鄂托克组成"兀鲁思"。固始汗的同父异母兄长哈尼克·图席冶图的属民中有从新疆乌鲁木齐一带迁来的台吉乃尔部落，其现在的居住区域，恰好是元明时期撒里畏兀儿人的核心牧区之一，他们的语言和服饰有许多地方接近于东部裕固族。"可以认为，台吉乃尔蒙古人在很多方面和裕固族是存在渊源关系的。"②

裕固族和土族也有交融关系。土族的族源有两种说法，一是吐谷浑

---

① 杨富学、安玉军：《藏族、蒙古族、土族因素与裕固族的形成》，《青海民族研究》2016 年第 2 期。
② 杨富学、安玉军：《藏族、蒙古族、土族因素与裕固族的形成》，《青海民族研究》2016 年第 2 期。

说，认为土族源于鲜卑后裔吐谷浑人；① 二是蒙古军队及其属民与当地霍尔人通婚形成说，其依据是土族自称"蒙古尔""察汗蒙古尔"，还有在语言和习俗方面同蒙古族一些部落存在相似性。② 此外，信奉藏传佛教萨迦派的蒙古后裔安定王部众分别融入甘青土族、裕固族和藏族，成为这三个民族的组成部分。元代进入湟水流域的蒙古弘吉剌部的章吉驸马的族裔，后来融入土族。③

百越是秦汉时期中原人对后来在历史上消失的南方各支越人的统称，百越包括东瓯越（东瓯）、东越、闽越、南越、西瓯越（西瓯）、滇越，其中南越和西瓯也概称为骆越或瓯越；百越是现今汉族和南方许多少数民族的"母体民族"。④ 百越的大多数融入汉族，一部分演变为今天的壮、瑶、黎等民族的先人，另一部分称为滇越的族群成为今天傣族的先民。⑤

> 古代百越是南方土著，壮傣诸族的先民，也是南方以至西南地区原始居民，不仅在文献记载中有史可证，尤其在解放后大量的地下考古发掘，更能具体证明这一史实。⑥

历史上我国西南地区多民族交融共生是一大特点，汉族和少数民族互相学习，互相合作，互相通婚。较早的如楚人庄蹻率众来到滇池地区，入乡随俗，融入当地少数民族中。三国时期诸葛亮平定南中，在汉代屯田的基础上实行屯田，"鼓励拥护蜀汉政权的南中大姓吸收'夷'人组成'夷汉部曲'，发展生产力，晋初出现南中大姓与'夷帅'结成亲家的情

---

① 顾颉刚：《从古籍中探索我国的西部民族——羌族》，《社会科学战线》1980年第1期；芈一之：《土族族源考》，《青海社会科学》1981年第2期；周伟洲：《关于土族族源诸问题之管见——评〈土族简史〉有关论述》，《青海民族学院学报》1983年第4期；吕建福：《土族名称考释》，《青海民族学院学报（社会科学版）》2007年第1期。
② 陶克塔呼：《土族源流新议——兼谈土族的历史斗争》，《民族研究》1982年第3期；李克郁：《白鞑靼与察罕蒙古尔——也谈土族族源》，《青海民族学院学报》1982年第3期。
③ 胡小鹏：《蒙古弘吉剌部赤窟驸马诸王研究》，《西北师范大学学报（社会科学版）》1998年第5期。
④ 《中华民族凝聚力的形成与发展》编写组编《中华民族凝聚力的形成与发展》，民族出版社，2000，第285页。
⑤ 《中华民族凝聚力的形成与发展》编写组编《中华民族凝聚力的形成与发展》，民族出版社，2000，第287页。
⑥ 江应樑：《江应樑民族研究文集》，民族出版社，1992，第285页。

况，也有逃避租赋徭役进入南中的汉人成为'夷帅'部曲的情况，以汉族'夷'化为主的各民族之间的融合出现了"①。唐宋时期的"爨""叟""白蛮"等族群融合了迁入云南的汉族，形成了白族。②

新中国成立之后，社会经济面貌发生巨大变化，从1949年到1958年，农业总产值增长了0.9倍，工业总产值猛增7.76倍，"人口也由54167万增至65994万，年平均增长率达到2.22%"。③ 1949~1958年人口增长快，尤其是1949~1953年，中国的人口再分布十分活跃。新中国成立之初的社会经济环境和国际形势发生了很大变化，出现了许多导致人口变动的新因素，引发了不同类型的人口迁移，各民族之间的交往交流交融极其频繁。

> 期内中国人口相对比重上升的省区大部分都位于北方，华北、东北、西北三个大区占全国人口的比重均有所上升，合计比重由24.0%增至25.9%，增幅为1.9个百分点；其中位于最北部的、紧连苏蒙边境的黑龙江、内蒙古和新疆三省区合计由3.9%升至4.7%，增幅为0.8个百分点，占了整个北方三大区增幅的一半以上。④

1949~1958年，内蒙古人口增长率居全国首位，吸引了180多万外来人口，建设大兴安岭林业基地和包头重工业基地等一系列重点项目，占全国总人口的比重从1.17%增至1.47%；宁夏人口增长率居第二位，迁入约40万人，占全国人口的比重由0.23%增至0.29%；黑龙江人口增长率居第三位，占全国人口的比重由1.94%增至2.38%，迁入200多万人，绝对数量居全国首位。黑龙江有许多工厂迁入，第一个五年计划大型项目多，还有大小兴安岭基地建设和北大荒开垦，这些建设都需要迁入大量人口。⑤ 我国华北、东北、西北地区有17个阿尔泰语系民族，大量汉

---

① 马曜编《云南简史》，云南人民出版社，1983，第68页。
② 《中华民族凝聚力的形成与发展》编写组编《中华民族凝聚力的形成与发展》，民族出版社，2000，第32~33页。
③ 路遇、翟振武主编《新中国人口六十年》，中国人口出版社，2009，第349页。
④ 路遇、翟振武主编《新中国人口六十年》，中国人口出版社，2009，第352页。
⑤ 路遇、翟振武主编《新中国人口六十年》，中国人口出版社，2009，第353页。

族人口的迁入，在提高当地经济社会、科学技术、文教卫生、制度建设等方面水平的同时，也促进了各民族之间的交往交流交融，语言互相影响，文化互相欣赏，民族互相通婚。

新中国的社会经济发展具有社会主义特色，人口变动是发展计划的重要组成部分，政治和政策因素对人口分布和再分布有强烈影响。政府组织的"支边"型人口迁移持续发挥作用，大规模的自发性迁移也时有发生。例如江苏省在1959~1960年组织了12万劳动力前往新疆支边垦荒；河南省在1956~1958年组织迁出52.9万人，其中有19.58万人前往支援大西北；1957~1960年，新疆由江苏、安徽、湖北三省迁入80多万人；1957~1960年，有1010779人自发流入内蒙古自治区，最后有872644人定居下来；"新疆也自流迁入93.74万人，约占同期迁入人口的42%"。① 此外，中央决定在1958~1963年动员内地570万青年，支援边疆和民族地区的社会主义建设；上海市在1963~1965年动员9万多社会青年和应届中学毕业生迁往新疆；江苏省在1963~1969年组织2.3万知识青年迁往新疆、陕北和内蒙古插队落户。②

"三线"建设是20世纪五六十年代人口迁移的重要原因。在复杂的国际形势下，国家以战备为指导思想，在中西部地区川、滇、黔、豫、赣、皖、内蒙古等省（自治区）进行大规模的国防、科技、工业和交通基本设施建设，称为"三线"建设。东部沿海地区大城市的工厂企业搬迁到"三线"地区，其中上海先后迁出23.86万职工和家属。③ "文革"前和"文革"中发生的大规模"上山下乡"运动，也是人口迁移的大事件。从20世纪50年代开始到20世纪60年代的"上山下乡"属于经济迁移；"文革"时期的"上山下乡"属于政治迁移。④ "文革"期间（1967~1976年）1500万左右的知识青年"上山下乡"，北京、天津、上海"上山下乡"的知识青年最多，上海达到60多万人；黑龙江、安徽、云南和内蒙古等省（自治区）接纳的"上山下乡"知识青年最多，黑龙江在此期间接纳由各地迁入的知识青年40多万人，内蒙古安置了来自北

---

① 路遇、翟振武主编《新中国人口六十年》，中国人口出版社，2009，第407~408页。
② 路遇、翟振武主编《新中国人口六十年》，中国人口出版社，2009，第411~412页。
③ 路遇、翟振武主编《新中国人口六十年》，中国人口出版社，2009，第412~415页。
④ 路遇、翟振武主编《新中国人口六十年》，中国人口出版社，2009，第419页。

京、天津、上海、江苏、河北等省市的知识青年。①

我国少数民族聚居在西部和边疆地区,其中近70%的人居住在西部12个省(自治区),近60%的人居住在边疆9省(自治区),边疆2000万人口中有一半是少数民族。内蒙古自治区居住着全国73%的蒙古族人口,西藏自治区和四川省居住着全国70%的藏族人口,新疆维吾尔自治区居住着全国99%的维吾尔族人口,广西壮族自治区居住着全国92%的壮族人口,"其他如布依、白、傣、哈萨克、东乡、土等几十个民族在西部某一省区的集中程度也都在98%以上"。② 我国的少数民族和汉族在历史上交往交流交融,少数民族彼此之间同样长期交往交流交融,形成"大杂居,小聚居"的人口格局。

随着改革开放,市场经济和城市化进程加快,越来越多的少数民族人口流动到发达城市,求学、务工、讨生活,也有一些少数民族人才流入或留在发达城市,或从事政府部门工作,或从事高校及科研部门的教学科研③。根据统计,2000年以来,流动进入北京的少数民族人口数量与2000年以前相比,增长速度很快,"进京率"最高的是壮族、苗族和回族;达到万人规模的有满族、蒙古族、回族、朝鲜族、土家族;达到千人的有苗族、壮族、彝族、维吾尔族、藏族、侗族、布依族、瑶族、白族。④ 在京的少数民族流动人口主要从事批发零售、制造、住宿餐饮、建筑、居民服务等职业,其中约44%的人从事批发零售及餐饮业。⑤ 许多大城市也推出城市少数民族人口治理模式:以和谐社区建设为内容,以政策引导、资金帮扶、全面协调、构建民族社区工作规范体系的"北京模式";城市民族工作与对口支援民族地区帮扶工作、城市社区工作、城市宗教工作、帮扶民族教育工作、其他部门互动,全方位推进更高层次发展的"上海模式";根据市场经济快速发展中各民族交往关系新变化,以

---

① 路遇、翟振武主编《新中国人口六十年》,中国人口出版社,2009,第419页。
② 国家民委《民族问题五种丛书》编辑委员会、《中国少数民族》编写组、《中国少数民族》修订编辑委员会编《中国少数民族》(修订本),民族出版社,2009,第4页。
③ 例如现有的两位蒙古族长江学者,一个在北京高校任教,一个在上海高校任教。
④ 杨璘:《北京市少数民族流动人口管理机制研究》,博士学位论文,中央民族大学,2012,第23~24页。
⑤ 杨璘:《北京市少数民族流动人口管理机制研究》,博士学位论文,中央民族大学,2012,第28页。

全方位合作为核心，创造性建立服务型民族工作创新体系的"武汉模式"；民族工作进社区、进基层、探索新路子、建立新机制、创造新经验的"广州模式"；把握和协调民族关系发展趋势，维护民族团结良好氛围，满足少数民族生活需要，依法管理、探索和拓展城市民族工作社会化途径的"南京模式"；利用城市民族工作、促进城市多元化发展、展示民族政策的"深圳模式"。① 此外，少数民族城镇化速度也大大加快，城镇化率达到32.84%，2010年少数民族城镇人口达到3677万人。② 从总体上看，城市里的汉族人口多，少数民族进入城市后能够与汉族更多地交往交流交融，加入社区共同体，学习城市文化，遵守市民公德，服从各项规章制度，为现代化大都市贡献自己的才华。根据一项20世纪90年代的研究，大城市的高科技产业和新兴卫星工业城市引来少数民族人才，例如上海航天业有160多个少数民族科技人员，他们来自10多个民族；上海宝山钢铁公司也有1000名少数民族企业骨干，他们来自东北地区和湖北、四川，属于满、回、朝鲜、锡伯等10多个少数民族。③

根据《新中国人口六十年》的统计，中国大陆的汉族人口占大陆总人口的91%；台湾的汉族人口占台湾总人口的98%；香港的汉族人口占香港总人口的95%；澳门的汉族人口占澳门总人口的97%；全世界的汉族人口有13亿多人，占世界总人口的19%，其中90%以上生活在中国。④ 新中国成立以来，少数民族人口从1953年第一次全国人口普查时的3532万人，占全国总人口的6.06%，增长到2000年第五次全国人口普查时的1.23亿人以上，其中人口在百万人以上的少数民族有18个，分别是蒙古、回、藏、维吾尔、苗、彝、壮、布依、朝鲜、满、侗、瑶、白、土家、哈尼、哈萨克、傣、黎族；人口在百万人以下10万人以上的少数民族有15个，分别是傈僳、佤、畲、拉祜、水、东乡、纳西、景颇、柯尔克孜、土、达斡尔、仫佬、羌、仡佬、锡伯族；人口在10万人以下1万人以上的少数民族有15个，分别是布朗、撒拉、毛南、阿昌、普米、塔

---

① 郑信哲、张红：《关于城市民族问题的研究评述》，《黑龙江民族丛刊》2010年第5期。
② 焦开山：《中国少数民族人口的城镇化水平及其发展趋势》，《民族研究》2014年第4期。
③ 郑信哲：《浅谈我国城市民族关系的现状与发展趋势》，《中央民族大学学报》1996年第3期。
④ 路遇、翟振武主编《新中国人口六十年》，中国人口出版社，2009，第2页。

吉克、怒、乌孜别克、俄罗斯、鄂温克、德昂、保安、裕固、京、基诺族；人口在1万人以下的少数民族有7个，分别是门巴、鄂伦春、独龙、塔塔尔、赫哲、高山、珞巴族。

第四节 语言互借互嵌

《圣经》讲述过这样一段巴别塔的故事：据说人类想要联合起来造一座通天塔，上帝知道了，就让人类说各种彼此听不懂的语言，他们无法沟通想法，各自散去，联合造塔的事情也就落空了。巴别塔的故事告诉我们语言交流的重要性，即语言不通，交流不畅，事业无望。不过，亚里士多德关于语言起源的论说，却让我们对人与人之间的顺利沟通充满希望。他在《解释篇》里说，人类口语象征了心灵感物的经验，而文字又象征了人类口语，尽管表达心灵经验的口语和文字各不相同，但心灵经验本身是相同的。[1] 这是民心相通的基础，语言不通，文字不同，并不影响心灵经验相同，也不影响民心相通。语言是文化的核心部分，也是文化的载体和窗口，是建立在本民族形、气、神互动互生基础之上的"展览馆"，也是呈现本民族民俗传统和生存智慧的"博物馆"。

我国目前有130种语言，[2] 按照国内语言学家的普遍分类，分别属于汉藏语系、阿尔泰语系、南亚语系、南岛语系和印欧语系。汉藏语系包括汉语族、藏缅语族、苗瑶语族和壮侗语族，操汉藏语系语言的29个少数民族分布在我国中南和西南地区；阿尔泰语系包括突厥语族、蒙古语族、满-通古斯语族，涉及17个少数民族，他们分布在我国东北和西北地区。55个少数民族绝大部分使用本民族语言，而且有些使用两种或多种语言。

汉语普通话和汉字是全国通用语言文字，是弘扬中国各民族优秀文化传统的重要载体，是铸牢中华民族共同体意识、民心相通的重要媒介，也是联合国的工作语言和文字之一，已经成为中外文化交流的重要桥梁。越来越多的少数民族成员在保持本民族语言的同时，也熟练掌握了全国

---

[1] 〔古希腊〕亚里士多德：《范畴篇 解释篇》，方书春译，商务印书馆，1986，第55页。
[2] 孙宏开、胡增益、黄行主编《中国的语言》，商务印书馆，2007，第30页。

通用语言文字，做到"两全其美"。少数民族通过普通话和本民族语言的双语学习，甚至外语的学习，扩大了视野，增加了知识，提高了交流能力，提高了建设美好生活的能力，加强了中华民族共同体意识，拓宽了构建人类命运共同体的视野。在我国保持自己语言的少数民族中，兼通本族语和普通话的双语人很多，还有同时掌握普通话和其他少数民族语的多语人。我国的绝大多数人讲汉语、习汉字。

陈其光对汉字系文字有深入研究。[①] 虽然两河流域的楔形字和埃及的圣书字比已有5000年[②]历史的汉字还要早，但现在无人使用，成为死文字。因此，汉字是世界上独立产生且唯一健在的最古老、最复杂的文字，也是世界上通用最广的文字之一。除了中国境内使用汉字，日本、韩国、新加坡以及许多海外华人聚居区也使用汉字，使用人口有十几亿人。最初，中国许多少数民族和一些邻国还没有发展出自己的文字，这些少数民族和邻国就先借用汉语书面语，然后借用汉字书写自己的语言，一些用汉字转写的非汉语文献出现了，例如日本的《万叶集》、朝鲜的《新罗乡歌》、越南的《金云翘传》、蒙古族的《蒙古秘史》、苗族的《开天辟地》歌等。这些汉字的借用者以三种方式书写本族语：（1）移植，把汉字的音、形、义全都照搬过去，如日文中的"人"读 dign，也是"人"的意思；（2）音读，借用汉字的音和形，表本族语的义，如瑶族借用汉字"端"，读作 ton^{33}，但意思是"儿子"；（3）训读，借汉字的形，按照所表示的意义读本族语的音，如壮语借用汉字"酒"，表示"酒"的意义，却读作 lau^{55}。

汉字原本用于书写汉语，用它书写其他语言会出现不准确的地方，因此一些借用汉字的民族就根据汉字创造了书写母语的本族文字，成为汉字支系，汉字和汉字支系一道构成了广义汉字文化圈。在汉字影响下产生的文字分两大类：一是受汉字影响较深的表意字，二是受汉字影响较浅的表音字。从汉字派生的表音字又分为仿汉字、变汉字、似汉字三类。东亚的许多民族通过离析汉字，借鉴会意、形声、反切等造字方法，以汉字或汉

---

① 陈其光：《汉字系文字》，载许寿椿主编《文字比较研究散论——电脑时代的新观察》，中央民族学院出版社，1993。本段关于汉字系文字的描述和观点均出自陈其光。

② 根据陈其光的观点，从大汶口陶文算起。

字偏旁为元件，另组新字来写本族语，例如越南的字喃，再如老壮文和老白文，此外还有苗族、瑶族、侗族、布依族、哈尼族、仡佬族等少数民族造出来的一些字。朝鲜和日本也造出一些字来。字喃出现在 10 世纪，老壮文和老白文出现在唐代，都有 1000 多年的历史了。有些少数民族除了借用汉字以外，还用改造原有汉字的办法来书写本族语，这样变出来的新字仍然属于表意字，称为"变汉表意字"，简称"变汉字"。中国历史上的契丹大字和女真大字属于变汉字，中国其他一些少数民族，还有日本、越南，也造了一些变汉字。西夏文属于"似汉字"。西夏人不用现成的汉字或汉字偏旁组字，也不改变原有汉字来造新字，而是借用汉字的笔画重新加工成类似汉字的偏旁，再按照汉字造字法，把这些新造的元件组合成表意的方块字。西夏字形体方正，结构复杂，笔画与汉字的笔画相同，但笔画数大多比汉字多，有 6000 多字，没有一个与汉字完全相同。汉字形意结合的强大而稳定的功能，让国内一些少数民族和周边一些国家受惠，当然也让国内不同方言区的人受惠，形同音异方便了跨境、跨文化、跨方言的交流。

自古以来，世世代代生活在中国这片土地上的民族有很多，他们通过长期的语言接触，不仅让少数民族有机会大量接受汉语和汉字的文化，同时也给汉语和汉字留下少数民族语言的痕迹。北方话的东北次方言①，分布在今东北三省绝大部分地区、内蒙古东部以及北京市区，共同的语音特征是声调分高平、高升、曲降、全降四种，有轻声，儿化词偏多，该次方言区与其他次方言的界限，恰好"与清朝从东北进关的'御道'和关外的柳条边重合"，说明这个次方言区的形成涉及"辽金时女真人掠夺关内汉人，明清时山东、河北人闯关东，清朝三百年间满族经常出入行走关内外"，"通过次方言的划分可以看出辽金、明清移民的起点与终点及清朝满族的活动范围"。② 满汉交往交融在语言中留下印记。

今天的以北京语音为标准音、以北方话为基础方言、以典范的现代白话文著作为语法规范的现代汉语普通话是建立在北京话的基

---

① 林焘称此方言区为"北京官话区"。参见林焘《北京官话区的划分》，《方言》1987 年第 3 期。
② 赵杰、田晓黎：《语言人类学》，民族出版社，2015，第 258 页。

底上的，而北京话又是以北京京腔儿为基础的清代 mandarin（官话）基础上发展而来的，以京腔儿为主要特征的北京话实际上是清初从东北入关的八旗兵民的满式汉语与明末北京汉人（含南京迁北京的说下江官话的人和金元时期女真所留后裔，元代所称的汉人）汉语在乾隆末年北京内外城解体后相互融合的语言结晶。这种老北京话虽然作为汉语发展至今，但其中所借用的满语词、满汉合成词、满汉并列词（或者叫做通过满式汉语保留下来的满语词）仍然不少……①

表 2-1　北京话中的满语词

汉字写法	清代满文音 （罗马字转写）	现代北京音 （汉语拼音）	汉义
秃噜	turu	tulu②	脱掉
肋胁③	letelata	lete	累赘、不利落
妞妞	nionio	niou	爱小儿词、女孩儿
得瑟	deso	dese	喊叫、张扬、极显摆
啰唆	lorsem	loso	话不歇状
邋遢	late	lata④	迟钝、懒散
搭档	tatan	dadang	窝棚、伙伴
萨其马	sacima	sacima	糖缠
和弄	xol（hombi）⑤	xolong	匹配、搅拌
拉忽	lahu	lahu	干沽粗糙
挺	ten	ting	极、很
撒目	sabu（mbi）	samu	看见、扫视
老老	lar（seme）	lolo	鄙斥庸懦之人的说法
马勺	maša	mashao	带木柄的勺子
抖搂	doola（mbi）	doule	誊写、倒水、披露

① 赵杰、田晓黎：《语言人类学》，民族出版社，2015，第 200 页。
② 原文作"turu"，疑为"tulu"之误。
③ 原文作"胁"，疑为"胁"之误。
④ 原文作"lata"，疑为"late"之误，现把两词对调。
⑤ 原文作"bombi"，疑为"hombi"之误。

续表

汉字写法	清代满文音 （罗马字转写）	现代北京音 （汉语拼音）	汉义
数落	šule（mbi）	shuluo	征收、换查
划拉	xuale（mbi）①	huala	扫院子
怂②	songko（mbi）	soŋ	哭、好哭
白	baibi	bai	白白地、等闲
胳肢（格支）	gejihešе（mbi）	geji	腋下搔痒痒儿
屯	tokso	ton	屯（子）、村庄
掰扯	baica	baiche	查验、盘说
爬犁	fara	pali	雪橇

资料来源：赵杰、田晓黎《语言人类学》，民族出版社，2015，第 200~201 页。表中列出的现代北京音栏与汉语拼音有一致的地方，姑且保留原样。下同。

表 2-2　北京话中的满汉合成词（括号里的字为汉语词或词素）

汉字写法	清代满文音 （罗马字转写）	现代北京音 （汉语拼音）	汉义
巴（不）得	bade	babude	极想捞着
很（不）得	hendu（mbi）	henbude	极想让
轧（马路）	yabu	yamalu	在马路上行走散步
（车）把式	bakši	chebashi	赶车的老板
母（们）	muse	mumen	我们
娘们娘气	nialma	niamniaqi	小佳人，女里女气
马虎（眼）	mahu	mahuyan	鬼脸、假面具、使眼色打掩护
（瞎）掰	baica	xiabai	瞎验查、瞎说
（配）搭（儿）	da	peidar	给长官做配角的人
胳肢（窝）	geji（hešembi）	gazhiwo	腋窝

资料来源：赵杰、田晓黎《语言人类学》，民族出版社，2015，第 201~202 页。

表 2-3　北京话中的满汉并列互注词（括号里的字是汉语词或词素）

汉字写法	清代满文音 （罗马字转写）	现代北京音 （汉语拼音）	汉义
（庄）屯	tokso	zhuangtun	村庄

---

① 原文作"huala"，疑为"xuale"之误，现把这两个词对调。
② 原文"尸"下加"从"，字库没有找到，用"怂"代替。

续表

汉字写法	清代满文音（罗马字转写）	现代北京音（汉语拼音）	汉义
档（案）	dangse	dang	个人或单位的履历文件
（哨）卡	kalun	shaoka	边界哨所
（公子）哥儿	age	gongziger	贵族家的少爷
猫（腻）	moo	maoni	隐藏
（末）了	lala	meliao	最后面
轧伍（悠儿）	yabu	yawuyou	慢走的状态
咋（呼）	jabu	zhahu	说话张扬、用话显摆
马猴儿（帽）	mahala	mahourmao	冬帽子

资料来源：赵杰、田晓黎《语言人类学》，民族出版社，2015，第202页。

其实，语言上反映出来的民族之间的交往交流可以追溯到更早。例如在中古时代，鲜卑语"阿干"进入汉语，变成现代汉语"哥哥"。[①] 王力先生在《汉语史稿》中首次提出这一点，认为"从唐代起在口语中代替了'兄'的'哥'可能是外来语"。[②] 汉语史研究者同意，汉语的"哥哥"来自"阿哥"，而"阿哥"又来自鲜卑语"阿干"。[③]

> 在阿富汗、巴基斯坦、埃及和伊朗，aga 既作为荣誉头衔又作为家族姓氏使用。伊斯兰教什叶派第二大教派 Ismaili 中第一大分支 Nizari 的伊玛目（Imam）所世袭的头衔，就是 Aga Khan，而这两个词都来自阿尔泰古老传统。……1969~1971 年在位的巴基斯坦前总统叶海亚·汗的名号全称是 Agha Muhammad Yahya Khan，其中的 Agha 就是他的世袭荣誉头衔。[④]

[①] 罗新：《中古北族名号研究》，北京大学出版社，2009，第185页。
[②] 王力：《汉语史稿》（修订本），中华书局，1982，第506~507页。
[③] 罗新：《中古北族名号研究》，北京大学出版社，2009，第185页；胡双宝：《说"哥"》，载北京大学中文系《语言学论丛》编委会编《语言学论丛》第六辑，商务印书馆，1980；赵文工：《"哥哥"一词的来源初探》，《内蒙古大学学报（人文社会科学版）》1998年第1期。
[④] 罗新：《中古北族名号研究》，北京大学出版社，2009，第186~187页。在巴基斯坦，世袭荣誉头衔 Agha 在使用的时候应当置于名字之后而不是之前，目前这种前置的形式是受英文影响的结果（以上为原文注释。——引者注）。

各民族之间的语言交往除了发生在比较明显的语音、词汇层面以外,也会发生在语法层面,尤其对于在那些接触频繁的不同民族的语言来说,常常是兼而有之,全面发生。原本结构差异很大的两种语言因深度接触而发生结构上的质变,"形成了非甲非乙的新语言",即"混合语",如四川甘孜藏族自治州汉藏语言混合形成的倒话,青海同仁县汉、藏、保安三种语言混合形成的五屯话,西藏自治区察隅县藏语和格曼语混合形成的扎话。① 语言混合,心心相通;文化互补,民族共生。仅举倒话为例。倒话是一种特殊语言,分布在青藏高原东部、四川西部甘孜藏族自治州雅江县,有2685人使用(1995年)。倒话的词汇主要来自汉语,语法结构来自藏语,具有丰富的词汇和完备的语音语法体系,"充分表现了一个具有独立品质语言的特质"②。18世纪20年代前后,清廷两次派兵入藏,平定准噶尔之乱,深入康藏腹地的汉族军人和船夫与当地妇女成家,汉夫藏妇,水乳交融,他们的后代成为使用倒话的居民。

第五节 文化交流

中国文化是集大成的文化,各地各族群的文化各有特色,丰富多彩,同时各文化之间的交往交流从未中断过,交往交流给地域文化带来活力,也带来许多跨文化的共同点,增加了"家族相似性",为未来超大共同体的形成奠定了基础。早在新石器时代,中国大地上的各地考古文化就存在许多共同点,如西戎先民和华夏先民都拥有彩陶,赤峰遗址和张家口遗址兼有彩陶和细石器,属于仰韶系统和细石器系统的混合文化。③ 从甲骨文、金文、《诗》、《书》、《春秋》到《天问》、《山海经》,都反映了不同文化人群的情况,说明"殷周各有自己的族源",荆蛮、淮夷、氐羌、猃狁"各有自己的文化系统",④ 但这并不妨碍族群之间的交往交流,

---

① 孙宏开、胡增益、黄行主编《中国的语言》,商务印书馆,2007,第11、12页。
② 意西微色·阿错:《藏汉混合语"倒话"述略》,《语言研究》2001年第3期。
③ 范文澜:《中国通史简编》第一编,人民出版社,1964,第87页;转引自《中华民族凝聚力的形成与发展》编写组编《中华民族凝力的形成与发展》,民族出版社,2000,第140页。
④ 白寿彝总主编《中国通史》(修订本)第一卷,上海人民出版社,2004,第2页。

如《尚书·牧誓》载:"嗟!我友邦冢君,御事:司徒、司马、司空、亚旅、师氏、千夫长、百夫长,及庸、蜀、羌、髳、微、卢、彭、濮人。"①由此可见,武王伐纣的军队由多个族群组成,是一支联军。② 各文化人群之间的不断交往交流自然会产生共性,概念观念上产生共识,就连"尊周室,攘夷狄"的孔子都说:"言忠信,行笃敬,虽蛮貊之邦矣行。言不忠信,行不笃敬,虽州里行乎哉?"③ 他认为夷狄蛮貊与诸夏之间存在共同的道德标准。

汉代是中华文化夯实基础的时期。两汉绵延400多年,开拓进取、兼容并蓄是"主旋律"。在4个多世纪的岁月里,学术、文学、艺术、建筑、雕塑、科技精彩纷呈,汉赋、《史记》、《汉书》,都成为中国文化史上的经典。

自秦汉时就确立了一整套政治、经济及衣冠礼乐等制度,其后历代虽有变革,但发展脉络的连续性是非常清楚的,形成了以中原地区为代表的汉族传统文化,其中儒家学说及其经典更具纽带作用,将汉族及众多少数民族的思想意识紧紧维系在一起。所谓儒学,其思想体系就是中国传统文化的核心、主干。汉代以后,儒学逐渐发展成为中国官方的统治意识形态,对中华民族文化心理同一性的形成产生了重大影响。在漫长的中国历史发展过程中,儒学发挥了文化储存、文化传播以及进行伦理道德教育、巩固中华民族共性的巨大作用。④

春秋战国,百家争鸣;汉武帝罢黜百家,独尊儒术。儒学经过长期发展,渗透到日常生活当中,"积淀成汉民族共同心理素质的主要内容",对周边少数民族也有强大的吸引力和辐射力,"对于增强中华民族的凝聚力具有重大和深远的意义"。⑤ 西汉刘安的《淮南子》是一部"地天通"的著作,它承袭儒家、道家、墨家、法家、阴阳家诸说,综合"混沌恍惚""先天地生""生乎自然""无所不在""恒常不变""虚无寂静"

---

① 王世舜、王翠叶译注《尚书》,中华书局,2012,第139页。
② 白寿彝总主编《中国通史》(修订本)第一卷,上海人民出版社,2004,第2页。
③ 转引自白寿彝总主编《中国通史》(修订本)第一卷,上海人民出版社,2004,第5页。
④ 《中华民族凝聚力的形成与发展》编写组编《中华民族凝聚力的形成与发展》,民族出版社,2000,第150页。
⑤ 《中华民族凝聚力的形成与发展》编写组编《中华民族凝聚力的形成与发展》,民族出版社,2000,第151页。

"柔弱之说""阴阳与气"的核心思想,推出综合性很强的天道观。①《淮南子》重视"天人相通""天地相通",重视形气神关联,指出"君本"与"民本"互为条件、"存异随俗"、"法生于义"等洞见,属于兼和万物的"治道"观。②

> 夫天之所覆,地之所载,六合所包,阴阳所呴,雨露所濡,道德所扶,此皆生一父母而阅一和也。是故槐榆与橘柚合而为兄弟,有苗与三危通为一家。夫目视鸿鹄之飞,耳听琴瑟之声,而心在雁门之间。一身之中,神之分离剖判,六合之内,一举而千万里。是故自其异者视之,肝胆胡越;自其同者视之,万物一圈也。百家异说,各有所出。③

"有苗与三危通为一家""肝胆胡越""百家异说,各有所出",这种包容百家、兼通诸族的思想,实在就是中华民族集大成思想的源头。

《盘王歌》是瑶族古歌谣汇集的总称,流传于广西、广东、湖南、云南等地。晋代干宝的《搜神记》中有关于瑶族先民祭祀盘瓠的记载,唐朝刘禹锡的《蛮子歌》中也有"时节祭盘瓠"的句子。《盘王歌》描写了盘王用身体创世的经过,记载了洪水之后兄妹成婚、繁衍后代的故事,有的学者认为三国时代徐整的《五运历年纪》中关于"首生盘古,垂死化身,气成风云,声为雷霆,左眼为日,右眼为月……"的描述和《盘王图歌》类似。④

> 这个故事大同小异地流传在中国南方瑶苗黎……等民族中。"盘瓠"这两个字,音转而为"盘古"。据说瑶族人民祭祀盘古,非常虔诚,称之为盘王,人们的生死寿夭贫贱,都归盘王掌握……苗族也有"盘王书",类乎《旧约·创世记》,传唱于苗民当中……三国时

---

① 黄淑贞:《〈淮南子〉天道观之研究》,花木兰文化出版社,2008。
② 戴黍:《〈淮南子〉治道思想研究》,中山大学出版社,2005。
③ (汉)刘安:《淮南子》,(汉)高诱注,世界书局,1935,第24页。
④ 萧万源、伍雄武、阿布都秀库尔主编《中国少数民族哲学史》,安徽人民出版社,1992,第135~139页。

候徐整作《三五历纪》，吸收了南方少数民族中"盘瓠"或"盘古"的传说，加以古代经典中的哲理成分和自己的想象，创造了一个开天辟地的盘古，填补了鸿蒙时代的这一空白，成为我们中华人民共同的老祖宗。[1]

十六国时期后赵的石勒在首都设太学，招收胡人的贵族子弟学习汉族文化，设专门官员主管经学、律学和史学，推动文化事业。[2]北魏冯太后和孝文帝实行汉化改革，确立汉族礼仪文教制度，建学校，定乐章，立孔庙，认黄帝为拓跋元祖，下令以汉服代替鲜卑服，以汉语代替鲜卑语，改鲜卑姓为汉姓，彻底融入汉族。孝文帝迁都洛阳，禁胡服，着汉服，把汉语作为通用语言，鼓励鲜卑人和汉人通婚，把鲜卑人的复姓改为汉人单姓，皇族拓跋氏改为元氏。《魏书·官氏志》记载了118个鲜卑改汉的姓氏。

表 2-4 鲜卑改汉姓（部分）

原姓	改后姓	原姓	改后姓	原姓	改后姓
纥骨氏	胡氏	普氏	周氏	托拔氏	长孙氏
达奚氏	奚氏	伊娄氏	伊氏	丘敦氏	丘氏
侯氏	亥氏	乙旃氏	叔孙氏	车焜氏	车氏
丘穆陵氏	穆氏	步六孤氏	陆氏	贺赖氏	贺氏
独孤氏	刘氏	贺楼氏	楼氏	勿忸于氏	于氏
是连氏	连氏	仆兰氏	仆氏	若干氏	苟氏
拔列氏	梁氏	拨略氏	略氏	普陋茹氏	茹氏
若口引氏	寇氏	叱罗氏	罗氏	贺葛氏	葛氏
是贲氏	封氏	阿伏于氏	阿氏	可地延氏	延氏
阿鹿桓氏	鹿氏	他骆拔氏	骆氏	薄奚氏	薄氏
乌丸氏	桓氏	素和氏	和氏	胡古口引氏	侯氏
谷浑氏	浑氏	匹娄氏	娄氏	俟力伐氏	鲍氏

---

[1] 袁珂：《中国古代神话》，华夏出版社，2006，第26页。
[2] 阴法鲁、许树安、刘玉才主编《中国古代文化史》（插图本）上，北京大学出版社，2008，第16页。

续表

原姓	改后姓	原姓	改后姓	原姓	改后姓
吐伏卢氏	卢氏	腜云氏	云氏	是云氏	是氏
叱利氏	利氏	副吕氏	副氏	如罗氏	如氏
乞扶氏	扶氏	阿单氏	单氏	俟几氏	几氏
贺儿氏	儿氏	吐奚氏	古氏	出连氏	毕氏
贺拔氏	何氏	叱吕氏	吕氏	莫那娄氏	莫氏
奚斗卢氏	索卢氏	莫芦氏	芦氏	出大汗氏	韩氏
没路真氏	路氏	扈地于氏	扈氏	莫舆氏	舆氏
纥干氏	干氏	俟伏斤氏	伏氏	是楼氏	高氏
尸突氏	屈氏	沓卢氏	沓氏	嗢石兰氏	石氏
解枇氏	解氏	奇斤氏	奇氏	须卜氏	卜氏
丘林氏	林氏	大莫干氏	郃氏	尔绵氏	绵氏
盖楼氏	盖氏	素黎氏	黎氏	渴单氏	单氏
壹斗眷氏	明氏	叱门氏	门氏	宿六斤氏	宿氏
秘邘氏	邘氏	土难氏	山氏	屋引氏	房氏
树洛于氏	树氏	乙弗氏	乙氏	茂眷氏	茂氏
宥连氏	云氏	纥豆陵氏	窦氏	侯莫陈氏	陈氏
库狄氏	狄氏	太洛稽氏	稽氏	柯拔氏	柯氏
尉迟氏	尉氏	步鹿根氏	步氏	破多罗氏	潘氏
叱干氏	薛氏	俟奴氏	俟氏	辗迟氏	展氏
费连氏	费氏	其连氏	綦氏	去斤氏	艾氏
渴侯氏	缑氏	叱卢氏	祝氏	和稽氏	缓氏
冤赖氏	就氏	嗢盆氏	温氏	达勃氏	褒氏
独孤浑氏	杜氏	贺兰氏	贺氏	郁都甄氏	甄氏
纥奚氏	嵇氏	越勒氏	越氏	叱奴氏	狼氏
渴烛浑氏	味氏	库褥官氏	库氏	乌洛兰氏	兰氏
一那蒌氏	蒌氏	羽弗氏	羽氏		

资料来源：许嘉璐主编《二十四史全译·魏书》第四册，卷第一百一十三 志第十九《官氏志》，汉语大词典出版社，2004，第2432~2436页。

根据陈连庆研究，包括旧本《官氏志》所佚姓氏在内的这些"新姓氏"（共130多姓），不仅涉及鲜卑拓跋部，还包括匈奴、羯、东部鲜卑、氐、羌、蜀等族和西域诸族，其中有的姓氏是在西晋、十六国时改的，这次只是确认；胡族或随原有汉式姓，或音译胡姓第一音节或中间音节造出新汉式姓，而且单姓之外还有少量复姓，如托拔氏改长孙氏，奚斗卢氏改索卢氏，贺若氏仍为贺若氏。① 所以，现在的汉式姓保存了许多少数民族的古姓，例如春秋时代的狄、代、戎、羌、米、安、瞒、蛮；秦汉时代的党、单、雕、论、徐、庐、源；《后汉书》中的罗、朴、督、鄂、度、夕、龚；南北朝及五代十国时代的拓跋、单于、宇文、长孙、呼延、赫连、万俟、慕容、贺兰、尔朱、哥舒、可朱浑、莫那娄；隋唐时代的康、安、曹、石、米、何、火寻、戊地、史；辽金时代的耶律、蒲察、石抹、萨、赛。②

中华民族共同体文化是各民族文化的集大成。历史上的百越族和西部少数民族首先栽培稻和麦，少数民族也较早栽培棉花、甘蔗、茶树等，汉唐时期的畜牧业因少数民族地区传入的良种、良法和饲料而兴盛起来，唐宋时期的乌蛮和白蛮擅长水利建设，清代朝鲜族移民把水稻种植技术带入东北地区，鲜卑人最早发明了马镫，骆越族的铜鼓、西南夷的采矿技术和金玉器具、匈奴人的兵器、乌桓族的刺绣和毛毯、壮族和侗族的壮锦和侗锦、白族的"大理刀"、黎族的纺织技术等。中国各民族的先人在衣食住行、音乐舞蹈、雕塑建筑、语言文学、科学技术等方面，对中华历史文化做出了全面贡献。③

汉代音乐歌舞因吸收少数民族乐舞而盛极一时，其特点为活泼而富于变化。汉朝乐府广泛收集民间音乐，内容包括歌谣、鼓吹曲、相和歌、舞曲歌等，其中的鼓吹曲来自北方游牧民族，用打击乐器和管乐器来演奏。匈奴传统管乐《胡笳十八拍》对中原的影响很大，乐器用羊角打孔制作而成。博才多学的蔡文姬归汉后，将胡笳和胡乐带回到中原，颇受欢迎，《晋书》载刘畴和刘琨善吹胡笳，能产生"出塞、入塞之声"，使

---

① 陈连庆：《中国古代少数民族姓氏研究——秦汉魏晋南北朝少数民族姓氏研究》，吉林文史出版社，1993，第3~4页。
② 王泉根：《中国人姓名的奥秘——王泉根教授谈姓氏》（一），当代中国出版社，2011，第108页。
③ 国家民委《民族问题五种丛书》编辑委员会、《中国少数民族》编写组、《中国少数民族》修订编辑委员会编《中国少数民族》（修订本），民族出版社，2009，第12~19页。

匈奴人"有怀土之切"。① 张骞通西域,不少西域乐器沿着丝绸之路进入中原,如我们熟知的笛、箫、琵琶,还有箜篌、铜钹、羯鼓等。巴人板楯蛮的"巴渝舞"是汉代颇负盛名的乐舞,当时汉高帝刘邦很赞赏,命人学习采用,传入中原;汉灵帝和三国时的曹植都喜好"胡舞"。②《文献通考》的乐考分"雅部"和"胡部","雅部"是中原固有的乐器,"胡部"指从少数民族地方传入的乐器。唐太宗的宫廷有十部乐,其中六七部都是由西域西凉、龟兹、疏勒、于阗、高昌等少数民族地方传入的。③ 当时的龟兹名声在外,号称乐舞之国,以龟兹乐为代表的西域音乐传入凉州,与中原音乐结合而成为西凉乐。龟兹乐对日本的音乐舞蹈也产生了影响。④

著名的敦煌、麦积山、云冈、龙门等石窟和克孜尔千佛洞,是汉、鲜卑、吐蕃偕同西域各族的艺术家和劳动人民共同创造出来的。

> 特别是拓跋鲜卑,在佛教艺术上有很高的成就。他们融合了各地佛教造像成就,集犍陀罗和秣菟罗艺术之所长,创造出独具鲜卑特色、面目一新的佛教艺术,云冈石窟、龙门石窟就是他们的杰作。⑤

隋唐皇室有胡汉通婚的传统,是汉人豪族和鲜卑权贵组成的关陇集团,"贵中华""贱夷狄"的观念淡薄,"胡化之风"盛行长安。唐太宗的废太子李承乾在宫中建五狼头纛,喜欢说突厥话,衣突厥服,喜好胡舞。⑥

---

① 《中华民族凝聚力的形成与发展》编写组编《中华民族凝聚力的形成与发展》,民族出版社,2000,第155页。
② 《中华民族凝聚力的形成与发展》编写组编《中华民族凝聚力的形成与发展》,民族出版社,2000,第156页。
③ 国家民委《民族问题五种丛书》编辑委员会、《中国少数民族》编写组、《中国少数民族》修订编辑委员会编《中国少数民族》(修订本),民族出版社,2009,第17页。
④ 国家民委《民族问题五种丛书》编辑委员会、《中国少数民族》编写组、《中国少数民族》修订编辑委员会编《中国少数民族》(修订本),民族出版社,2009,第17页。
⑤ 国家民委《民族问题五种丛书》编辑委员会、《中国少数民族》编写组、《中国少数民族》修订编辑委员会编《中国少数民族》(修订本),民族出版社,2009,第17页。
⑥ 阴法鲁、许树安、刘玉才主编《中国古代文化史》(插图本)上,北京大学出版社,2008,第21页。

文化交融是双向的，一方面是大量少数民族融入汉族，取汉名，行汉俗；另一方面，也有一部分汉族人出于社会历史原因，尤其是出于政治原因，转用少数民族姓名。例如"太平字允中，初姓贺氏，名惟一，后赐姓蒙古氏，名太平，仁杰之孙，胜之子也"[①]。据《广西岑氏族谱》[②]载，这一支岑氏家族原居南阳，其族谱称其祖先为周文王异母耀之子渠，后迁湖北、四川、浙江、广东、广西、贵州，其中广西一支从第八世到第十世用蒙古名：

八世	帖木儿	长子
	阿剌兰	次子
	怒木罕	三子
	阿剌辛	四子
	不花也先	五子
九世	野先	帖木儿之子
十世	伯颜	野先之子

岑氏第八代到第十代生活在元代，取蒙古名的原因显然是为了适应当时的政治环境。

元朝建立后，兵威所及，高丽王室不得不主动向元朝请求臣附联姻。[③] 自1274年至1349年，共有9位蒙古公主嫁入高丽王室。[④] 蒙古公主在高丽朝中，参与政事，地位很高；同时，"王室间的联姻使两国关系从宗藩转变为亲族"。[⑤] 这一时期高丽王室的蒙古化达到高潮，其标志除了通血缘、易服发、行胡礼、奏胡乐、嗜狩猎以外，尚有用蒙古名（见表2-5）。

---

① 许嘉璐主编《二十四史全译·元史》第五册，卷一百四十，列传第二十七《别儿怯不花·太平》，汉语大词典出版社，2004，第2619页。
② 中央民族大学图书馆藏。
③ 萧启庆：《元代史新探》，新文丰出版公司，1983，第234页。
④ 萧启庆：《元代史新探》，新文丰出版公司，1983，第238页。
⑤ 萧启庆：《元代史新探》，新文丰出版公司，1983，第253页。

表 2-5 高丽王室的蒙古名

名主	蒙古名	拉丁文转写
忠宣王	益智礼普化	IjirBukha
忠肃王	阿剌忒纳失里	Aratnashiiri
忠惠王	普塔失里	Putashiri
忠穆王	八秃麻·朵尔只	BatmaDorji
忠定王	迷思监·朵尔只	ChosgenDorji
恭愍王	伯颜·帖木儿	BayanTemur
沈王□孙	笃朵·不花	To（gh）toBukha
沈王□孙	帖古·不花	Tegu（s）Bukha

资料来源：萧启庆《元代史新探》，新文丰出版公司，1983，第 250~252 页。

其实这类姓氏人名胡化的现象主要和历史上的政治格局有关。例如在东魏、西魏、北齐、北周时期，东西两个集团的首领人物高欢和宇文泰出自六镇，所率部众多属于未南迁的鲜卑人，保持胡风胡俗，高欢和宇文泰为了鲜卑军事贵族的支持，实行反汉化政策，使用鲜卑语，穿着胡服，恢复胡姓，宇文泰将新军将领按功劳次序，"将已改的汉字单姓恢复或改为鲜卑旧姓，如于姓仍改为勿忸于"。宇文泰不仅要求恢复胡姓，还为一些汉族大臣赐胡姓：李虎、阎庆赐姓"大野"，李弼赐姓徒何氏，周摇赐姓车非氏，杨忠赐姓普六茹氏，王杰、祖孝芬、崔谦、郑孝穆、柳敏皆赐姓宇文氏。宇文泰集团掌握政治权力，其恢复胡姓的目的是加强胡汉统治者之间的合作，而改胡姓者的社会地位也因此提高，[①] 这和孝文帝强改汉式姓的目的和效果是一样的——可谓三十年河东，三十年河西。改汉式姓还是改胡式姓，关键是政治需要。

17 世纪中叶清军入关，清朝皇帝积极吸收儒学，把儒学作为支柱性统治思想。顺治皇帝受汉文典籍影响至深，尤其对孔子、朱元璋和朱由检感兴趣，从他们的思想中领悟治国安民的思想；他号召尊孔读经，推崇忠孝节义，亲政后遣官赴孔子故乡祭孔，还亲自率领诸王大臣到太学

---

① 陈连庆：《中国古代少数民族姓氏研究——秦汉魏晋南北朝少数民族姓氏研究》，吉林文史出版社，1993，第 5 页。

释奠孔子,亲行两跪六叩礼。① 康熙帝推崇二程和朱熹的理学,潜心研究,成为理学权威,自言"为君者勤朐一生,了无休息之日",驾崩后被尊谥为"仁皇帝"。② 雍正帝深知孔学"益于帝王"的道理,极力加以推崇,祭孔时亲自下跪;乾隆帝组织全国学者编纂《四库全书》和《四库全书总目》,还指示另外编纂了《四库全书荟要》和《四库全书简明目录》,这实在是我国古代文化发展史上的空前壮举。③

与此同时,许多汉族官民追随满俗,改名更姓,加入旗籍。称名不举姓是满蒙习俗,汉族则极重姓氏,虽在秦汉有称名不系姓的习惯,但决不放弃。然而,清代汉军子弟更名易姓者,却不在少数;他们随满俗,称名不举姓,以本名第一字为"姓"。镶红旗洛翰(亦称劳翰),本刘姓,汉族;为了保护努尔哈赤,他徒手与敌人搏斗,四指伤残,努尔哈赤赐其姓"觉罗"。"刘氏自洛翰始,掩其汉式姓,随从满俗,相传六世,代代称名而不举姓。顺治年间,其后裔相继为额苏、恒禄、邓保、辽志等。"④ 又如正蓝旗王国祚为天聪年间归顺的汉军,至孙辈时,依据满俗,只称名不举姓,顺次为阿玉锡、性桂、德清、怀仁;正白旗汉军魏氏改名绥恩后,其后代称名随满俗,至曾孙辈,分别称为五十一、清泰、清宁、五保柱、吉庆。⑤ 据统计,《八旗满洲氏族通谱》所载满洲旗分内的汉式姓旗有23个,其中13个随满俗不举汉式姓,占56%;满洲所属旗分内另有汉式姓旗131个,共510人,其中在五世内不称汉式姓者268人,占52%;附满洲内的汉族63户,其中按满俗不称姓者62户,占98.4%;附满洲旗分内的抚顺汉族共91户,在五世内不称姓者,有49户。⑥

元代都城和陪都从选址、山水环境等方面,表现出了汉族农耕文化

---

① 白寿彝总主编《中国通史》第十卷《中古时代·清时期》下册,上海人民出版社、江西教育出版社,2015,第796~797页。
② 白寿彝总主编《中国通史》第十卷《中古时代·清时期》下册,上海人民出版社、江西教育出版社,2015,第858~859页。
③ 白寿彝总主编《中国通史》第十卷《中古时代·清时期》下册,上海人民出版社、江西教育出版社,2015,第1212、1240~1242页。
④ 滕绍箴:《清代八旗子弟》,中国华侨出版公司,1989,第32页。
⑤ 滕绍箴:《清代八旗子弟》,中国华侨出版公司,1989,第32页。
⑥ 滕绍箴:《清代八旗子弟》,中国华侨出版公司,1989,第34页。

和蒙古族游牧文化的有机融汇现象。以农业为主的古代中国讲究都城位置的自然地理条件，有"国必依山川"的标准，喜好"山水相交、阴阳融凝"的环境；蒙古族游牧文化建立在"逐水草而居"的游牧习俗之上，"视水如同生命"，喜爱绿树青草。① 元大都和元上都均由汉人刘秉忠规划设计，元大都（今北京）西部是太行山、燕山山脉的延伸，西北高，东南低，小平原上河流湖泊稠密，水资源丰富，西北有抵御风沙的层峦叠嶂，东南有开阔的华北平原，有利于农业生产，水陆交通也方便和江南联系；元上都北依龙冈山，南临闪电河，地处水草丰美的金莲川，北控沙漠，南屏燕蓟，山川雄固，回环千里；元中都位于张北县西北15公里处，俗名"白城子"，河流、淖泊环绕，东、南、北面为广阔的草滩，西面是狼尾巴山（元代称老鼠山），西北15公里处有坝上地区最大湖泊鸳鸯泊，水草丰美，景色宜人；应昌路古城的东、西、北三面环山，好来河由西向东流入达里诺尔湖。② 值得注意的是，应昌路与元上都、元大都在同一条南北垂直线上，由元大都向北经过元上都可到达应昌路，再向西北至克鲁伦河上游，西行到达原来的蒙古政治中心哈喇和林古城——这种设计有深谋远虑：大都便于统治汉地，同时在巡幸或发生不测时，可以顺利返回原来的统治中心。

　　大都的规划是按照《周礼·考工记》中的记载并利用原有的条件和地理特点规划的。它以外城、皇城、宫城的南门为中轴线，形成了"坐南朝北"的布局。其城内布局有序，规划整齐，但也保留了草原文明的特征。如大都皇城是以太液池为中心，由宫城、隆福宫和兴圣宫三大雄伟的建筑组成，构成以太液池为城市和宫廷的中心，宫殿环湖而建，（形成）苑主宫客的格局。与此恰好相反，汉族宫苑的宫殿与苑囿在空间上是严格划分的，城市总体布局讲求

---

① 张慧、张锦秋等：《蒙、汉文化影响下的元代都城建设》，《河北工业大学学报》2011年第4期。
② 张慧、张锦秋等：《蒙、汉文化影响下的元代都城建设》，《河北工业大学学报》2011年第4期。

"礼"、"乐"对应，处处呈现阴阳互补的宇宙图示。①

第六节 经济互通

中华民族共同体形成离不开各民族之间的经济联系，离不开各民族之间在经济上的相互促进，彼此依存，共同发展。中国地大物博，自然环境多有差异，活动于不同地理条件和文化背景下的各民族因地制宜，发展出各种不同的经济类型和生产生活方式。各民族之间差异互补，互通有无显得十分必要。这种经济上的互联互通把中国各民族紧密团结在一起，凝聚成为一个不可分割的整体，培育和铸牢了中华民族共同体意识，为塑造各民族共有精神家园奠定了牢固的物质生活基础。

中国大地"东渐于海，西被于流沙，朔南暨声教，讫于四海"②，纵跨寒带、温带、热带，生活在不同地理带的民众各有不同的经济类型。我国西部和北部地区适合畜牧业发展，例如甘肃、青海及以西广大地区的羌人较早从事畜牧业为主的生计。根据相当于齐家文化晚期的甘肃玉门火烧沟文化遗址的发掘报告，那里出土了石锄、铜刀、铜镰和雕塑的羊头、狗，还有猪、狗、牛、马、羊等随葬牲畜。③ 当然，根据对北方和东北地区细石器的初步研究，畜牧业并不排斥"多种经营"，例如农业和渔猎业，有时农业会成为主业，例如红山文化、富河沟门文化、高仁镇遗存、转龙藏遗存以农业经济为主或带有农业经济因素，海拉尔遗存、昂昂溪文化、东山头-官地遗存以渔猎经济为主，乌克套海遗存和苏尼特遗存以畜牧经济为主。④ 我国长城以北地区由于地理环境的多样性，多种经济得以发展，农业与游牧业并存，尤其是内蒙古和新疆寒冷少雨的高原环境为发展游牧业提供了条件。在蒙新高原的沙漠草原上分布着许多细石器文化遗存，出土的器具和动物骨骼似乎和游牧业有关。例如，内

---

① 张慧、张锦秋等：《蒙、汉文化影响下的元代都城建设》，《河北工业大学学报》2011年第4期。
② 王世舜、王翠叶译注《尚书·禹贡》，中华书局，2012，第91页。
③ 文物编辑委员会编《文物考古三十年 1949—1979》，文物出版社，1979。
④ 佟柱臣：《中国东北地区和新石器时代考古论集》，文物出版社，1989，第17页。

蒙古西部巴丹吉林沙漠带的乌克套海遗址和内蒙古中部的浑善达克沙漠地区的苏尼特遗址，出土了用于切割和处理动物皮肉的细石器，而出土的石镞并不多，因此有学者推断这里当时以畜牧业为主，又根据"文化层薄、分布零散看，似乎是采取游动放牧的方式"；又如辽河西部发掘的一些墓葬证实当地出现过"以畜牧为主的部落"。① 此外，位于新疆孔雀河畔距今3800年的古墓沟遗址出土了大量陪葬的牛羊角，死者戴毡帽，裹在毛布或毛毯里，穿牛皮靴，木质葬具上覆盖牛皮。② 在这片幅员辽阔的地域，先后兴起了鲜卑、柔然、敕勒、突厥、回纥、契丹、女真、蒙古等族，他们大多从事游牧业或半游牧业。

今甘肃和青海以东、长城以南的地域位于黄河中下游、长江中下游及江南地区，平原开阔，丘陵多，盆地多，江河纵横，湖泊密布，气候和降水量适合发展农业，生产粮食和蔬菜。黄河中下游的原始农业遗址分布密集，距今7000~8000年的磁山·裴李岗文化、河姆渡文化已经有成套的农业生产工具，其中包括石耜、骨耜和木耜，石耜用来翻土耕种，骨耜在经营水田时用来挖排灌渠道和翻土整地；发展到仰韶文化阶段，进入龙山时代，这个时期的大石铲不仅磨制锋利，还在上部钻出圆孔，以加固绑扎上去的柄。③ 磁山遗址发现了房址、灰坑、沟壕等遗迹，有密集分布的长方形粮食窖穴，里面储存的粮食是旱地作物粟，出土的石磨盘、石磨棒用来去皮，还出土了石斧、石刀、石镰等农业工具。④ 与此同时，这个遗址还出土了属于兽类、鸟类、龟鳖类、鱼类和蚌类的动物骨骸，兽类包括东北鼢鼠、蒙古兔、猕猴、狗獾、花面狸、金钱豹等，表明当时各种狩猎活动和采集经济依然相当重要。⑤ 黄河下游也很早就出现种植业，大约与裴李岗文化和磁山文化同期的山东北辛文化遗址也出土了大量石铲，还有鹿角锄、镞、鱼镖、刀、镰、磨盘、磨棒、磨饼、凿、

---

① 《中华民族凝聚力的形成与发展》编写组编《中华民族凝聚力的形成与发展》，民族出版社，2000，第30页。
② 王炳南：《对新疆古代文明的新认识》，《百科知识》1984年第1期；转引自《中华民族凝聚力的形成与发展》编写组编《中华民族凝聚力的形成与发展》，民族出版社，2000，第38页。
③ 李学勤主编《中国古代文明与国家形成研究》，云南人民出版社，1997，第75页。
④ 佟伟华：《磁山遗址的原始农业遗存及其相关的问题》，《农业考古》1984年第1期。
⑤ 周本雄：《河北武安磁山遗址的动物骨骸》，《考古学报》1981年第3期。

匕首等，表明其发达的农业已经进入锄耕阶段；① 后续的大汶口文化有相当发达的农业，有大型窖穴，窖内有粟粒遗存，也发现了大量猪、狗、牛、羊、鸡的遗骨，还出现了模拟猪的形象的猪形鬶，说明大汶口文化家畜饲养普遍存在。②

长江流域温湿多雨，有大片冲积平原，鄱阳湖和洞庭湖周围有低洼平原，十分有利于发展农业。属于新石器时代的浙江余姚河姆渡遗址出土了数千件石、骨、木、陶质的各类生产工具，骨器占多数，同时也出土了大量动植物标本，"较全面地反映了当时的经济形态和生产力水平"。③河姆渡遗址的农业工具很典型，用大型哺乳动物的肩胛骨制成，骨质较厚的肩臼凿以方孔，供木柄末端嵌入，用藤条加固；发现了丰富的稻作遗存，第四层的居住区内有稻谷、谷壳、稻秆和稻叶的堆积，有的超过1米厚，品种属于籼亚种晚稻型水稻。④ 距今5000~4000多年的良渚文化已经出现犁耕水田，有的遗址出土了较大的扁薄石犁、双翼耘田器，农作物有水稻、花生、芝麻、蚕豆、甜瓜、葫芦等。不过，根据近几年考古学和古代气候学、地质学、土壤学的综合研究，一方面可以肯定江南-岭北一带是人类食用稻谷的发祥地，另一方面也需要指出，以澧阳为核心的有限区域是最早栽培水稻的区域。⑤ 稻作和稻作技术的最早发祥地都是长江中游地区，然后在自然条件合适的时候传播到长江下游地区，就是说，长江下游地区的稻作并非独立地在本土起源，而是在受到了长江中游地区影响后才产生，并且创新发展，取得突破，形成了另一种独特的本土文化，马家浜、崧泽、良渚是一脉相承的文明，在那里稻作的规模得到拓展，许多技术被创造出来，文化内涵有所创新，进一步

---

① 吴汝祚、万树瀛：《山东滕县北辛遗址发掘报告》，《考古学报》1984年第2期。
② 吴汝祚：《山东胶县三里河遗址发掘简报》，《考古》1977年第4期。
③ 中国社会科学院考古研究所编《新中国的考古发现和研究》，文物出版社，1984，第145页。
④ 参见中国社会科学院考古研究所编《新中国的考古发现和研究》，文物出版社，1984，第145页。
⑤ 参见郭静云、郭立新《论稻作萌生与成熟的时空问题》，《中国农史》2014年第5期；郭静云、郭立新：《论稻作萌生与成熟的时空问题（续）》，《中国农史》2014年第6期。"上山是一个与彭头山相类的采集或初步栽培水稻之文化，但与彭头山不同的是，它后来并未形成一脉相承的农耕传统。"

影响了长江中游地区及其他地区。① 澧阳平原的考古发掘显示，距今 1.3 万年前，随着冰川期结束，前北方期和北方期温度上升，海侵不断，在海洋停止前进并再度消退之后，大西洋期到来，温度再次上升，北冰洋部分冰盖融化，距今 8200 年后全球水位上升，达到距今 7800～7400 年的海平线水位，此后又出现了一次海退，水位降到距今 8200 年的高度，在这段低潮期之后全球海平线水位又上升，海侵海退，反反复复，直至距今 4400～3700 年进入"人类历史上水位最高的时段"。② 考古发掘证实，在旧石器末期到青铜时代早期，即距今至少 9000 年，只有长江中游的澧阳平原具备气候、地质和土壤条件，让古人"依靠稻作维生"，"从彭头山以降，经过皂市下层、汤家岗、大溪、屈家岭、石家河等连续发展出来的文化，表现出了完整而一脉相承的进步过程"；而长江下游新石器中期海侵给古人带来困境，"文化多样，零散不稳"，虽然"有小黄山、跨湖桥、河姆渡等数度努力发展稻作的文化"，但终不能够像澧阳平原的人群那样形成前后相继的农耕技术。③

在历史条件、自然环境和文化习俗的综合作用下，游牧民族和农业民族发展形成了互补共生的经济结构，在交往、交流、交融中从古代步入近现代。游牧民族随季节变化逐牧水草，肉食酪饮，被毡裘，住穹庐，同时也有少量种植业，需要和农业民族互市，补充不足，互通有无。农业民族需要游牧民族的畜产品，也需要供生产生活役使的大型牲畜。商代与今新疆、甘肃、宁夏、内蒙古、东北等地以及南方的少数民族有经济往来，主要是四方诸族向商王朝进贡，贡品包括野马、**駃騠**、白玉、良弓、丹青、白旄、龙角、神龟、珠玑、玳瑁、象齿、文犀、翠羽等。④ 西周时周边诸族被称为夷、蛮、貊、戎、狄等不同泛称，他们也向周朝进贡各种珍品。居住在古代长江中下游地区的少数民族向中原大量输入金银铜锡。郭沫若指出《考工记》有"吴越之金锡"之说，《李斯谏逐客

---

① 参见郭静云、郭立新《论稻作萌生与成熟的时空问题》，《中国农史》2014 年第 5 期；郭静云、郭立新：《论稻作萌生与成熟的时空问题（续）》，《中国农史》2014 年第 6 期。
② 郭静云、郭立新：《论稻作萌生与成熟的时空问题》，《中国农史》2014 年第 5 期。
③ 郭静云、郭立新：《论稻作萌生与成熟的时空问题》，《中国农史》2014 年第 5 期。
④ 《中华民族凝聚力的形成与发展》编写组编《中华民族凝聚力的形成与发展》，民族出版社，2000，第 48 页。

书》有"江南之金锡"之语,即江淮流域下游当时被认为是青铜的名产地,商朝末年与那里的东南夷时常发生战争,"或者即在当时将冶铸技术输入了北方"。① 春秋战国时期中原华夏和周边各族的经济交往更加频繁,大大超越了诸族进贡的范围。各国建立了庞大的骑兵部队,游牧民族向中原输入大量马匹,应该存在大规模的马匹交易。赵武灵王推广"胡服骑射",向北方游牧民族学习骑术,引进胡服、惠文冠(以貂蝉鹖尾装饰的帽子)、郭落带(有装饰的皮腰带)、马靴。② 春秋时期各族在经济生活方面密切交往,华夏族和蛮、夷、戎、狄等族互相促进经济发展。晋惠公时迁姜戎至晋"南鄙之田",齐悼公时"迁莱于郳",开发"新区";晋悼公时"和戎"的目的之一是"贵货易土,土可贾焉",这种互通有无有利于各族经济发展;促成各族生产者杂居,例如被俘虏的狄人和戎人"大部分人进入生产部门",与华夏族共同生产;戎、狄、蛮、夷等族也对华夏族产生影响,协助开发齐、晋、秦、楚等国,例如戎人披荆斩棘,开发"南鄙之田","各少数族地区的某些农作物传到中原地区","戎菽得以推广","骑射之术也传入中原"。③

秦灭六国,取闽越岭南,北伐匈奴,修筑驿道,开凿灵渠,连通南北,实现统一,为两汉时期各族经济交流新发展奠定了基础。北方匈奴单于冒顿利用楚汉争霸之时,击败东胡、丁零、月氏等多民族,建立了强大的匈奴政权。汉初,以畜牧业为主的匈奴要求与汉朝和亲通市,汉高帝采纳建信侯刘敬的意见,答应将宗室女嫁与单于作阏氏,岁赠"汉所余彼所鲜","厚奉遗之",④ 赠品包括絮缯、酒米食物。⑤ 汉武帝即位后,申明和亲之约,在互市中给予匈奴优厚待遇,而匈奴也很喜欢边关

---

① 郭沫若:《青铜时代》,中国人民大学出版社,2005,第227页。张光直引石璋如观点,认为夏商周三代征伐和争夺铜矿资源有关,各朝代崛起之地都和铜矿资源有关:夏代崛起于晋南,商代自东往西、周代自西往东发展,"铜锡矿的地点集中在华北大平原的边缘的山地,而以豫北、晋南为中心。"参见张光直《中国青铜时代》二集,三联书店,1990,第29页。
② 谢维扬、房鑫亮主编《王国维全集》第八卷,浙江教育出版社、广东教育出版社,2009,第555~587页。
③ 白寿彝总主编《中国通史》第四卷《中古时代·秦汉时期》上册,上海人民出版社、江西教育出版社,2015,第102~103页。
④ 许嘉璐主编《二十四史全译·史记》第二册,汉语大词典出版社,2003,第1221页。
⑤ 许嘉璐主编《二十四史全译·史记》第二册,汉语大词典出版社,2003,第1319页。

市场，爱好汉朝财物，汉朝投其所好，开放市场。① 公元前33年应呼韩邪单于请婚要求，汉朝以宫女王嫱（字昭君）嫁呼韩邪为阏氏，遂有昭君出塞的典故。东汉时期，鲜卑与汉朝边贸不断，用马、牛、羊及其皮毛交换汉地的粮食、铁器、缯帛等物；汉武帝迁乌桓于塞外的上谷、渔阳、右北平、辽西、辽东五郡，置护乌桓校尉，"密切了乌桓与中原的政治与经济联系"②。东汉建武二十五年（49年），辽西乌桓大人郝旦等922人"率众向化"服汉，前来朝拜进贡，"献奴婢牛马及弓虎豹貂皮"，光武帝采纳司徒掾班彪的上奏，在上谷的宁城再次设立乌桓校尉，设武将府，"岁时互市"，开通商贸。③ 张骞两次出使西域，为打开通往西域的道路做出了贡献，密切了西域各族与中原的联系。北方和西北游牧民族的牲畜入塞，促进了汉地交通和农业的发展，马匹可用来耕作和运输，也可以乘骑。两汉时期中原地区从西域引入葡萄、苜蓿、胡桃、胡秫、胡豆等。

从东汉灭亡之后的三国争雄到魏晋南北朝，中国经历了300多年分裂时期，但是即便在分裂时期各民族的统治者也注意发展经济，战争并没有隔断各族人民之间的经济联系，在人口迁移中各族杂居，为经济交流创造了更好的条件。到隋唐时期，国家的统一创造了和平的环境，各族之间的经济交流有了大发展，尤其是分布在东北地区的靺鞨、室韦、奚、契丹等族和中原的交往交流得到加强，靺鞨族年年向朝廷进贡，从朝廷那里得到丰厚的回赠，"所以朝贡不仅是一种政治上隶属关系的表现，而且也是一种重要的经济交往方式"④。室韦人从事游牧和狩猎，在向中原王朝进贡的同时，用貂皮和马匹换取粮食、绸缎、金银器皿、农产品和手工业制品；奚人用马匹和土特产换取缯帛、银器和其他生活用品。⑤

隋唐对岭南少数民族居住地区加强管理，隋朝建立郡和州，开凿大

---

① 许嘉璐主编《二十四史全译·汉书》第三册，汉语大词典出版社，2004，第1872页。
② 《中华民族凝聚力的形成与发展》编写组编《中华民族凝聚力的形成与发展》，民族出版社，2000，第61页。
③ 许嘉璐主编《二十四史全译·后汉书》第三册，汉语大词典出版社，2004，第1801~1802页。
④ 《中华民族凝聚力的形成与发展》编写组编《中华民族凝聚力的形成与发展》，民族出版社，2000，第78页。
⑤ 《中华民族凝聚力的形成与发展》编写组编《中华民族凝聚力的形成与发展》，民族出版社，2000，第80页。

运河，沟通南北；唐朝建立羁縻府州，打破地方势力割据。这些措施有利于加强岭南与中原的经济联系。唐朝支持云南洱海的乌蛮首领蒙氏建立南诏国，南诏国统一西南地区，成为臣服于唐朝的一个少数民族地方政权，为发展生产、推动云南各族之间以及他们与中原汉族的经济交流创造了有利条件。① 中原从云南输入马、牛、羊、刀、毡、漆器和贵重药材，输出缯帛、瓷器、生产工具和各种手工业品或生活用品。南诏还和四川、广西、西藏等地区有贸易往来，同时也和东南亚乃至大秦、波斯都有商品交换。②

　　唐朝加强了与青藏高原的经济交往，吐蕃首领松赞干布向唐朝请婚，唐太宗派官员护送宗室女文成公主入藏，与松赞干布完婚，唐与吐蕃结成舅甥关系。文成公主带来了大批汉族工匠和农作物种子，带来各色绫罗，据说还教藏民织布制陶。③ 茶叶是藏民的生活必需品，藏民对内地茶叶的需求量超大，汉族商人以茶换马和各种畜产品；藏族商人也把牲畜和畜产品运到内地，换回茶叶、丝绸、布帛、铁器等物品。④ 唐朝先后在赤岭（今青海河源附近）和龙州塞（今陕西陇县）开设茶马互市，形成贯通今藏、川、滇横断山脉地区和金沙江、澜沧江、怒江三江流域的茶马古道。到宋代，这种茶马互市成为由政府明文规定支持的惯例。从朝廷角度看，茶马互市不仅可以用茶利收入弥补军需，满足国家对战马的需求，也可以维护西南地区的安全——当时契丹、西夏和女真等纷纷崛起，对两宋构成严重威胁，保持同西南少数民族的友好关系，可以避免腹背受敌。从藏族这方面看，本土人将茶"倚为性命"，待客送礼、提神解乏、解毒去病，都离不开茶；用煮过的茶喂马喂牛，牛马长膘快，奶量增加。⑤ 茶马互市促进了沿线一带的城镇化，出现了泸定、康定、德

---

① 《中华民族凝聚力的形成与发展》编写组编《中华民族凝聚力的形成与发展》，民族出版社，2000，第91页。
② 马曜编《云南简史》，云南人民出版社，1983，第82页。
③ 《中华民族凝聚力的形成与发展》编写组编《中华民族凝聚力的形成与发展》，民族出版社，2000，第93页。
④ 《中华民族凝聚力的形成与发展》编写组编《中华民族凝聚力的形成与发展》，民族出版社，2000，第94页。
⑤ 格勒：《"茶马古道"的历史作用和现实意义初探》，《中国藏学》2002年第3期。

格、甘孜、巴塘、中甸、昌都等高原城镇,明代以后还出现了48家锅庄。① 这种沿着茶马古道进行的茶马互市一直延续到清代,见证了汉藏两族之间及其与沿途各民族之间密切的经济交往,为未来的中华民族共同体构建又奠定了一个交往交流的基础。

宋元期间多民族交流,有的建立了王朝或地方政权,宋统一中原和南方,契丹建立了辽国,党项建立西夏,女真建立金朝,西北和西南的少数民族也各自建立地方政权。契丹最初以畜牧业为主,"马逐水草","人仰湩酪",② 建立王朝之后开销日增,"帝王后妃所用衣服车马渐多",③ 与外族保持贸易和税收关系变得很重要。辽太祖"置羊城于炭山北,起榷务以通诸道市易",得燕地之后在南京城(今北京)北设立交易的市场,其四京和其他州县有货物买卖的地方也同样设置榷务。

> 东平郡城中设置看楼,分为南市、北市,中午前在北市交易,午后在南市交易。雄州、高昌、渤海也设立相互交易的市场,以便同南宋、西北各部、高丽交换货物,因此女真以金、帛、布、蜜、蜡、各种药材及铁离、靺鞨、于厥等部以蛤珠、青鼠、貂鼠、膠鱼的皮、牛羊驼马、细毛织品等物,来同辽交易,道路上连续不断。④

西夏与宋多有冲突,议和之后,西夏对宋称臣,宋在保安军、镇戎军高平寨、陕州、河东、久良津开设榷场,用丝织品、粮食、瓷器、漆器、茶叶等,"换取西夏的马、牛、羊、骆驼、毡毯、盐及药材等"⑤。金与南宋时战时和,但双方的榷场贸易从未断绝。宋与回鹘诸部也保持着密切的经济交流,回鹘诸部向宋朝进贡马、驼、玉器、琥珀、玛瑙、乳香等,宋朝回赠丝织品、金银器皿、铁器、茶叶、漆器等。

元朝建立后,中原地区的社会经济逐步得到恢复和发展,加速了各

---

① 格勒:《"茶马古道"的历史作用和现实意义初探》,《中国藏学》2002年第3期。
② 许嘉璐主编《二十四史全译·辽史》第二册,汉语大词典出版社,2004,第541页。
③ 许嘉璐主编《二十四史全译·辽史》第二册,汉语大词典出版社,2000,第541页。
④ 许嘉璐主编《二十四史全译·辽史》第二册,汉语大词典出版社,2004,第545页。
⑤ 《中华民族凝聚力的形成与发展》编写组编《中华民族凝聚力的形成与发展》,民族出版社,2000,第100页。

民族之间的交往交流,为后来的明清统一奠定了坚实的基础。元代北方少数民族与中原地区联系密切,漠南漠北的农业、手工业和商业都发展起来。元朝以元大都为中心,修建通往各地的交通网络,有利于各族经济交流;通往岭北的"兀鲁思两道"把内地的粮食、饮料、丝绸、金银器及各种生活用品运到岭北地区,岭北地区的马、牛、羊、骆驼及毛皮等也运到内地。① 元代辽阳行省各族也和内地往来贸易:

> 大批内地商人频繁地进入东北平原及兴安岭、长白山区与当地少数民族进行贸易,用内地的绢帛、粮食、耕牛、田器及各种生活用品,换取当地少数民族的马匹、貂鼠皮、水獭皮、海豹皮及珍珠、人参、木耳、蘑菇、松子等各种土特产,然后转至内地销售,使东北与内地的经济连成一体。②

元代西北诸族、吐蕃、今海南岛和台湾等地的各少数民族与内地的贸易也很频繁。元代回族对沟通各民族之间的商贸往来的贡献很大。早在唐宋时期,外来的"蕃客"把握好入华贸易的机遇,为王朝税收做出了贡献,唐宋政府也为他们设立"蕃坊",活动在泉州、扬州、广州、长安等沿海、运河两岸和内陆都市的"蕃客",将中亚、西亚、东南亚等地的香料、药材等输入中国。③ 元代的大一统和便利的交通,给穆斯林商人带来巨大商机,形成"元时回回遍天下"的局面。

> 元代是回回人从侨民渐变为中国居民的时期,在各个领域中呈现出分散经营的状态,以农业为主,商业、畜牧业、手工业为辅的经济结构在孕育中,亦农亦商的特点更加明显,这为回回人逐步成为一个民族共同体奠定了经济基础。④

---

① 《中华民族凝聚力的形成与发展》编写组编《中华民族凝聚力的形成与发展》,民族出版社,2000,第108页。
② 《中华民族凝聚力的形成与发展》编写组编《中华民族凝聚力的形成与发展》,民族出版社,2000,第110页。
③ 杨思远主编《回族经济史》,中国经济出版社,2018,第55页。
④ 杨思远主编《回族经济史》,中国经济出版社,2018,第94页。

南宋末年进入海南岛的汉人多起来，他们把黎族地区生产的椰子、槟榔、红白藤以及其他各种名贵特产运回内地销售，黄道婆把自己从黎族妇女那里学到的棉纺工艺推广到长江流域，使那里的衣着原料发生了重大变化。①

1368年元朝土崩瓦解，元顺帝北逃上都，但仍然保有政权，史称"北元"，属于与明朝并存的政权。15世纪末，北元达延汗击败瓦剌，统一了蒙古左、右翼各部。达延汗死后，其孙俺答汗以武力胁迫的手段实现了与明朝的通贡贸易。

清统一中国，出现了"康乾盛世"，社会经济得到大发展。漠南漠北的牧民赶着牲畜，驮着畜产品，来到张家口、多伦诺尔、归化城、热河等地进行交易，换取绸缎、布匹、陶瓷、食品、茶叶等。大批汉人流入蒙古，他们将内地兴修水利、掌握农时、开畦培垄等田间管理技术传授给蒙古族，为本地带来新的粮食作物如瓜果蔬菜；汉族人民也从蒙古族人民那里学会了放牧技术，也开始习惯穿皮袄、着毡靴、吃乳制品。②汉人也在蒙古经商，张家口、归化、多伦诺尔、乌兰哈达、郑家屯等城镇都发展成为有规模的货物集散地。③清代平定噶尔丹和大、小和卓的叛乱之后，西域和内地的商道上来往的商队络绎不绝，大量牲畜和畜产品运销到内地，乌鲁木齐、伊犁、哈密、塔城、奇台、叶尔羌、阿克苏等城镇都成为著名的商贸中心。④清代，内地与西藏地区、西南诸族以及台湾族群经济联系更加密切。

鸦片战争对中国近代社会产生了深刻影响，近代签订的一系列中外不平等条约让外国势力侵入我国少数民族居住地区，从事鸦片走私活动，鸦片输入逐渐合法化。外国势力在内蒙古以低于国际市场价抢购皮张和羊毛，一些旅蒙古商人沦为洋行的附庸或者买办。英、俄、法、德、日、美等国在内蒙古开设了大型洋行，如英商的怡和洋行、太古公司，英美

---

① 《中华民族凝聚力的形成与发展》编写组编《中华民族凝聚力的形成与发展》，民族出版社，2000，第114页。
② 《蒙古族简史》编写组编《蒙古族简史》，内蒙古人民出版社，1985，第255页。
③ 《中华民族凝聚力的形成与发展》编写组编《中华民族凝聚力的形成与发展》，民族出版社，2000，第127~128页。
④ 《中华民族凝聚力的形成与发展》编写组编《中华民族凝聚力的形成与发展》，民族出版社，2000，第129页。

烟草公司，美商的美孚石油公司，瑞商的甘草膏公司，德商的礼和、捷昌洋行，法商的苇顺、立兴洋行，另外还有俄商在满洲里、海拉尔开设的两三百家商号，日商三井洋行在归绥（今呼和浩特）、包头、海拉尔、满洲里也开设了分号。① 列强也在我国西南地区从事掠夺性贸易，云南地区蒙自、思茅、腾冲、河口相继开放，1910年滇缅铁路修通，外国商品涌入，种类多达236种，到1937年商品种类增加到451种，从英国的洋布、法国的绸缎和化妆品，到德国的颜料、日本的玩具、美国的煤油，应有尽有；当地的黄金、白银、锡、乌砂等贵重金属以及蚕丝等土特产，被运往国外。② 新中国成立前，喇嘛商业是我国少数民族居住地区有代表性的民族贸易，分布在西藏、四川、青海、甘肃、内蒙古和云南。当时这些地区的喇嘛寺拥有寺院和寺产，寺院附近也是商业活动的场所，僧人参加商品买卖的经营活动，农牧民赶着马、牛、羊、骆驼，驮着农畜产品赶庙会，各族商人、土司、头人、僧人等聚集一处，从事贸易活动。③ 旅蒙古商人是活动在蒙古草原从事商品交换的汉族商人，分行商和坐商两类，流动性的行商占多数，有固定商号的坐商是少数，"大盛魁""天义德""元盛德"都是有名的商号。④ 旅蒙古商人把布匹、绸缎、砖茶、烟、糖、酒等运到牧区来，换取牧民的牲畜和皮毛等。

  新中国成立后，中央政府建立了社会主义贸易体系，各民族地区特殊的历史背景和地理条件得到充分考虑，制定特殊政策予以照顾。新中国成立初期，中央贸易部负责恢复私营民族商业企业和集市贸易，改变民族地区市场的混乱状态。⑤ 我国幅员辽阔，各地自然条件、文化背景和经济基础有所不同，民族地区和汉族地区、民族地区之间存在互相依存、互通有无、互相促进的经济联系，社会主义制度为这样的交互经济联系提供了制度保障，民族贸易部门根据民族地区经济发展需要，有计划、有组织地发展地区之间的工农业产品的交换，保证各地区的基本消费需要，扶持民族地区的经济发展，逐步缩小民族地区同汉族地区的经济发

---

① 王文长：《民族贸易概论》，民族出版社，1989，第28页。
② 王文长：《民族贸易概论》，民族出版社，1989，第29页。
③ 王文长：《民族贸易概论》，民族出版社，1989，第35页。
④ 王文长：《民族贸易概论》，民族出版社，1989，第40页。
⑤ 王文长：《民族贸易概论》，民族出版社，1989，第46页。

展差距，促进各民族大团结、大交流。① 自 20 世纪 70 年代末改革开放以来，国家通过特殊资助的渠道加强民族贸易的基本建设，利用政策杠杆加强农牧土特产和中药材的收购，发展多种经营，同时在商品分配上适当照顾民族地区的需要。②

2019 年，新中国成立 70 周年。新中国成立 70 年来，在民族区域自治制度和各项民族政策的支持下，在兄弟省份的协助下，民族地区的经济取得了辉煌的成就。中央政府和各级地方政府为发展民族地区经济，改善民生，投入了大量资金、人力。民族地区和全国一道，从封闭落后走向开放进步，创造奇迹，走向未来。新中国成立 70 年来，内蒙古、广西、贵州、云南、西藏、青海、宁夏、新疆 8 个省份的固定资产投资总额高速增长，1952 年 8 个省份社会固定资产投资总额 3.7 亿元，1978 年增长到 76.7 亿元，2017 年达到 90628.8 亿元，1952~2017 年的年均增长率达到 16.81%，1980~2017 年的年均增长率达到 20.34%，高于同期全国 19.39%的水平。③ 8 个省份经济总量实现大飞跃，1952 年地区生产总值总量是 57.89 亿元，2018 年增加到 90676.42 亿元，是 1952 年的 1566 倍，扣除物价上涨因素，增长了 250 多倍；新中国成立 70 年来，8 个省份的经济结构发生了根本性改变，第一、二、三产业增加值占地区生产总值的比重（算术平均）从 1952 年的 73.1%、12.8%和 14.1%，到 1978 年的 36.5%、41.8%和 21.8%，再到 2018 年的 11.7%、41%和 47.4%，第三产业增加值超过第二产业；1952 年 8 个省份平均城镇化率不到 10%，1978 年达到 16.22%，2018 年达到 50.46%，其中内蒙古同期达到 62.71%，高于全国平均水平；以上 8 个省份的 421 个民族自治地方县是贫困县，占全国贫困县总数的 51%，到 2018 年，内蒙古、青海、宁夏农村贫困发生率降至 3%以下，广西、贵州、云南、西藏、新疆农村贫困发生率降至 6%以下。④

---

① 王文长：《民族贸易概论》，民族出版社，1989，第 60~61 页。
② 王文长：《民族贸易概论》，民族出版社，1989，第 66~67 页。
③ 郑长德：《伟大的跨越：中国少数民族地区经济发展 70 年》，《民族学刊》2019 年第 6 期。
④ 郑长德：《伟大的跨越：中国少数民族地区经济发展 70 年》，《民族学刊》2019 年第 6 期。

第七节　政治一统

中华民族是历史上形成的多民族共同体,在各民族由自在到自觉、自信的凝心聚力的历史长河中,汉族起到了中流砥柱的核心作用,少数民族也扮演了不可忽略的重要角色。中国各族人民共同经历风风雨雨,共同接受各种考验,溪流淙淙,百川归海,共同培育和铸造了这个在继承中创新的现代共同体。

中华民族一词虽晚至20世纪初才出现,却凝聚了中华民族5000年的历史,是历史的真实记录和高度概括,是历史发展的必然结果。[1]

我国历史上的统一分两种:一是单一民族内部的统一;二是多民族的统一,其中包括"区域性的多民族的统一、全国性的多民族的统一和社会主义的全国性的多民族的统一"[2]。单一民族的内部统一由氏族、部落发展而来,如历史上的华夏、匈奴、吐蕃、女真、蒙古等,都是把许多部落统一起来形成的。多民族统一,常常是在多民族中有一个主体民族,合多民族为一体。

战国七雄都是地区性的多民族统一体,它们都各有自己的主体民族,而分别与东方诸夷、西方诸戎、北方诸狄、南方诸蛮以及其他民族统一起来。三国时期的魏、蜀、吴,也都是地区性的多民族的统一,它们都以汉族为主体,而分别与本地区的少数民族统一起来。南北朝时期,南朝和北朝,我们习惯上认为它们是汉人的朝廷和鲜卑人的朝廷,实际上它们都是地区性的统一的多民族朝廷。南朝的主体民族是汉族,北朝尽管鲜卑人当权,但这个地区的主体民

---

[1] 国家民委《民族问题五种丛书》编辑委员会、《中国少数民族》编写组、《中国少数民族》修订编辑委员会编《中国少数民族》(修订本),民族出版社,2009,第10页。
[2] 白寿彝总主编《中国通史》第一卷《导论》,上海人民出版社、江西教育出版社,2015,第73页。

族仍然是汉族。秦汉、隋唐、元、明、清时期都形成了以汉族为主体的全国性的多民族的统一。

社会主义的统一的多民族国家,是历史上统一的多民族国家的继承,而在本质上跟历史上的统一又有根本的区别。这就是中华人民共和国,这个国家是消灭剥削和压迫的社会主义国家,是各族人民当家作主的国家,是只有在中国共产党的领导下才能建立起来的社会主义国家。①

历史上,无论是汉族的领袖人物还是少数民族的先行者,都以民族统一和国家统一为己任,汉族和少数民族的统治者都把自己建立的王朝视为正统,为统一而战,为统一而争。祖国统一是各民族的共同目标,也是各民族共同完成的大业。只有在统一的国家里,各民族才能在政治、经济、文化等方面保持密切联系;只有在统一的国家里各民族才能互惠共生、彼此依存、携手前行。

中华民族共同体的形成是历史上各民族碰撞冲突、逐步汇合、凝心聚力的过程。秦兼并六国,实现统一,为中华文化共同体打下根基。秦汉在西域设置西域都护,在西北羌地设置护羌校尉,在东北乌桓地区设置护乌桓校尉,在相当于今天的桂、滇、黔、琼等地设置郡县,统一了少数民族地区;匈奴与此同时统一了中国北方游牧民族,建立了号称"引弓之国"的强大政权。汉朝皇帝"对直辖区的诸侯称皇帝,对边疆藩属则称天子";十六国时期"边疆五个少数民族登上了'中国皇帝'宝座",皇帝称天子或大单于,"后来皇帝只兼称天子"。② 魏晋南北朝时期的民族大迁徙带来民族大融合,大量少数民族进入中原,大量汉族人民南迁长江、珠江流域,或北迁关外。唐朝实行"华夷一家"政策,各民族共同拥戴唐太宗为"天可汗",表现了周边民族的内聚力,可谓"天下归心"。宋朝先后与契丹辽朝、女真金朝对峙,但交往交流密切。历史上的少数民族王朝,或统一北方,或统一全国,"其礼乐文化和行政制度,

---

① 白寿彝总主编《中国通史》第一卷《导论》,上海人民出版社、江西教育出版社,2015,第73~74页。
② 阴法鲁、许树安主编《中国古代文化史》第一册,北京大学出版社,1989,第30页。

虽然渗入了许多本民族的文化，但中原传统的基本制度与文化从未被割断，始终在原有的基础上不断发展"①，例如契丹人建立辽朝，统治北方，其基本制度的设定主要依据中原传统，耶律楚材有诗为证："辽家遵汉制，孔教祖宣尼。"②元朝扩展疆域，创设行省制度，设立十三个行政大区，"北逾阴山，西极流沙，东尽辽左，南越海表"③，为近代中国疆域的形成奠定了牢固的基础，统一的多民族国家开始形成轮廓。清朝奠定了现代中国的版图，从东北、蒙古、新疆、西藏至我国南部、东部的整个地区都统一在中国版图之内。

  清朝在全国各地都已实现由朝廷直接任命官员实行管辖，形成了根据不同民族的文化、历史背景与经济特点而确定的地方行政与法律制度。这样既保障了各民族固有的社会与文化基本特征，又达到了全国前所未有的统一，从而标志着统一的多民族中国的完全确立和古代民族联合过程的完成。在19世纪40年代，西方列强侵入中国以前，中国已确立了巩固的疆域和明确的边界。中国各民族在政治上的统一及经济、文化各方面联系的不可分割性，已深深扎根在中华民族悠久的历史与文化传统之中。④

古代中国的大统一为各民族在政治、经济、文化上全面交往交流交融创造了历史条件，经济交往，文化交流，多民族共有的国名称号应运而成。
在中原和部分边疆地区建立政权的少数民族大多采用中国传统的朝代名称和纪元，纪元年号常含有吉祥、俊伟等词义的汉字，例如十六国时期刘元海建立"汉"的根据是匈奴为"汉氏之甥，约为兄弟"，因而自认刘姓，以"汉王"为称号；苻坚建立前秦，国号为"秦"；"十六国南北朝时少数民族建立的政权均以汉字名朝号和年号"；"唐代的渤海、南诏以及高昌和吐蕃的一些王，五代十国时期的于阗，也都以汉字定年号"。⑤

---

① 阴法鲁、许树安主编《中国古代文化史》第一册，北京大学出版社，1989，第30~31页。
② 阴法鲁、许树安主编《中国古代文化史》第一册，北京大学出版社，1989，第31页。
③ 许嘉璐主编《二十四史全译·元史》第二册，汉语大词典出版社，2004，第1071页。
④ 阴法鲁、许树安主编《中国古代文化史》第一册，北京大学出版社，1989，第34页。
⑤ 杨建新：《中国少数民族通论》，民族出版社，2009，第127页。

来自北方的鲜卑拓跋称雄一方，名声堪比秦汉，唐代中亚人用7世纪突厥碑文中的 Taughast（桃花石）称中国人，"桃花石"即"拓跋"。① 辽朝是"兼括契丹与汉人两大民族的国家"，"幅员万里"，声震四方，专门用"乞塔"、"乞塔惕"或者"乞碳"称呼北方人和西北人，"欧洲著作家和景教徒称其为 Catai 或 Cata、Cathey，均源于'契丹'，又演变为对中国的统称，苏联（俄罗斯）等国迄今这样称呼中国"。② 从7世纪至14世纪，欧洲、阿拉伯、突厥、回鹘的文献中大量出现 Taugas、Tamghac̆、Tabghaq、Tavghaq 等词，其汉语对音为"桃花石"，指"中国"。③ 蒋其祥引述张星烺《中西交通史料汇编》：1227年，成吉思汗召长春真人丘处机来中亚，路见中原汲器，谓"桃花石诸事皆巧"——桃花石指汉人或中国。④ 蒋其祥引述波斯史家志费尼的记载，伊犁河流域的葛逻禄人称汉人为"桃花石"。⑤ 伯希和、白鸟库吉均认为"桃花石"来源于拓跋，牛津大学1972年版《十三世纪以前突厥词源学词典》和苏联科学院语言研究所《古代突厥语词典》也持同样观点。⑥ 作为中国北方少数民族，拓跋和契丹一样，多与中原交往交流，以至于它们的族名在域外成为中国的代名词，这是中国自古多民族共建、一体认同的重要证据。

拜占庭历史学家奥菲拉克图斯·西莫卡塔（Theophylactus Simoeara）所著《历史》一书中有"桃花石"一词；法国历史学家德经最早关注西莫卡塔《历史》中记载的这条史料，并将它比定为"中国"；英国历史学家吉本和法国历史学家克拉普罗特也认同这个观点。⑦ 著名的突厥碑铭《暾欲谷碑》《阙特勤碑》中也有"桃花石"的记载；元代李志常编《长

---

① 贾敬颜：《"汉人"考》，载费孝通主编《中华民族多元一体格局》，中央民族大学出版社，1999，第173页。
② 贾敬颜：《"汉人"考》，载费孝通主编《中华民族多元一体格局》，中央民族大学出版社，1999，第176页。
③ 阿地力、孟楠：《百年来关于"桃花石"问题研究综述》，《中国史研究动态》2006年第2期。
④ 张星烺编注《中西交通史料汇编》第五册，中华书局，1978，第99、105页。
⑤ 蒋其祥：《试论"桃花石"一词在喀喇汗朝时期使用的特点和意义》，《新疆大学学报（哲学社会科学版）》1986年第3期。
⑥ 蒋其祥：《试论"桃花石"一词在喀喇汗朝时期使用的特点和意义》，《新疆大学学报（哲学社会科学版）》1986年第3期。
⑦ 阿地力、孟楠：《百年来关于"桃花石"问题研究综述》，《中国史研究动态》2006年第2期。

春真人西游记》中也提到"桃花石"。① 突厥人与中原的关系千丝万缕，东突厥和西突厥分裂之后，东突厥的启民可汗接受隋朝册封，西突厥最终也加入了多民族共同体。② 突厥与中原有冲突，有合作，许多突厥名将参加唐朝开拓疆土的战争，如阿史那杜儿、阿史那忠、阿史那思摩、史大奈、执失思力、契苾何力、阿史那道真等，战功显赫，封侯拜将，亦有死后陪葬昭陵者。突厥与中原的这种密切联系，有时让突厥与"桃花石"混言不分，例如《突厥语大词典》卷一第479～480页说，"桃花石"（tavqaq）是突厥人的一部分，他们居住在"桃花石"地区，所以称为"塔特桃花石"（tat tavqaq），其中"塔特"是回鹘，"桃花石"是秦人；又说"tat"表示"波斯"，"tavqaq"表示"突厥"，伊斯兰国家的人都这样理解，这两种理解都对。③ 1980年3月，新疆阿图什县出土了喀喇汗王朝古钱币，其中有18枚背面刻有"苏来曼卡得尔桃花石可汗"铭文：

> 这18枚钱币的打压年代，很可能是1032年登上大可汗（阿尔斯兰汗）位的苏来曼-本-玉素甫打制的，打制时间略早于1032年。苏来曼祖孙三代曾有四人都使用过"桃花石可汗"、"桃花石博格拉汗"的称号。④

根据《突厥语大词典》记载以及后人研究，"秦"分"上秦""中秦""下秦"。"上秦"就是"桃花石"，也称为"马秦"；"中秦"是契丹，后统称"秦"；"下秦"即"巴尔罕"（barhan），也即喀什噶尔。⑤

喀喇汗王朝时期所说的"桃花石"指中原王朝"宋"，也指"上秦"，随后"上秦"变为"马秦"，进而指"宋"；"契丹"所指的"中秦"扩展为"秦"。⑥《福乐智慧·散文体序言》载：

---

① 张健：《试论〈突厥语大词典〉的史料价值》，硕士学位论文，兰州大学，2008。
② 高莉琴：《早期维吾尔语中汉语借词的文化背景透视》，《西北民族研究》2008年第2期。
③ 张健：《试论〈突厥语大词典〉的史料价值》，硕士学位论文，兰州大学，2008。
④ 蒋其祥：《试论"桃花石"一词在喀喇汗王朝时期使用的特点和意义》，《新疆大学学报（哲学社会科学版）》1986年第3期。
⑤ 张健：《试论〈突厥语大词典〉的史料价值》，硕士学位论文，兰州大学，2008。
⑥ 张健：《试论〈突厥语大词典〉的史料价值》，硕士学位论文，兰州大学，2008。

此书十分珍贵，它以秦国贤者的箴言写成，以马秦国智者的诗歌装饰而成……秦人称其为《王君之宝鉴》，马秦人称其为《国家之眼睛》。①

耿世民、魏萃一认为，此处的"秦国"指"中国"，"马秦国"指"黑汗王朝"，"一说指南宋"。② 仅由此可知，"中国""黑汗王朝""南宋"之间关系十分密切，交往、交流十分频繁。

契丹对沟通中原与北方少数民族政权的作用很大，包括对喀喇汗王朝的政治影响和认同引领。深受中原熏陶的契丹从"中秦"扩展为"秦"，继而在政治和文化上影响喀喇汗王朝，使喀喇汗王朝认同"秦"，称"下秦"。③ 契丹人在建立政权后，取各种含义的"中国"为己用，袭用"中原""九州""南瞻部洲"等中国称号，认同中原文化，声称拥有"传国宝"，与宋人并称"中国"。④ 辽朝史官耶律俨修《辽史》，称契丹为轩辕之后，属于黄帝子孙；2003年辽宁阜新蒙古族自治县平安地乡辽墓《永清公主墓志》，称"盖国家系轩辕黄帝之后"；1989年内蒙古赤峰巴林左旗辽墓出土《大契丹国夫人萧氏墓志》，称萧氏夫君耶律污斡里的先祖出自虞舜。⑤ 赵永春总结学者对契丹文字的研究成果，举出"契丹"本义为"大中""中央"的观点，突出介绍刘凤翥的探讨，"认为在辽统和元年（983）至咸雍二年（1066）汉字文献记录辽朝国号为'契丹'时，契丹文字记录的国号则是'大中央契丹辽国'，将契丹放在辽之前"⑥。

"桃花石"和"契丹"是多民族共建中国的历史见证，也是共同体认同的关键符号，与"秦"交融一体，与中国密不可分。

元代蒙古文的历史文献还将汉人、汉地称为 Nanggiyas 或 Nanggiyad，

---

① 尤素甫·哈斯哈吉甫：《福乐智慧》，耿世民、魏萃一译，中国国际广播出版社，2016，第1页。
② 尤素甫·哈斯哈吉甫：《福乐智慧》，耿世民、魏萃一译，中国国际广播出版社，2016，第1页。
③ 尤素甫·哈斯哈吉甫：《福乐智慧》，耿世民、魏萃一译，中国国际广播出版社，2016，第1页。
④ 赵永春、张喜丰：《契丹的"中国"认同》，《黑龙江民族丛刊》2015年第1期。
⑤ 赵永春：《试论辽人的"中国"观》，《文史哲》2010年第3期。
⑥ 赵永春：《试论辽人的"中国"观》，《文史哲》2010年第3期。

《至元译语》有 Nangqiyas-un-qajar，译"南家之地"，"南家"指"原南宋境内的人"。[①] 元代蒙古人把汉人、汉地和中国皆称为 Qitad（Kitad），《蒙古秘史》（《元朝秘史》）中的"乞塔惕"即"汉儿"的意思，泛指淮河以北原金朝境内的汉人、契丹人、女真人等；明代蒙古人把中国称为"内国"、"里面的国"或"中原国"，《华夷译语》（甲种本）作 Dotoradu ulus（朵脱剌都兀鲁思），旁译作"中原国"。[②] 蒙古文书写的 Dumdadu ulus 之名首次出现于清初崇德年间完成的《元史》蒙译本，[③] 直译即"中部的国"。该蒙译本由满译本转译而来，满译本该处作 Dulimbai gurun（直译为中央之国，是"中国"的固定译名）。自《元史》蒙译本之后，Dumdadu ulus 之名越来越多地出现在蒙古历史文献中。清代以来，传统的称呼 Kitad 和译自汉语的名称 Dumdadu ulus 均有使用，但 Kitad 之名更为多见。[④] 从"汉人""南人""乞塔"的"他者中国"，到清军入关用 Dulimbai gurun 一词指"中国"，放弃兼指"汉人"和"中国"的"尼堪"（Nikan），再到蒙古人仿而效之，使用 Dumdadu ulus，取代"囊家歹"和"乞塔惕"，象征着近现代中国地域版图和人口结构的最终形成。

近代以来，自从法式国民-民族国家观传入中国，"一族一国"成为诸族精英们追求的现代国家模式，经过一系列"战争与和平"的大事件，人类付出巨大的生命和财产代价，流淌鲜血和泪水，书写凄婉和伤痕，讴歌壮烈和不朽，尘埃落定，终于碰撞出现代国家格局。抚今追昔，"一族一国"是梦想，"一国多族"是现实；一些民族以主流身份建国，另一些民族以少数群体身份加入，大局已定，格局分明。在"一国多族"的现代政体模式中，少数民族问题显得格外突出，由于他们拥有不同于主体民族的语言文化，其"本质化"特点让主流社会的一部分学者颇有些

---

① 乌兰：《蒙古文历史文献中涉及"国"及其相关概念的一些表述方法》，《民族研究》2016 年第 2 期。
② 乌兰：《蒙古文历史文献中涉及"国"及其相关概念的一些表述方法》，《民族研究》2016 年第 2 期。
③ （原注）参见 *Daiyuwan Ulus-un Teüke*, Ündüsten-ü Keblel-ün Qoriy-a, 1987, p. 38。
④ （原注）Dumdadu ulus 一名还见于罗密《蒙古世系谱》（*Mongγol-un Borjigid Oboγ-un Teüke*, Lomi jokiyaba, Naγusayinküü, Ardajab tulγan qariˇcaγulju tailburilaba, ˇCoiji kinaba, Öbör Mongγol-un Arad-un Keblel-ün Qoriy-a, 1989, pp. 56, 100, 102, 144, etc.）、《水晶念珠》（Raˇsipungsuγ, *Bolor Erike*, pp. 128, 189）、《黄金数珠》（*Altan Erike*, p. 310）、《蒙古布里亚特史》（*Buriyad-un Teüken Surbulji Biˇcig*, p. 287）等。

手足无措。在他们看来，语言文化隔，民心相通难；民心不通，共同意识何来？这样一来，铸牢少数民族的中华民族共同体意识就是重中之重。总结经验，中国民族工作的成功与失败，除了路线是否正确，还取决于方法是否得当。方法决定成败，对象、目标、任务、环境、态度、识见、思路决定和影响方法，一把钥匙开一把锁，到什么山上唱什么歌，民心相通是最大的政治，民族团结是最重要的任务，民情、国情是最重要的环境因素，以情动人、真诚相待是最好态度，智识和知识构成不可或缺的识见，综合考虑、因地制宜、平衡治理是致中和的思路。① 这些都是对多年以来中国民族工作的最好总结。

第八节　走向自觉的中华民族：话语喧嚣

中华民族作为一个自觉的民族实体，是在近百年来中国和西方列强对抗中出现的，但作为一个自在的民族实体则是几千年的历史过程所形成的……距今3000年前，在黄河中游出现了一个由若干民族集团汇集和逐步融合的核心，被称为华夏，像滚雪球一般地越滚越大，把周围的异族吸收进入这个核心。它在拥有黄河和长江中下游的东亚平原之后，被其他民族称为汉族。汉族继续不断吸收其他民族的成分而日益壮大，而且渗入其他民族的聚居区，构成起着凝聚和联系作用的网络，奠定了以这个疆域内许多民族联合成的不可分割的统一体的基础，成为一个自在的民族实体，经过民族自觉而称为中华民族。②

西方现代主权国家和现代民族形成的标志性事件是《威斯特伐利亚和约》的签订和法国革命的爆发。欧洲经历了三十年战争之后，交战双方于1648年签订《威斯特伐利亚和约》，承认国家主权，把国家的独立和领土不受侵犯确立为国际准则，现代外交由此肇始。法国革命爆发于

---

① 丹珠昂奔：《民族工作方法论——中央民族工作会议精神学习体会》，民族出版社，2016，第1~28页。
② 费孝通主编《中华民族多元一体格局》（修订本），中央民族大学出版社，1999，第3~4页。

1789年7月14日，起义者攻占了巴士底狱，波旁王朝被推翻，路易十六上了断头台。法国革命之后，现代民族国家如雨后春笋般出现。法国革命为民族国家塑造了两种形象：德国古典哲学家费希特先是崇拜拿破仑，甚至愿意把法国作为自己的祖国；当"拿破仑把保卫法兰西共和国的正义战争转变为侵略欧洲其他民族的非正义战争"① 时，他又开始批判这位篡权者。19世纪初德意志内部诸侯林立，外部拿破仑入侵，费希特主张对内实现民族统一，对外实现民族自由。

以坚船利炮开道的西方民族国家模式对非西方国家产生了强大影响，中国的先行者们从日本引入现代民族概念，推出"中华民族"，过去只讲家族不讲民族的中国人要建立全新的现代共同体。多民族共建、多民族共和的中华民族经历了一个从自在到自觉、从自觉到自信的发展过程，其间少不了认知和话语上的交锋和磨合。

1924年孙中山在宣讲三民主义的时候，痛感中国没有国族主义或民族主义，只有家族主义和宗族主义：

> 外国旁观的人说中国人是一片散沙，这个原因是在什么地方呢？就是因为一般人民只有家族主义和宗族主义，没有国族主义。中国人对于家族和宗族的团结力非常强大，往往因为保护宗族起见，宁肯牺牲身家性命……所以中国人的团结力，只能及于宗族而止，还没有扩张到国族……我说民族就是国族，何以在中国是适当，在外国便不适当呢？因为中国自秦汉而后，都是一个民族造成一个国家。②

梁启超最早提出"各民族一体观念"的现代中华民族，主张"同种合体"，一致对外，提倡大民族主义，"合国内本部属部之诸族以对于国外之诸族"，汉、满、回、苗、藏共同组成大民族，这种大民族观念"是

---

① 〔德〕费希特：《对德意志民族的演讲》，梁志学等译，商务印书馆，2010，中文版序言，第2~3页。
② 《孙中山选集》（下），人民出版社，2011，第640~641页。

基于对西方有关'民族国家'思想认识的结果"。① 梁启超、杨度、章太炎起初都把"中华民族"等同于汉族，梁启超和杨度后来同意把满族加进来，因为满族的文化已经同化于汉族，而蒙、藏、回还有待同化；杨度站在融合主义立场上，主张以"以平等为目的、以暂时不平等为手段"，将同化蒙、回、藏作为"国民统一之策"，追求"无满、汉对待之名""无蒙、回、藏之名词"的"混合万种之中华民族"；章太炎认为文化趋同不能消除血统差异，因此"中华民族"只能是汉族。② 与此同时，一批满族留日学生会同其他民族的留学生在东京和北京分别创办《大同报》和《北京大同日报》，提倡满汉平等，"统合满、汉、蒙、回、藏为一大国民"，提出"五族大同"的口号。③ 孙中山在辛亥革命后接受了"中华民族"观念，虽然他的观点前后有矛盾，但总的目标是同化各少数民族于汉族，建立中华民族。④ 梁启超还使用了"中国民族"一词，其所指范围有时比"中华民族"大，包括那些尚未完全融入的少数民族；有时仅限于华夏-汉族。⑤ 这样的二义性、模糊性和过渡性，恰恰表明"中华"和"中华民族"概念正在发生语义扩展，预示了以梁启超和杨度为代表的汉族精英群体对"中华"这个核心概念在认知上的转变，不是"排满"，不是"驱逐鞑虏"，而是同化和融合。

孙中山高举"驱除鞑虏，恢复中华"的旗帜，领导革命者发动辛亥革命，推翻清朝统治，建立中华民国。孙中山在1894年11月24日发表的《檀香山兴中会盟书》中提出"驱除鞑虏，恢复中华"的口号，在1903年秋《东京军事训练班誓词》和1906年秋冬间发表的《中国同盟会革命方略》中提到"驱除鞑虏，恢复中华"，把"恢复中华"解释为："中国者，中国人之中国；中国之政治，中国人任之。驱除鞑虏之后，光

---

① 黄兴涛：《现代"中华民族"观念形成的历史考察——兼论辛亥革命与中华民族认同之关系》，《浙江社会科学》2002年第1期。
② 黄兴涛：《现代"中华民族"观念形成的历史考察——兼论辛亥革命与中华民族认同之关系》，《浙江社会科学》2002年第1期。
③ 黄兴涛：《现代"中华民族"观念形成的历史考察——兼论辛亥革命与中华民族认同之关系》，《浙江社会科学》2002年第1期。
④ 朱浤源：《再论孙中山的民族主义》，《中研院近代史研究所集刊》1993年第22期。
⑤ 朱浤源：《再论孙中山的民族主义》，《中研院近代史研究所集刊》1993年第22期。

复我民族的国家"①。1906年12月2日孙中山《在东京〈民报〉创刊周年庆祝大会的演说》中提出"民族主义、民权主义、民生主义"的三民主义,其中的民族主义指"不许那不同族的人来夺我民族的政权","不甘心满洲人灭我们的国"。②直到1921年12月7日发表《在桂林军政学七十六团体欢迎会的演说》,孙中山仍然把民族主义解释为"便把征服中国的满清根本推翻,把中国的统治权,收回到汉人手里,中国领土完全为汉族所有"③。需要指出的是,自辛亥革命之后,孙中山对中华民族的解释存在两个互有重叠但不完全一致的版本:第一个是上面列举的汉族主义的版本;第二个是以1912年1月1日发表的《中华民国临时大总统宣言书》和1924年1月23日发表的《中国国民党第一次全国代表大会宣言》为代表的版本:

> 国家之本,在于人民。合汉、满、蒙、回、藏诸地为一国,即合汉、满、蒙、回、藏诸族为一人。——是曰民族之统一。④

> 国民党之民族主义,有两方面之意义:一则中国民族自求解放;二则中国境内各民族一律平等。⑤

孙中山的民族主义表述有一个从"驱除鞑虏"到"五族共和"、从汉族主义到"大中华民族之新主义"的过渡,转而提出五族"合为一炉而冶之",成为"中华民族之新主义";⑥他先把"汉族"等同于"中华民族"和"中国",后来对外也提"五族共和",即中华民族由汉、满、蒙、回、藏共同组成,这两种表述自相矛盾,对国民政府的民族政策产生了长远影响。由"驱除鞑虏"到"五族共和"显然是政治话语的改变,

---

① 《孙中山选集》(上),人民出版社,2011,第82页。
② 《孙中山选集》(上),人民出版社,2011,第85、86页。
③ 中山大学历史系孙中山研究室、广东省社会科学院历史研究室、中国社会科学院近代史研究所中华民国史研究所合编《孙中山全集》第六卷,中华书局,1985,第3页。
④ 《孙中山选集》(上),人民出版社,2011,第95页。
⑤ 《孙中山选集》(下),人民出版社,2011,第614页。
⑥ 周竞红:《从汉族主义到中华民族主义——清末民初国民党及其前身组织的边疆民族观转型》,《民族研究》2006年第4期。

这并不代表汉族等于中华民族的汉族主义立场,也不代表民族同化思想的改变。① 即便如此,汉、满、蒙、回、藏共同组成"大中华民族"的"新主义"对现实和未来的积极影响不可低估。根据杨梅对民国教科书里"中华民族"概念表述的研究,② 晚清民初关于中华民族的政治表述逐渐完成了从"驱除鞑虏"到"五族共和"的转变,直接影响了教科书编写的有关指导思想,民国初期的历史课程和1923年采用新学制后的小学社会等课程,将民族的发展与演变作为课程叙述的一个主要内容,树立"五族共和"的民族观。

例如,1914年中华书局的《新制本国史教本》在"五族之缘起"中写道:"满汉蒙回藏五族,同为黄种。其先本同出一原。"1923年的《新小学教科书社会课本》(中华书局)通过介绍五色旗,说明"红、黄、蓝、白、黑五色,是表示合汉、满、蒙、回、藏五族共和的意思"。毫无疑问,"五族共和"一说既区别于"华尊夷卑"的观念,也不同于单纯以反满为目的、标榜"种族革命"的大汉族主义,是本期教科书民族观念表述的主流,对后来"中华民族"观念的确立和形成起到了巨大的推动作用。③

梁启超于1902年首次提出"中华民族"概念,④ 孙中山接受梁氏关于中华民族"实由多数民族混合而成"的观点,在《对外宣言书》中首次使用"中华民族"一词,⑤ 同时李大钊等马克思主义者也开始接受和使用它。南京国民政府的教材大纲在中国史绪论部分使用"中国民族",上古史用"中华民族",《初级中学历史暂行课程标准》和《高级中学普通普遍科本国史暂行课程标准》都使用"中国民族","中华民族"和"中

---

① 陆学文:《变中的不变:论孙中山的民族同化思想》,《民族研究》2009年第3期。
② 杨梅:《"中华民族"观念在民国教科书如何演变?》,《中华读书报》2016年11月23日。
③ 杨梅:《"中华民族"观念在民国教科书如何演变?》,《中华读书报》2016年11月23日。
④ "上古时代,我中华民之有海思想者厥惟齐。故于期间产出两种观念焉:一曰国家观,二曰世界观。"《梁启超全集》第三卷,北京出版社,1999,第573页。
⑤ 中山大学历史系孙中山研究室、广东省社会科学院历史研究室、中国社会科学院近代史研究所中华民国史研究所合编《孙中山全集》第二卷,中华书局,1982,第8页。

国民族"都成为民族实体的指称。①

20世纪30年代末至40年代,中国学术界发生关于"中华民族是一个"的论争,其源头可以追溯到孙中山的中华民族观。论争双方,一方以顾颉刚为代表,另一方以翦伯赞、费孝通为代表,但无论是哪一方,个人的观点并不完全相同。② 1939年2月13日,顾颉刚在《益世报》第9期边疆附刊上发表《中华民族是一个》的文章,认为"五大民族"的提法,是"中国人作茧自缚",自秦汉以来便有"中华民族是一个"的意识,而面对日本的侵略和分化政策,更不要以种族和文化互相区分,大家要一致对外,中华民族是一个。③ 傅斯年呼吁对边疆少数民族"加速汉化","制止一切非汉字之推行"。这些观点属于本族主义表达,其背后是"我族等于国家"的预设,缺乏从其他民族的立场看问题的意识。具有少数民族背景的白寿彝、鲁格夫尔、翦伯赞等人了解民族关系的敏感性,更容易从多数民族和少数民族双方的立场看问题,对"中华民族是一个"的观点表达了委婉或直接的批评。白寿彝认为,"中华民族是一个"仅局限于口号,没有普遍深入人心,而把国贼叫汉奸,也反映了"心理之不健全"。鲁格夫尔反对暗含同化主义意图的苗汉同源论,要求苗族得到平等权利,具有和其他民族一样的身份。他指出,"黄帝子孙不当汉奸"的宣传,把抗战的目的变成"为汉族",不是为国,建国成了建汉族之国,从而"使蒙、藏、回、夷苗同胞听了必然反对"。翦伯赞认为"中华民族是一个"的观点,有否定少数民族的意思,这是违背客观事实的。但凡受到过人类学和民族学专业训练的学者都明白,语言、文化、种族、国家的边界大多不会一致,他们根据长期的田野调查,能够浓描本土人的分类系统和宇宙观,也能够"进得去,也出得来",比较全面地看问题。

---

① 中山大学历史系孙中山研究室、广东省社会科学院历史研究室、中国社会科学院近代史研究所中华民国史研究所合编《孙中山全集》第二卷,中华书局,1982,第8页。
② 黄天华:《民族意识与国家观念——抗战前后关于"中华民族是一个"的论争》,载中国社会科学院近代史研究所民国史研究室、四川师范大学历史文化学院编《一九四〇年代的中国》(下卷),社会科学文献出版社,2009,第1044~1061页。本节有关"中华民族是一个"的讨论,主要依据上文,不再一一标明。
③ 顾颉刚出于对"分土裂国"的忧心提出"中华民族是一个",但他本人承认少数民族的特殊文化,认为"汉蒙回藏四种语文,都是中华民国今日行用的国文国语,不可偏废,蒙回藏地方的学校应以本地语文为主,而以汉文为辅。我们不但要保存当地的语言文字,更要发展当地的文学和艺术,充实他们的智识遗产",表现出一种包容的心态和超前的视野。

费孝通于1939年5月1日在《边疆》周刊上发表《关于民族问题的讨论》一文，批评顾颉刚混淆了种族与民族的区别，指出中国有很多个民族，但这并不妨碍他们为了共同的利益团结起来，一致对外。回想起来，吴文藻于23年前发表《民族与国家》（1916年）一文，"主张以多元的民族来创建一个强大的现代国家"，这恐怕是"多元一体论"的原版。他指出，民族可以建国，但并非每个民族都要建国，多个民族可以共处于同一个国家。民族学家卫惠林于1945年1月在《边政公论》上发表文章，批评"民族源论"和"边族否定论"，提倡扶持民族自治，重视少数民族语言和文化的特殊性，"而不能固执盲目的统一主义与同化政策"。从以上论争可以看出，"中华民族是一个"的提倡者局限于被爱国口号遮蔽的我族主义，没有考虑少数民族的利益诉求，没有考虑他们的主体性，没有站在本土人的立场看问题，造成"一"与"多"对立的僵局。与此形成对照，具有社会学、人类学和民族学背景的吴文藻、费孝通和卫惠林，却能够指出符合各族利益的前途。

  一百年前的辛亥革命推翻了延续两千多年的封建王朝，中国开始步入现代民族国家的行列，在这个转型过程中，出现了"中华民族"这一国家民族概念。围绕这一概念，中国的仁人志士、社会各界进行了"种族"、"五族共和"、"汉族中心"、"宗族"等民族主义的论说，都在试图阐释中华民族的内涵。但是，孙中山领导的资产阶级革命没有解决这一问题。中国共产党在新民主主义革命的实践中，为中华民族赋予了科学、准确的内涵，实践了中华民族对帝国主义的民族自决，建立了统一的多民族国家，走上了中华民族伟大复兴之路。[1]

---

[1] 郝时远：《辛亥革命与中华民族内涵之演变》，《民族研究》2011年第4期。

第三章　新中国的民族发展道路

新中国成立前后，中国共产党制定和实施民族平等、团结进步的政策，为少数民族建立民族自治地方，承认他们的政治地位，大大增强了中国各民族的凝聚力，各少数民族取得真正的平等地位，铸成具有现代意义的中华民族共同体。新中国建设中华民族共同体的过程，是马克思主义基本原理同中国具体实际相结合的过程，是加强各民族文化认同的过程，也是构筑各民族共有精神家园的过程。

第一节　中国共产党的领导

中华人民共和国成立和中国共产党民族政策在全国范围内的推行，使国内少数民族的政治地位和法律地位发生根本的变化，使国内的民族关系发生根本变化。[①]

中国共产党将马克思主义民族理论中国化的过程，是探索、创新、成熟的过程。各少数民族在中国共产党民族纲领和民族政策的鼓舞和指导下，积极投入反对帝国主义，反对军阀混战和争取民族自由、解放的斗争之中。中国特色社会主义的本质特征是中国共产党的领导。

早在1920年，毛泽东在致蔡和森等人的信中提到，"帮助蒙古、新疆、西藏、青海自治自决，都是很要紧的"。[②] 根据1921年中共一大通过的纲领，党的奋斗目标是推翻资产阶级，建立无产阶级专政，废除私有

[①] 白寿彝总主编《中国通史·导论》（第二版）第一卷，上海人民出版社、江西教育出版社，2015，第27页。
[②] 《毛泽东书信选集》，中央文献出版社，2003，第3页。

制,消灭阶级;中共于1922年7月举行二大,通过的宣言提出,消除内乱,打倒军阀,建设国内和平;推翻国际帝国主义的压迫,达到中华民族完全独立;统一中国本部(东三省在内)为真正民主共和国;蒙古、西藏、回疆三部实行自治……①中共为了团结少数民族共同抗战,在抗日救国十大纲领中提出在民族自决和民族自治的原则下,动员少数民族共同抗日的主张。②1931年11月7日,中华苏维埃第一次全国代表大会通过《关于中国境内少数民族问题的决议案》,强调各民族一律平等,提出帮助少数民族发展生产和文化,设立民族语言学校,引进少数民族工农干部担任国家的管理工作。③1934年10月至1936年10月,中国工农红军进行了举世闻名的二万五千里长征,接触到苗、瑶、壮、侗、水、布依、仡佬、土家、白、纳西、彝、藏、羌、裕固、回、蒙古等10多个少数民族,了解到沿途少数民族的政治、经济、文化、日常生活、风俗习惯和宗教信仰等实际情况,也了解到少数民族的愿望和要求,认识到民族问题对于中国革命的重大意义,在一些有条件的民族地区建立了人民武装和革命政权。④随着抗日救国形势的发展,民族工作的意义越来越重要:协调民族关系,团结各族人民,同仇敌忾,一致对外。1935年11月,红四方面军到达四川西部,向藏族各界人士宣传中国共产党的民族政策和抗日救国主张,后在甘孜建立中华苏维埃中央博巴自治政府,朱德总司令出席了成立大会。中国共产党还成立了四川省大凉山地区彝汉联合政权——冕宁县革命委员会;成立了茂县、理县、汶川羌族工农兵苏维埃;在川陕宁等地建立了一些回民自治政权;川黔边界成立了土家、苗、汉各族苏维埃。⑤

1937年"七七"事变发生,中国实行全面抗战,国共两党紧密合作,组成抗日民族统一战线,"团结各民族为一体,共同对付日寇"⑥成为当务之急。中共中央初到陕北就在那里成立了蒙古工作委员会和定边工作

---

① 《建党以来重要文献选编(1921~1949)》第一册,中央文献出版社,2011,第133页。
② 转引自潘华、勾霄丹《抗战时期国共两党民族政策之比较》,《社科纵横》2010年第4期。
③ 中共中央统战部编《民族问题文献汇编:一九二一·七——一九四九·九》,中共中央党校出版社,1991,第171页。
④ 张崇根主编《中国民族工作历程(1949-1999)》,远方出版社,1999,第13~14页。
⑤ 张崇根主编《中国民族工作历程(1949-1999)》,远方出版社,1999,第13~14页。
⑥ 《建党以来重要文献选编(1921~1949)》第十五册,中央文献出版社,2011,第621页。

委员会；1937年7月成立了少数民族工作委员会，后来将原蒙古工作委员会和定边工作委员会改为少数民族工作委员会的蒙古工作部和回民工作部。① 1938年9月，毛泽东在党的六届六中全会上详细论述了关于国内民族问题的基本纲领和基本政策，他指出：

>第一，允许蒙、回、藏、苗、瑶、夷、番各民族与汉族有平等权利，在共同对日原则之下，有自己管理自己事务之权，同时与汉族联合建立统一的国家。第二，各少数民族与汉族杂居的地方，当地政府须设置由当地少数民族的人员组成的委员会，作为省县政府的一部门，管理和他们有关事务，调节各族间的关系，在省县政府委员中应有他们的位置。第三，尊重各少数民族的文化、宗教、习惯……②

1941年，中共中央将西北工作委员会与陕甘宁边区中央局合并，成立西北中央局，下设少数民族工作委员会；与此同时，陕甘宁边区政府也成立了少数民族事务委员会；同年9月，"边区部分县、市设置了民族工作机构和民族工作人员，负责管理境内的民族工作"③。

1946年2月18日，中共中央关于内蒙古民族问题应取慎重态度的指示电，要求内蒙古根据和平建国纲领实行民族平等自治，不应提独立自决口号。④

1947年5月我国第一个少数民族自治区——内蒙古自治区成立了。在解放战争时期，山东鲁中解放区成立了回民自治镇；河北宣化二区成立了回民族自治区；山东枣庄成立了回民自治镇；海南岛琼崖解放区建立了民族自治政府。⑤

新中国成立前夕召开的中国人民政治协商会议第一届全体委员会通过《中国人民政治协商会议共同纲领》，"总纲"第九条规定："中华人民共和

---

① 张崇根主编《中国民族工作历程（1949-1999）》，远方出版社，1999，第15~16页。
② 《建党以来重要文献选编（1921~1949）》第十五册，中央文献出版社，2011，第621页。
③ 张崇根主编《中国民族工作历程（1949-1999）》，远方出版社，1999，第16页。
④ 中共中央统战部编《民族问题文献汇编：一九二一·七——一九四九·九》，中共中央党校出版社，1991，第1000页。
⑤ 潘龙海等：《中华民族学初探》，延边大学出版社，1992，第312页。

国境内各民族，均有平等的权利和义务。"第五十条规定："中华人民共和国境内各民族一律平等，实行团结互助"；第五十一条规定："各少数民族聚居的地区，应实行民族的区域自治"；第五十三条规定："各少数民族均有发展其语言文字、保持或改革其风俗习惯及宗教信仰的自由。"①

面对我国的历史和文化背景，各种人口和人文地理条件，多次成功和失败的经验教训，中国共产党选择了"马克思主义与中国革命实际相结合"的道路，即本土化、中国化的道路，按照毛泽东的说法就是"统一战线、武装斗争、党的建设"这"三大法宝"：无产阶级要领导革命取得胜利，需要团结一切可以团结的阶级和阶层，建立统一战线；农民是无产阶级的天然同盟军，工农联盟是中国革命的主要依靠力量，小资产阶级也是同盟者；中国当时和资本主义各国的情况不同，它是一个半殖民地半封建的国家，缺乏民主制度，受到封建制度压迫，在外部受帝国主义压迫，无产阶级及其政党没有完成革命任务的合法权利，因此需要建立同盟军，组织武装斗争，争取民族和社会的彻底解放。

> 一个有纪律的，有马克思列宁主义的理论武装的，采取自我批评方法的，联系人民群众的党。一个由这样的党领导的军队。一个由这样的党领导的各革命阶级各革命派别的统一战线。这三件是我们战胜敌人的主要武器。依靠这三件，使我们取得了基本的胜利。②

中国共产党始终把团结少数民族、解决民族问题作为统一战线工作的重要组成部分，经过长期探索和实践，发展出一套日趋成熟、符合国情而且行之有效的民族理论和民族政策。1949年9月，第一届中国人民政治协商会议通过了《中国人民政治协商会议共同纲领》，明确提出了"民族区域自治"，标志着我国民族政策的确立。③《中国人民政治协商会议共同纲领》规定："各少数民族聚居的地区，应实行民族的区域自治，按照民族聚居的人口多少和区域大小，分别建立各种民族自治机关。"④

---

① 《建国以来重要文献选编》第一册，中央文献出版社，1992，第3、12页。
② 《毛泽东选集》第四卷，人民出版社，1991，第1480页。
③ 张崇根主编《中国民族工作历程（1949—1999）》，远方出版社，1999，第11页。
④ 《建国以来重要文献选编》第一册，中央文献出版社，1992，第12页。

第二节　民族识别·民族平等·民族团结

　　中国是一个统一的多民族的国家。为贯彻执行中国共产党的民族平等、团结政策，结束旧中国遗留下来的民族成员结构、民族成分和族称混淆不清的状况，中华人民共和国成立伊始，国家即组织大批科研人员和民族工作者分赴各民族地区，以马克思列宁主义的历史唯物论和民族理论为指导，从中国的国情和民族实际出发，就各个族体的族称、分布地域、经济生活、语言文字、心理素质和社会历史等进行综合的调查研究和深入分析，并在充分尊重该族体人民意愿的基础上，科学地甄别各个族体的民族成分和族称；其次，如果是少数民族，那么他们究竟是单一的少数民族，还是某一少数民族的一部分。通过民族识别工作，至20世纪80年代，经国务院正式确定公布的共有56个民族，基本上解决了中国统一的多民族大家庭中各民族的族属问题和民族成分的结构问题。在某些地区存在人数不多的少数族体民族识别的遗留问题，仍将有待于继续进行工作，逐步予以解决。

　　民族识别是一项理论性、科学性、政策性很强而又相当复杂的基础工作。它直接关系到具体落实中国共产党的民族政策，建立和发展社会主义民族关系，加强民族团结，巩固祖国统一，实现国家长治久安的大局，特别是关系到民族区域自治政策的贯彻执行，胜利地开展社会主义现代化建设，实现各民族的共同繁荣。[1]

　　黄光学和施联朱认为："民族识别，就是对居住在一定地域上的人们共同体就其语言、经济生活、文化和心理素质以及历史来源等要素，进行综合的考察和分析研究，确定其族属和名称。"[2]

　　自20世纪50年代起至80年代末，由民族学者参与的一场大规模的民族识别工作开展起来。中国的民族学者接受了国家交给的任务，到民

---

[1] 黄光学、施联朱主编《中国的民族识别——56个民族的来历》，民族出版社，2005，第1页。
[2] 黄光学主编《中国的民族识别》，民族出版社，1995，第111~112页。

族地区进行调查，为中央政府的决策提供参考意见。根据施联朱《民族识别与民族研究文集》，民族识别工作大致经过了三个阶段。[①]

1950~1954年为第一阶段。新中国成立之后，中央政府需要广泛宣传和贯彻执行《中国人民政治协商会议共同纲领》规定的民族政策，尤其要在民族地区建立民族区域自治制度，因此首先要对全国自报登记的大量群体和族称加以识别和确认。要想摸清情况，就要调查研究，然后确定一批民族成分。中央于1950~1952年先后派出民族访问团，赴西南、西北、中南、东北和内蒙古等地，慰问各地少数民族，宣传贯彻民族政策。1952~1953年，中央民族访问团赴云南、贵州、广西、广东、湖南、甘肃、青海和福建等地，对这些地区自报的族和族称进行调查研究。1953年，中央民委派畲民识别调查小组，分别前往浙江省和福建省调查畲民的族别问题。畲民属于杂散居群体，分布在福建、浙江、江西、广东、安徽5省的部分山区，涉及80多个县。新中国成立后，畲民强烈要求成为单独的少数民族，他们中的大多数在经济生活方面已经接近于当地汉族，所使用的语言也接近汉语客家方言，但是他们在心理感情上认同自己是"山哈人"，即"山里的客人"。经过识别调查和初步研究，认定畲民既不是汉族，也不是瑶族的一支，而应该是一个单一的少数民族。

同样是在1953年，在中央民委的领导下，中央民族学院组织了达斡尔族识别调查小组，分赴黑龙江、内蒙古自治区达斡尔地区调查达斡尔人的族别问题。当时达斡尔人共有5万人，多数分布在黑龙江省嫩江及其支流的两岸，少量分布在内蒙古自治区呼伦贝尔盟东部，另有1000多人居住在新疆维吾尔自治区塔城。根据调查小组的意见，达斡尔语虽然属于蒙古语族，但和蒙古语明显不同，达斡尔人在文化和心理素质方面也具有显著特点，因而初步认为达斡尔人是一个单一的民族而非蒙古族。

1953年第一次全国人口普查时，全国自报登记的民族名称多达400种。截至全国人民代表大会第一次会议召开的1954年，除了早已公认的蒙古、回、藏、维吾尔、苗、瑶、彝、朝鲜、满、黎、高山等民族，又确认了壮、布依、侗、白、哈萨克、哈尼、傣、傈僳、佤、东乡、纳西、拉祜、水、景颇、柯尔克孜、土、塔吉克、乌孜别克、塔塔尔、鄂温克、

---

① 施联朱：《民族识别与民族研究文集》，中央民族大学出版社，2009，第40~51页。

保安、羌、撒拉、俄罗斯、锡伯、裕固、鄂伦春等民族，共有38个少数民族。

1954~1978年为第二阶段。从1954年下半年到1960年，民族调查和识别工作在全国范围内继续进行。1954年中央民委派出民族识别调查组前往自报民族数量达到260多个的云南。调查组经过甄别，把260多个不同的族称归并为22个。同年，国家民委、贵州省民委和中央民族学院组织民族识别调查组，赴多民族的贵州省进行民族识别调查研究，新中国成立之前那里已经有100多个不同族称，其中包括支系名称。调查组对1950年自报的80多个族称进行了识别，除了大部分有了归属，还有20多个族称尚未最后认定，其中包括"穿青"、"南京"、"喇叭"（湖广）、"黎族"（里民）、"六甲"、"革"（兜）、"东家"、"西家"、"绕家"、"蔡家"、"木佬"等。1956年，中央民委派出土家族识别调查小组赴湖南调查，那里的土家人自称"毕兹卡"（意为"本地人"），称汉族为"客家"，除了龙山、永顺等地有两三万人讲土家语，大部分土家人只讲汉语，但仍保留"摆手舞"、"土家铺盖"、"过赶年"、虎图腾崇拜等民族文化传统和习俗，因此确认土家族为单一少数民族。1965年确认珞巴族为单一的少数民族。1966~1976年，民族识别工作暂停，但对1964年第二次全国人口普查登记的183个不同族称进行了甄别，新确定了16个少数民族，即土家、畲、达斡尔、仫佬、布朗、仡佬、阿昌、普米、怒、崩龙（后改为"德昂"）、京、独龙、赫哲、门巴、毛难（后改为"毛南"）、珞巴等民族。此外，还将74个不同的族称归并到54个少数民族当中。

1978~1987年为第三阶段。自1979年确认基诺族为单一的少数民族后，中央共确认了55个少数民族。本阶段的工作重点是恢复、更改或归并某些地区某些人群的民族成分，例如贵州和湖南两省有一些自报少数民族的人群需要归并。从1981年起，贵州省在全省8个地、州、市和60多个县、市、区（特区）建立了民族识别领导小组或办公室，抽调各民族知识分子和民族干部287人，开展民族识别调查研究工作。截至1982年，将23个自报少数民族的群体分别归并于汉族和9个少数民族，其中有2个归并于汉族，13个归并于少数民族；对于剩下的8个，分别归并于白族、毛南族和汉族（有60多万人的"穿青人"仍归属汉族，维持原来的认定意见）。湖南省有一部分汉族少数民族化，要求被承认为少数民族，经过调查研究，确认他们仍属于汉族。在 1982 年第三次全国人口普查准备过程中，为了尊重少数民族正确表达民族成分的意愿，国务院人口普查领导小组、公安部、国家民族事务委员会发出《关于恢复或改正民族成分的处理原则的通知》，规定凡属少数民族，无论其在何时出于何种原因未能正确表达本人的民族成分，而申请恢复其民族成分的，都应予以恢复。1982 年以来，恢复和更改民族成分的共有 260 万人，主要涉及满族、土家族、苗族和侗族，同时也涉及云、贵、湘的其他少数民族。

民族识别是新中国处理民族事务的重要举措，也是实现民族平等理想的关键环节。中国共产党以马克思主义为指导，结合本土实际，变通苏联模式，制定民族政策，处理民族事务，走出一条照顾历史、关照现实、面向未来的兼和之路。需要指出，民族识别是中国共产党有关各级领导、各民族代表人物广泛参与和协商的国家工程，是一个涉及政治理念、制度安排、中央领导、地方参与、多方协商、学术支持的复杂过程，尽管存在有待解决和改善的遗留问题，但毕竟在历史上首次为少数民族赋予了政治权利，为他们的全面繁荣发展提供了机会，为他们平等团结设定了空间。学界主流对民族识别的评价或者从国家视角，或者从我族视角出发，较少从少数民族视角出发，缺少"进得去、出得来"的方法论观照，既缺少考虑包括少数民族在内的弱势群体的视角，也缺少那些最少受惠者的视角。罗尔斯提出原初状态下的两个正义原则：一是平等分配基本权利和义务，二是社会和经济的不平等（例如财富和权力的不平等）。只要其结果能给每一个人，尤其是那些最少受惠的社会成员带来补偿利益，它们就是正义的。①

中国共产党根据民族平等理论，先从名称上实现各民族平等，即民族不分大小、不分先进与落后，一律称民族，而不是按照社会发展程度区分民族、部族、部落。

历史上有些少数民族族称，是汉族或其他民族给予的他称，有些甚至是蔑称。新中国成立后，出于对少数民族的尊重，对本族提出的不当族称或族称译写的不当汉字，都根据"名从主人"的原则做了更改。例

---

① 〔美〕约翰·罗尔斯：《正义论》，何怀宏、何包钢、廖申白译，中国社会科学出版社，1988，第 12 页。

如，1963年4月将"佧佤族"改为"佤族"；1965年10月，将"僮族"改为"壮族"；1985年9月，将"崩龙族"改为"德昂族"；1986年6月，将"毛难族"改为"毛南族"。①

……国民党不承认少数民族，只提"边疆问题"，并且在政治、经济、文化上压迫少数民族，这样就更加深了民族隔阂。历史证明，旧统治者是永远不能够解决民族问题的。

……

我们主张把全国各民族都联合起来组成一个民族大家庭。在各民族相处中，第一，汉族一定要自觉，遇事应多责备自己，要严于责己，宽于待人。这样少数民族也就会跟着汉族的样子做，各个民族就会真正自愿地合起来。第二，要在民族大家庭中搞好团结，不能怕麻烦。一时怕麻烦，日后就会生出更多的麻烦来。民族问题本来就是个复杂的问题，麻烦的问题。每个民族都有它长期发展过程中遗留下来的历史痕迹。对待民族问题，要作历史的分析，并且要有阶级观点。在有阶级的社会里，民族问题离不开阶级问题，但是民族问题又不完全等于阶级问题，所以这两个问题既有联系又有区别。②

邓小平也指出，抛弃大民族主义可以换来取消狭隘民族主义，"应当首先老老实实取消大民族主义"，"两个主义一取消，团结就出现了"。③

中国的历史是多民族的历史，其中包括少数民族入主中原、长期统治的历史，元朝统一和清朝定型的版图，也是被现代中国全面继承的版图。中国只能走多民族共建、兼和相济的道路，有选择地借鉴历史上中央王朝处理民族事务的有效经验，有鉴别地参考国外民族理论和民族经验，避免机械搬用一族一国的理想模式，通过中国共产党领导下的各民族平等互助、彼此认同，达到更高一级的共同体认同，铸造全新的中华民族共同体意识。

---

① 施联朱：《民族识别与民族研究文集》，中央民族大学出版社，2009，第50页。
② 《周恩来统一战线文选》，人民出版社，1984，第336、338页。
③ 《邓小平文选》第一卷，人民出版社，1994，第163页。

费孝通在《中华民族的多元一体格局》中指出，中华民族是当代中国56个民族的总称，也是一个自觉的民族实体。中华民族共同体的自觉涉及认知和意识，需要从认知分类和价值理念着眼，从主体的能动意愿乃至宇宙观入手。

保持各民族之间的人文生态，建设中华民族共有精神家园，关键在于处理好"一"与"多"的关系，在于从民族共有、文化互联、命运相通中发现提炼和铸造重叠共识。绿色生态的民族关系是兼和相济的民族关系，具有创新性和可持续性，可以承受各种压力，能够应对各种挑战。兼和相济不能就事论事，不能短平快，而是要把它铸成理念和希望。只要坚定不移地树立兼和相济的共同体价值观，怀有包容相济的理念，抱着平等团结的希望，就能够在继承中创新，发扬团结进步的共同体传统，建设互相守望、彼此尊重的实践性心态，铸牢中华民族共同体意识。中华民族多元一体格局是一种民族生态的格局。这里的民族生态指民族之间互为环境、互为条件的环环相扣关系，也是差异共生、呈现神韵的关系。所谓民族新生态，关键在于一个新字。随着数字化、网络化时代的到来，民族之间的关系格局发生了重要变化，新媒体既方便了民族之间的互相交流、互相了解、互相包容、互相借用，也促进了民族自觉、文化自觉、认同自觉。因此，网络时代对于民族关系来说是双刃剑，既促进和谐，也增加矛盾，关键在于如何掌握其中的规律，如何实现和而不同，扩大和谐，变矛盾冲突为互补共生，将巴别塔杂语创新组合成为抑扬顿挫、合辙押韵的语言。

新时代的民族平等和民族团结，需要创造性地发挥古人的"地天通"精神，让物感物觉联通心智精神，建设民族新生态，重新呈现万象共生、万物共存的壮丽图景。在久远的过去，质料、器用和形制圆融一体，并不明确区分，具有"地天通"的气韵。如弗雷泽在《金枝》中说，有不少人群至今用相似律和接触律来观察事物，解决问题，指导实践。巫师根据相似律，认为借助模仿就可以做想做的事；根据接触律认为自己可以用某物影响某人——只要该物曾被那个人接触过。[①] 随着互联网时代的

---

① 〔英〕J. G. 弗雷泽：《金枝》（上、下册），汪培基、徐育新、张泽石译，商务印书馆，2013。

到来，硬件和软件有了创新结合，可穿戴设备把物感物觉归还给人的主体性，不再无选择地依赖键盘和遥控器，把在场与不在场统一在虚拟现实中。所有这些都给民族关系的创新发展带来新环境和新机遇。连接成为人际关系新生态的新机制，也为我们摆脱旧有的"冷战思维"带来希望，既承认民族，也承认其他群体，更尊重个体，网络连接为丰富社会分类创造了条件，不同的个体可以在同一时间选择多种多样的身份认同，加入多种多样的网络群体，转换身份，变通差异，协商共识。互联网时代以现代技术迫使我们思考原初的形气神圆融的重要性，身体又变得重要起来，心与物的关联不再被有意遮蔽。民族有希望超越概念，超越彼此之间的想象敌对关系，以万物关联来补充和突出民族个性，也赋予民族更多的可塑性，扩大包容互尊的空间，增加积极向上的人间活力。

民族新生态，要从个体和群体同时入手，不可以只强调个体而忽略群体，也不可以用群体遮蔽个体，这是因为个体是群体的微缩，群体是个体的凝聚。同样，不可以只看政治不看文化，也不可以只看文化不看政治，这是因为政治镶嵌在文化中，文化渗透在政治中。借助全新的网络化手段，在个体之间、群体之间发展新的生态关系，培养新视野，生成新共体。民族是典型的群体，网络化生存让民族群体特性更多体现在个体身上，有利于发挥个体的主体性和能动性；个体也更容易通过便利的交流手段，把自己的个性融入群体的共性当中，使群体的共性不断创新，充满活力。所谓民族新生态就是民族要素内部和外部在新形势下的新组合，是现代"质料"和"材料"的新组合，是体现在这种新组合之上的新的时代风格。重要的是关注质料组合的风格，而不是具体的质料；重要的是关注社会对于差异的组织模式，而不是差异本身。和而不同就是差异共生，就是把不同的质料搭配成为交响乐、大合唱、协奏曲。民族作为一种质料的组合风格，具有持久的生命力，民族新生态就是这类不同组合风格之间的新型和睦共生的格局。

根据人类学常识，民族、国家、语言、习俗边界不一，互有重叠，而推行均质化民族国家模式，就意味着重新打造"同文同种"的国家，就会引发激烈的民族矛盾和民族冲突，当然也就会阻碍民族平等和民族团结。200多年过去了，世界上的绝大多数国家属于多民族国家，所谓"同文同种"是一厢情愿，是我族中心的立场。美国曾经推行熔炉政策，试图同化外来族群，让他们"归化"盎格鲁-撒克逊主流，但最终不得不放弃。但是，近些年由于恐怖主义来袭，美国国内原来被压制的种族主义思想开始抬头，排外事件多发，多元主义甚至被宣布"失败"，问题是还没有可以取代多元主义的其他"主义"，何况多元文化已经是不可回避的日常现象，是日益普及的人类学和社会学的基本知识，文化多元和文化平等是文明社会的政治正确的理念。

毛泽东说："我们要和各民族讲团结，不论大的民族、小的民族都要团结。……帮助各少数民族，让各少数民族得到发展和进步，是整个国家的利益。"[①] 2014年9月28~29日，中央民族工作会议暨国务院第六次全国民族团结进步表彰大会在北京举行，习近平在会上发表重要讲话，他指出：

> 多民族是我国的一大特色，也是我国发展的一大有利因素。各民族共同开发了祖国的锦绣河山、广袤疆域，共同创造了悠久的中国历史、灿烂的中华文化。我国历史演进的这个特点，造就了我国各民族在分布上的交错杂居、文化上的兼收并蓄、经济上的相互依存、情感上的相互亲近，形成了你中有我、我中有你，谁也离不开谁的多元一体格局。中华民族和各民族的关系，是一个大家庭和家庭成员的关系，各民族的关系，是一个大家庭里不同成员的关系。处理好民族问题、做好民族工作，是关系祖国统一和边疆巩固的大事，是关系民族团结和社会稳定的大事，是关系国家长治久安和中华民族繁荣昌盛的大事。全党要牢记我国是统一的多民族国家这一基本国情，坚持把维护民族团结和国家统一作为各民族最高利益，把各族人民智慧和力量最大限度凝聚起来，同心同德为实现"两个一百年"奋斗目标、实现中华民族伟大复兴的中国梦而奋斗。[②]

截至2023年底，国务院已经召开7次全国民族团结进步表彰大会。第一次全国民族团结进步表彰大会于1988年4月在北京召开，大会主要

---

① 《毛泽东文集》第六卷，人民出版社，1999，第311、312页。
② 习近平：《论坚持人民当家作主》，中央文献出版社，2021，第105页。

任务是表彰先进、交流经验,进一步做好新时期的民族工作,推动民族团结进步事业向新的广度和深度发展,大会表彰了 1166 个先进集体和先进个人;第二次全国民族团结进步表彰大会于 1994 年 9 月在北京召开,大会表彰了 1255 个模范集体和模范个人,总结了改革开放以来特别是 20 世纪 90 年代初我国民族团结进步事业取得的成绩和经验,对进一步开展民族团结进步表彰活动、加强民族团结、维护祖国统一、促进少数民族和民族地区发展等工作作出了部署;中央民族工作会议暨国务院第三次全国民族团结进步表彰大会于 1999 年 9 月在北京召开,大会表彰了 1254 个模范集体和模范个人,会议号召加强民族团结、维护祖国统一和社会稳定,把建设中国特色社会主义事业不断推向前进;2005 年 5 月,中央民族工作会议暨国务院第四次全国民族团结进步表彰大会在北京召开,大会表彰了 1318 个模范集体和模范个人,会议确立了新世纪新阶段民族工作的主题:各民族共同团结奋斗、共同繁荣发展;国务院第五次全国民族团结进步表彰大会于 2009 年 9 月在北京举行,大会表彰了 1488 个模范集体和模范个人,总结了新中国成立 60 年来民族团结进步事业的成就和经验,分析了面临的机遇和挑战,提出了当前和今后一个时期的主要任务,号召为夺取全面建设小康社会新胜利、开创中国特色社会主义新局面、实现中华民族伟大复兴而奋斗;2014 年 9 月,中央民族工作会议暨国务院第六次全国民族团结进步表彰大会在北京举行,大会表彰了 1496 个模范集体和模范个人,要求全党全国各族人民紧密团结在党中央周围,坚定不移走中国特色解决民族问题的正确道路,把民族团结进步事业全面推向前进。①

2019 年 9 月 27 日,中华人民共和国成立 70 周年前夕,第七次全国民族团结进步表彰大会在北京召开,习近平总书记发表了重要讲话:

> 70 年前,我国各族人民在中国共产党领导下,共同缔造了新中国。我们党创造性地把马克思主义民族理论同中国民族问题具体实际相结合,走出一条中国特色解决民族问题的正确道路,确立了党

---

① 《往期回顾》,中国民族宗教网,http://www.mzb.com.cn/html/folder/191130579-1.htm。

的民族理论和民族政策,把民族平等作为立国的根本原则之一,确立了民族区域自治制度,各族人民在历史上第一次真正获得了平等的政治权利、共同当家做了主人,终结了旧中国民族压迫、纷争的痛苦历史,开辟了发展各民族平等团结互助和谐关系的新纪元。我们全力帮助少数民族和民族地区加快发展,保护和传承各民族优秀传统文化,少数民族群众生活和民族地区经济社会发展获得了历史上前所未有的进步。①

没有民族团结就没有新时代的中华民族,中华民族从自在到自觉是一个名实相符的过程,历史命运让各个民族汇聚在一起,形成今日的中华民族;没有民族进步也不可能有新时代的中华民族,中华民族是各民族包容创新的集大成,语言多样,文化多彩,千灯互照,光光交彻,互守尊严,携手前行。

第三节 民族区域自治制度:中华民族共同体的制度保障

> 我们根据我国实际情况,实事求是地实行民族区域自治,这种民族区域自治,是民族自治与区域自治的正确结合,是经济因素与政治因素的正确结合,不仅使聚居的民族能够享受到自治权利,而且使杂居的民族也能够享受到自治权利。从人口多的民族到人口少的民族,从大聚居的民族到小聚居的民族,几乎都成了相当的自治单位,充分享受了民族自治权利。这样的制度是史无前例的创举。②

《中华人民共和国民族区域自治实施纲要》于1952年颁布,从1955年至1965年,新疆维吾尔自治区、广西壮族自治区、宁夏回族自治区、西藏自治区先后成立。1984年颁布了《中华人民共和国民族区域自治法》,"以基本法的形式把民族区域自治固定下来",从法律上保证了民族

---

① 习近平:《在全国民族团结进步表彰大会上的讲话(2019年9月27日)》,人民出版社,2019,第1~2页。
② 《周恩来选集》下卷,人民出版社,1984,第258页。

区域自治。截至 2011 年末，全国有 5 个自治区，30 个自治州，117 个自治县，3 个自治旗，共计 155 个自治地方。①

《中华人民共和国民族区域自治法》是我国一项基本法律，起到确保实施宪法规定的民族区域自治制度的作用，对发挥各族人民建设现代国家的主体性和积极性，对发展平等、团结、互助的民族关系，对维护国家安全和社会稳定，对促进民族自治地方乃至全国经济社会的发展，都具有重大意义。民族自治区域制度的设立和实施，大大激发了少数民族爱国和建国的热情，在来自内地的各类支边人员的帮助下，学习现代科技知识，学习汉语、汉文化，学习中央文件，领会民族团结的重要意义，付诸实践，融入生活。对于各个少数民族来说，他们中的绝大多数心怀感恩之情，不断加强和铸牢中华民族共同体意识，即使在最困难的年代也保持了忠诚之心。

自 20 世纪 50 年代至 70 年代，我国确认了 56 个民族，根据 2018 年 3 月 11 日第十三届全国人民代表大会第一次会议通过的《中华人民共和国宪法修正案》修正的《中华人民共和国宪法》"序言"：

> 中华人民共和国是全国各族人民共同缔造的统一的多民族国家。平等团结互助和谐的社会主义民族关系已经确立，并将继续加强。在维护民族团结的斗争中，要反对大民族主义，主要是大汉族主义，也要反对地方民族主义。国家尽一切努力，促进全国各民族的共同繁荣。

只有中国共产党和新中国政府真正全面制定和实施了民族区域自治制度。从 1947 年 5 月 1 日我国第一个民族自治区（内蒙古自治区）成立，到 1984 年《中华人民共和国民族区域自治法》，具有中国特色的民族理论、民族政策和民族工作终于有了成熟的制度框架和法律保障，获得毋庸置疑的权威性。各民族互相认同、互守尊严要从认同民族区域自治制度、遵守《中华人民共和国民族区域自治法》做起，从互相认同政

---

① 国家民族事务委员会经济发展司、国家统计局国民经济综合统计司编《中国民族统计年鉴 2012》，中国统计出版社，2013，第 192 页。

治权利做起,尤其从大民族认同小民族的政治权利做起。① 只有在民族区域自治制度和《中华人民共和国民族区域自治法》的法制框架之下,尊重和维护少数民族的平等权利,大小民族双向认同,认同彼此的语言和文化,才能实现对新时代中华民族的高度认同,铸牢中华民族共同体意识。

总之,党的第一代领导人确立了围绕民族平等、民族团结、民族区域自治和各民族共同繁荣发展等核心理念的民族理论和民族政策的框架,致力于少数民族政治、经济、文化、教育的建设,逐步消除事实上的不平等。1976年后,中共历届领导人都强调民族区域自治制度的重要性。邓小平强调"要使各少数民族聚居的地方真正实行民族区域自治"②。江泽民指出:"民族区域自治,是我国的一项基本政治制度,它把国家的集中统一领导与少数民族聚居区的区域自治紧密结合起来,具有强大的政治生命力,我们要始终不渝地坚持并不断加以完善。"③ 胡锦涛指出:"民族区域自治,作为党解决我国民族问题的一条基本经验不容置疑,作为我国的一项基本政治制度不容动摇,作为我国社会主义的一大政治优势不容削弱。"④

习近平在2019年9月举行的全国民族团结进步表彰大会的讲话中提出了"九个坚持":

> 我们坚持准确把握我国统一的多民族国家的基本国情,把维护国家统一和民族团结作为各民族最高利益;坚持马克思主义民族理

---

① 毛泽东在20世纪50年代,就国内民族问题发表了一系列论断,其中包括:"少数民族在政治上很大地帮助了汉族,他们加入了中华民族这个大家庭,就是在政治上帮助了汉族";"无论是大汉族主义或者地方民族主义,都不利于各族人民的团结","这个问题的关键是克服大汉族主义"(参见《毛泽东文集》第七卷,人民出版社,1999,第405、227页),"没有大汉族主义,那末,少数民族中间的狭隘民族主义观点是比较容易克服的"(《毛泽东民族工作文选》,中央文献出版社、民族出版社,2014,第222页)。另参见郝维民《漫议中国西部大开发与蒙古族的发展——兼评少数族群"去政治化"和民族"共治"》,载中国蒙古史学会编《蒙古史研究》第八辑,内蒙古大学出版社,2005,第384~420页。
② 《邓小平文选》第二卷,人民出版社,1994,第339页。
③ 《十五大以来重要文献选编》(中),人民出版社,2001,第1055页。
④ 《胡锦涛文选》第二卷,人民出版社,2016,第322~323页。

论中国化，坚定走中国特色解决民族问题的正确道路；坚持和完善民族区域自治制度，做到统一和自治相结合、民族因素和区域因素相结合；坚持促进各民族交往交流交融，不断铸牢中华民族共同体意识；坚持加快少数民族和民族地区发展，不断满足各族群众对美好生活的向往；坚持文化认同是最深层的认同，构筑中华民族共有精神家园；坚持各民族在法律面前一律平等，用法律保障民族团结；坚持在继承中发展、在发展中创新，使党的民族政策既一脉相承又与时俱进；坚持加强党对民族工作的领导，不断健全推动民族团结进步事业发展的体制机制。①

依法治国是现代国家建设的必由之路。民族区域自治制度是中国的一项基本政治制度，体现了国家意志，标志着我们的民族工作进入了法治化轨道，从制度上保障了国家的统一和各民族共同当家作主。《中华人民共和国民族区域自治法》是民族区域自治制度的法律体现，它明确规定了自治机关享有的广泛自治权。

> 自主管理本民族、本地区的内部事务，制定自治条例和单行条例，使用和发展本民族语言文字，保障各民族公民宗教信仰自由，保持或者改革民族风俗习惯，自主安排、管理、发展经济建设事业，自主发展教育、科技、文化等社会事业。这个法既保障了自治地方和少数民族合法权益，也为民族事务治理提供了法律遵循，是民族工作的根本依从。②

1984年制定的《中华人民共和国民族区域自治法》，体现了人民的意志和社会发展的规律，是正常治理国家的法律根据之一。依法治国要求超越个人的意志和主张来治理国家；要求国家依照法律处理政治事务，推动经济运作，组织社会各方面的活动，免受任何个人意志的干预、阻

---

① 习近平：《在全国民族团结进步表彰大会上的讲话（2019年9月27日）》，人民出版社，2019，第3页。
② 丹珠昂奔：《民族工作方法论——中央民族工作会议精神学习体会》，民族出版社，2016，第45页。

碍或破坏。依法治国是社会文明进步的重要标志,也是国家长治久安的必要保障。同时,只有依法治国、建设社会主义法治国家,才能从根本上保证人民当家作主。2017年10月18日,习近平在党的十九大报告中提出"成立中央全面依法治国领导小组,加强对法治中国建设的统一领导"[1]。2018年3月,中共中央根据《深化党和国家机构改革方案》组建的中国共产党中央全面依法治国委员会是中共中央决策议事协调机构。中国共产党中央全面依法治国委员会的主要职责是,统筹协调全面依法治国工作,坚持依法治国、依法执政、依法行政共同推进,坚持法治国家、法治政府、法治社会一体建设,研究全面依法治国重大事项、重大问题,统筹推进科学立法、严格执法、公正司法、全民守法,协调推进中国特色社会主义法治体系和社会主义法治国家建设等。[2] 可以期待,随着《中华人民共和国民族区域自治法》的进一步落实,民族区域自治制度将得到进一步完善,成为依法治国的重要保障之一,对可持续推进民族平等团结具有深远的意义。

第四节 中华民族共同体文化认同

中华民族共同体文化是中国各民族文化的集大成,它不是一个或几个民族文化的综合体,而是中国境内所有大小民族的民族文化的共同体文化。

从现实出发,现代中国是多民族共同的家园,爱家、爱族、爱国,层层递进,顶针续麻,互不矛盾;从理念出发,各民族要互为条件,互为环境,荣辱与共,互守尊严,互相担当。人类认识的客观世界由物感物觉和精神文化两部分组成,其中精神文化具有创造性和创新性,可以重新阐释原有的物感物觉,推陈出新,形成新的客观世界。可以说,中华民族共同体文化原来就存在各种自在的材料、质料和元素,如何把它们组合起来加以解释,就需要有特定的精神文化的"语法",而这个精神

---

[1] 《习近平谈治国理政》第三卷,外文出版社,2020,第30页。
[2] 《中国共产党中央全面依法治国委员会简介》,中华人民共和国司法部网,http://www.moj.gov.cn/pub/sfbgw/qmyfzg/qmyfzgjgjj/202004/t20200430_150457.html。

文化的"语法"是与时俱进的。兼和相济、中和包容就是这样一种精神文化的"语法"——无可否认,在物感物觉的层面上也确实发生了很大变化,尤其是现代主权国家的出现,市场经济的发展,互联网与数字化生存,等等,即便如此,与时俱进的精神文化"语法"仍然起到至关重要的作用。就是说,我们如何"释中国",如何"看中华",如何本着守正创新的原则"释中国""看中华",具有重大的现实意义,也具有很高的人文价值。

中国是一个复杂共同体。① 作为政治共同体的中华民族"是一个",无论哪一个民族,其成员毫无例外的是中国公民,都要认同故土所在的祖国;作为文化互联体的中华民族"有多样",各民族的语言文化丰富多彩,虽各具特色,却环环相扣,彼此关联,构成"互联共同体"。在中国这片土地上民族交往、文化兼容、语言互鉴自古至今没有中断过,从任何一个民族的人口成分、语言文化、风俗习惯上都可以找到其他民族的多种元素。换一个视角看中国,从边疆看中央,边缘和中心互换视角,在差异中发现关联,从关联找出共性,不仅有利于民族和睦,也有助于更好地解释中华民族共同体。

中国的族群数量庞大,国家认定的民族有 56 个,语言繁多,习俗复杂,在历史长河中彼此镶嵌、互相采撷,共同组成维特根斯坦式的"绳索共同体"和重叠式的"家族相似体"②:相邻群体在语言文化和风俗习惯上彼此交融,相互借鉴,这样的交替传递形成了一条传递链和一张互联网,处于这个传递链和互联网两端的那些貌似不搭界的人群及其语言文化,通过这样的传递和互联,交感式地彼此发生了关联。

---

① 许倬云:《说中国——一个不断变化的复杂共同体》,广西师范大学出版社,2015。
② 哲学家维特根斯坦以"家族相似"和"纺绳"比喻关联性:家族成员之间有各种相似之处,如体形、相貌、眼睛的颜色、步态、性情等,交叉重叠,似像非像。同样,纺绳时,纤维互相缠绕,绳索的强度不是来自一根纤维,而是在于许多纤维互相重叠。参见〔奥〕维特根斯坦《哲学研究》,李步楼译,商务印书馆,2010,第 48 页。再如类似于 ABCD、BCDE、CDEF、DEFG、EFGH 这样的数字组合,相邻组合之间有一个或多个共同数字(如 ABC 和 BCD、CDE 和 DEF),但两端组合(如 ABCD 和 EFGH)缺乏共同成分。中国这个"绳索共同体"中的各民族及其文化,交叉重叠,相邻相似,两端殊异。中间相似的递进过渡把殊异的两端联系起来,让它们有了联系。

绳索纤维缠绕，重叠编织，无论多长，两端因股股相反、比次扭合而交织递进，紧紧联系在一起。中国各民族就是这样的绳索共同体，无论古代和现代，无论南北和东西，都是如此。①

桥本万太郎描写了语言声调结构的南北推移，从侗语的15个声调到闽语的6~7个声调，再到西安方言的4个声调和虎林方言的3个声调，最后到阿尔泰语的没有声调，形成一个连续体。② 这对我们换一个角度看民族有很大帮助：各民族之间在类似于语调、音节、词汇这样的语言乃至文化因素上存在很多关联，也存在很多共性。徐江伟试图证明汉字起源于多音节的阿尔泰语。③ 易华认为东亚土著夷人有农业文化，西部夏人有游牧文化，汉族由夷夏结合而成。④ 我们不必为他们的立论是否正确而纠结，但他们的学术视角和研究路径有利于我们扩展思路，跳出积习窠臼，以新的观点和新的方法揭示中华民族共同体生态多样、关联一体的事实。

近年来，中国国家领导人强调中华文化认同，把中华文化认同放到"根"和"魂"的高度，可见其中的深刻寓意。如何把中国境内的130种左右甚至更多的语言、56种被确认的民族及其文化合为一体，并在此基础上形成主流汉族文化包容少数民族文化的共同体文化？办法只有一个，那就是从兼和相济的理念出发，把中国各民族语言和文化都包容在新时代中华民族共同体文化中，予以承认、予以尊重，培育、发展和巩固各民族对共同体文化的深层认同。古往今来，各类人群都有生存智慧，都明白"水处者渔，山处者木，谷处者牧，陆处者农"⑤的道理，根据需要学习其他民族的语言，融入社会的主流文化，这是顺其自然的事情。在今天，国内少数民族不学好汉语和汉文化，就不能在北上广这样的超大城市中找到发展机会，甚至在自治区首府和发达城镇发展也会受到限

---

① 纳日碧力戈：《建设充满创新的民族生态》，《原生态民族文化学刊》2016年第2期。
② 〔日〕桥本万太郎：《语言地理类型学》，余志鸿译，北京大学出版社，1985，第110~113页。
③ 徐江伟：《血色曙光——华夏文明与汉字的起源》，陕西人民出版社，2013。
④ 易华：《夷夏先后说》，民族出版社，2012。
⑤ （西汉）刘安等：《淮南子全译》，贵州人民出版社，1993，第606页。

制；当然不学好外语、不了解国外文化，也不能畅通无阻地参加各种国际交流。即便如此，世代绵延的少数民族语言文化仍然有不可替代的功能，包括内部沟通感情、传承文化、友爱互助等。

第五节　各民族共同繁荣富裕

贫困是全人类面临的挑战，中国作为一个发展中的人口大国也不例外。新中国成立70多年来，尤其是改革开放40多年来，中央政府为了改变国内民族地区的贫困状况，付出了巨大努力，取得了显著成就。

1978年12月18～22日，党的十一届三中全会在北京举行，重新确立了解放思想、实事求是的思想路线，决定把党和国家的工作重心转移到经济建设上来，作出改革开放的重大决策。此后，中央把发展作为解决民族问题的关键，强调要促进各民族共同繁荣，明确将民族平等、民族团结和各民族共同繁荣作为解决我国民族问题的基本原则。1979年全国边防工作会议召开，会议强调要搞好边防建设，落实民族政策，把边疆的经济文化建设发展起来。就是在这次会议上，原国家计委牵头制定《边疆建设规划草案》，"这是中国历史上第一次单独编制边疆地区发展规划"[①]。

1981年10月，胡耀邦接见全国少数民族参观团负责人时说："中央关心少数民族，头一个就是关心把经济搞上去。经济是基础，经济翻不了身，其他都无从谈起。"[②] 国务院决定对内蒙古、新疆、西藏、广西、宁夏5个自治区和云南、贵州、青海3个多民族省，在机动金和预备费方面给予较多照顾，此外，1980年至1989年对以上省份实行财政定额补贴，补贴额每年递增10%。[③] 1984年，中共中央、国务院决定对全国约有1500万人口尚未解决温饱问题的民族地区，给予重点扶持，组织经济发达省、市对口支援民族地区，国务院决定：北京支援内蒙古，上海支援云南、宁夏，天津支援青海，全国支援西藏；邀请中国国民党革命委

[①] 刘玲：《兴边富民行动与民族团结进步》，《云南师范大学学报（哲学社会科学版）》2020年第2期。
[②] 黄光学主编《当代中国的民族工作》（上），当代中国出版社，1993，第168页。
[③] 黄光学主编《当代中国的民族工作》（上），当代中国出版社，1993，第168页。

员会、中国民主同盟、中国民主促进会、中国农工民主党、九三学社等民主党派和群众团体，派管理人员和技术专家到民族地区智力支边。①

党的十八大以来，党中央就民族工作作出一系列重大决策部署，推动我国民族团结进步事业取得了新的历史性成就。7年来，我十几次到民族地区调研，在雪域高原、天山南北，在祖国北疆、西南边陲，亲眼看到了民族地区面貌日新月异、少数民族群众生活蒸蒸日上。7年来，民族地区累计减贫2500多万人，贫困发生率从21%下降到4%。7年来，我多次同各族群众面对面交流，收到了各族群众许多来信。中华民族一家亲、同心共筑中国梦，这是新时代我国民族团结进步事业的生动写照，也是新时代民族工作创新推进的鲜明特征。②

民族地区经济是国家经济的重要组成部分，发展民族地区经济是中国政府的一项基本政策，也是整个国家经济政策的重要组成部分。民族地区经济发展的方向与整个国家经济发展的方向是一致的，即加快经济发展，提高人民生活水平，缩小城乡差距，缩小东西部区域发展的差距。但是，我国是一个多民族国家，各民族的社会经济发展不平衡，具体的环境因素不可忽视。截至2016年，内蒙古、宁夏、新疆、西藏、广西、贵州、云南和青海等"民族八省区"的贫困人口尚有1411万人，总体经济发展水平比起东部地区来，差距仍然明显；"民族八省区"均分布在西部地区，而80%左右的少数民族生活在"民族八省区"。③ 为了落实民族平等、团结进步的根本原则，为了贯彻执行民族区域自治法，保证少数民族当家作主管理本民族事务的权利，需要制定切实可行的少数民族经济发展政策并予以实施。从2010年党中央、国务院召开西部大开发工作会议，到2015年11月中央扶贫开发工作会议召开，再到2017年习近平总书记在太原主持召开深度贫困地区脱贫攻坚座谈会，为深度贫困地区

---

① 黄光学主编《当代中国的民族工作》（上），当代中国出版社，1993，第170页。
② 习近平：《在全国民族团结进步表彰大会上的讲话（2019年9月27日）》，人民出版社，2019，第2~3页。
③ 包玉山、斯日吉莫德格：《推动新时代中国少数民族经济发展的建议》，《财经理论研究》2019年第5期。

经济发展尤其是少数民族深度贫困地区发展，提供了不可多得的历史机遇。西部大开发和脱贫攻坚的目的是迅速改变深度贫困地区尤其是少数民族深度贫困地区的落后状态，发展经济，实现各民族共同繁荣。我国绝大多数的陆地边境地区是少数民族聚居区，这些地区大部分纳入了西部大开发计划，尚有 20 多个以汉族为主、有少数民族分布的边境县没有纳入西部大开发计划。一项专门针对边疆民族地区发展问题的兴边富民行动应运而生，它就是 1999 年由国家民委联合国家发展改革委、财政部等部门倡议发起的一项边境建设工程，目的是帮扶那些贫困人口比例和脱贫难度都比较大的边境地区，帮助那里的人尽快摆脱贫困落后状况，逐步缩小与发达地区之间的差距，促进民族团结，共同繁荣，巩固边防。2001 年，国家民委印发《全国兴边富民行动规划纲要（2001—2010 年）》，2004 年确定帮扶 37 个重点边境县，2006 年中央财政将兴边富民行动列入少数民族发展基金的支持范围，2007 年国务院制定了《兴边富民行动"十一五"规划》，随后国务院先后颁布《兴边富民行动规划（2011—2015 年）》和《兴边富民行动"十三五"规划》，充分体现了国家对民族地区经济建设、各民族共同繁荣发展的重视。

各民族共同繁荣发展需要发挥当地传统文化资源的优势，这样可以调动当地民众的主动性、积极性和创造性，因地制宜，可持续地参加兴边富民行动。包玉山和斯日吉莫德格指出，需要保护民族地区的生态文化——失去文化保护的生态环境会遭到破坏，导致当地经济衰退，而且不适当的文化改造也会使少数民族不知所措、难以适应；如果生态环境被破坏，民族地区的人们也就丧失了回归传统生产方式的可能性，新的生产方式又不能成为他们走向富裕的有效手段，精神颓废、经济生活衰退接踵而至；从制度方面看，影响少数民族发展的因素有很多，但是民主法制不健全和基本生产资料产权制度有缺陷是两个主要原因；从生态环境看，少数民族主要分布在交通不便、自然条件恶劣的边缘地区。[1] 根据以上情况，为了推动少数民族经济发展，这两位学者建议：保护少数民族的各项权利，保证少数民族经济有效发展；保护少数民族的传统文

---

[1] 包玉山、斯日吉莫德格：《推动新时代中国少数民族经济发展的建议》，《财经理论研究》2019 年第 5 期。

化，增强少数民族文化的软实力；国家要进行精准有效的干预，帮助少数民族经济发展。

在"社会和经济的不平等"中，当然包括不同群体、不同地区、不同民族之间的经济发展上的不平等，并且这种不平等状况会损害一国经济的健康发展。所以，通过国家对少数民族经济发展的强力扶持和干预，才能创造一种"更大的平等"，改变少数民族经济的欠发达状态，补齐国家经济链条中的"少数民族经济"这一特殊短板。

就少数民族经济本身而言，笔者认为应该优先发展其特有的经济。因为，少数民族特有经济是少数民族传统文化得以产生和发展的根基，只有发展了其特有经济，才能使少数民族具备自我发展的造血功能。

多民族国家中的少数民族都比较贫困和落后，中国的实际亦是如此。而少数民族贫困和落后又是文化转型、人口剧增、生态恶化、环境污染、制度不健全、经济欠发达等因素综合作用的结果。所以，少数民族经济的发展需要来自国家的强力干预。而国家干预有很多种，其中制度、利益、生态和人口等方面的干预显得尤为重要。制度干预、利益干预、生态干预和人口干预是一套"组合拳"，只有组合得当才能形成合力，才能推动少数民族经济发展。[1]

---

[1] 包玉山、斯日吉莫德格：《推动新时代中国少数民族经济发展的建议》，《财经理论研究》2019年第5期。

第四章　中华民族共同体的价值体系

　　地天相通、兼和①相济、仁德守节、自强不息是中华民族共同体精神的传统底蕴；深明大义、忠于祖国的爱国主义精神是新时代中华民族共同体的价值体系的核心；各民族平等团结、守望相助、互守尊严是中华民族共同体精神的呈现。中华民族共同体精神的当代价值在于指引人们继承优良传统，创新民族文化，兼容人类文明，守望万象生态。中华民族的价值体系以爱国主义为核心，由中国各族人民丰富多彩的价值观提炼形成，体现出"重叠共识"的效能，属于提高升华的人类命运共同体价值体系的组成部分。

　　由地天相通、兼和相济、仁德守节、自强不息、爱国主义组成的中华民族共同体核心精神既包含对立统一的辩证理念，也包含实事求是的实践理性，为修身齐家、崇仁重德、重义轻利、救亡图存、创新发展等中华民族共同体精神提供了强大的凝聚力和可持续的推动力。中华民族的形成与发展始终是一个守正创新的过程，古今中外兼容并蓄，各个民族交往交流，不断扩大和更新中华民族共同体精神的内容，同时也始终保持地天相通、兼和相济、仁德守节、自强不息、爱国主义的核心精神。中华民族共同体精神包含了丰富内容，其中许多也属于人类共同体精神，从而也为上升到人类共同体精神做出了应有贡献。一方面，中华民族共同体精神属于人类共同体精神，其许多内容也是其他民族所共有的；另

---

① "兼和"是张岱年先生的概念，"和""指相异者或对立者之结聚而相成相济。相同之物结聚或累积，非和。所谓和者，指相异者或对立者之结聚。然相异或对立之相乖相悖亦非和，相异者或对立者之相成相济，方可谓和"。"兼和"指在承认差异和矛盾的前提下，"追求事物内外矛盾之间的动态平衡"。参见《张岱年全集》第三卷《天人五论》，河北人民出版社，1996，第193页；杜运辉《"兼和"与"和合"辨析》，《高校理论战线》2009年第5期。

一方面，由于物料形制、历史文化、地理条件、民族交往等因素的综合作用，中华民族共同体精神具有自成一体的特性。

第一节 地天相通·兼和相济

可以把中国文明称作地天通文明，它本是一个既务实也务虚的传统，形神兼备，冲气为和，不仅存在于多数民族的传统中，也存在于少数民族的传统中，为今日中华民族共同体精神奠定了稳固的基础。无可否认，作为一个整体的人类文明也具有地天通精神，只是在社会历史、文化模式、地理环境以及文明走向的综合作用下，各有特点罢了，通过跨语言、跨文明的交往交流完全可以达到重叠共识。

半坡仰韶文化遗址有出土的彩陶盆，上面鱼形装饰的人头花纹和《山海经》里巫师"珥两青蛇"类似；彩陶里有盆，内画人像，把胸部的肋骨画出来，属于"X光式的图像"，是一种萨满艺术传统。[1] 天乾地坤，抱阴负阳冲气以为和，这也是古人的宇宙观，直到今天还影响着中国人的思维方式。从汉字到情理，从位育到做人，从修养到气节，地天相通，虚实结合，由二生三，妙致中和。兼和相济的理念以及在这个理念推动下的历史实践，可能就是中国文明得以不断创新发展、延绵不断的缘由。红山文化的玉器群与商代玉器群的题材相同，在风格上有渊源关系，与红山文化分属于不同系统的良渚文化也有自己的玉器群，二者都被商周继承和发展，遂有"苍璧礼天，黄琮礼地"的措辞。[2]

根据《说文解字注》，"天，颠也"。段注："凡言元始也"，"颠者，人之顶也，以为凡高之称，女之初也，以为凡起之称，然则天亦可为凡颠之称，臣于君、子于父、妻于夫、民于食皆曰天是也。至高无上。从一大"。[3] "地，元气初分，轻清阳为天，重浊阴为地。"[4] 根据《古代汉语词典》，天指天空；天生的，自然的现象，天神、古代人们想象中的万

---

[1] 参见《张岱年全集》第三卷《天人五论》，河北人民出版社，1996，第6页。
[2] 阴法鲁、许树安、刘玉才主编《中国古代文化史》（插图本）（上），北京大学出版社，2008，第6~7页。
[3] （汉）许慎撰，（清）段玉裁注《说文解字注》，上海古籍出版社，1981，第2页。
[4] （汉）许慎撰，（清）段玉裁注《说文解字注》，上海古籍出版社，1981，第628页。

物万事的主宰者；天命、命运；所依存、所依靠的；天气；时间单位，一昼夜谓一天；特指某一空间；刑罚。① 地指大地，与"天"相对；地域、领土；地点，处所；质地，底子。② 《易·系辞下》："古者包牺氏之王天下也，仰则观象于天，俯则观法于地，观鸟兽之文与地之宜，近取诸身，远取诸物，于是始作八卦，以通神明之德，以类万物之情。"③ 这种比物象形、比类转指、通神会意恰恰就是现代指号理论的聚焦点：感官的视、听、触、嗅、味五觉是知觉的基础，鸟迹兽印是关联的根据，天地道理是升华的结果。天表阳刚强健，地表阴柔和顺，天地阴阳，容载万物。

中国古籍《尚书》、《山海经》和《国语》里都记载了"绝地天通"的神话。根据《国语·楚语下》，上古有一段"民神杂糅"的时期，神可以下凡，民可以登天。颛顼帝遂命重、黎二大臣"绝地天通"，令祝宗卜史接替巫觋之职，担任天官，管理通天降神；令司徒、司马、司工等担任地官，管理土地和人民。④ 张光直认为中国古代有萨满传统，"绝地天通"的神话就是一个证据。

> 中国古代文明中的一个重大观念，是把世界分成不同的层次，其中主要的便是"天"和"地"。不同层次之间的关系不是严密隔绝、彼此不相往来的。中国古代许多仪式、宗教思想和行为的很重要的任务，就是在这种世界的不同层次之间进行沟通。进行沟通的人物就是中国古代的巫、觋。从另一个角度看，中国古代文明是所谓萨满式（shamanistic）的文明。这是中国古代文明最主要的一个特征。⑤

《尚书·吕刑》载："……乃命重、黎，绝地天通，罔有降格。"此外，关于"绝地天通"的神话在《山海经》《楚辞》《国语》中也有记

---

① 《古代汉语词典》编写组编《古代汉语词典》，商务印书馆，2003，第1539页。
② 《古代汉语词典》编写组编《古代汉语词典》，商务印书馆，2003，第308页。
③ 黄寿祺、张善文撰《周易译注（最新增订版）》（下），中华书局，2016，第653页。
④ 陈桐生译注《国语·楚语下》，中华书局，2013，第623页。
⑤ 张光直：《考古学专题六讲》，文物出版社，1986，第4页。

载。《国语·楚语下》载:

> 昭王问于观射父,曰:"《周书》所谓重、黎实使天地不通者,何也?若无然,民将能登天乎?"
>
> 对曰:"非此之谓也。古者民神不杂。民之精爽不携贰者,而又能齐肃衷正,其智能上下比义,其圣能光远宣朗,其明能光照之,其聪能听彻之,如是则明神降之,在男曰觋,在女曰巫。是使制神之处位次主,而为之牲器时服,而后使先圣之后之有光烈,而能知山川之号、高祖之主、宗庙之事、昭穆之世、齐敬之勤、礼节之宜、威仪之则、容貌之崇、忠信之质、禋洁之服,而敬恭明神者,以为之祝。使名姓之后,能知四时之生、牺牲之物、玉帛之类、采服之仪、彝器之量、次主之度、屏摄之位、坛场之所、上下之神、氏姓之出,而心率旧典为之宗。于是乎有天地神民类物之官,是谓五官,各司其序,不相乱也。民是以能有忠信,神是以能有明德,民神异业,敬而不渎,故神降之嘉生,民以物享,祸灾不至,求用不匮。"①

中国古代文明在观念上把世界分成"天"和"地",巫觋通过仪式操演沟通天地,完成"宗教思想和行为的很重要的任务",因此"中国古代文明是所谓萨满式(shamanistic)的文明"。② 天掌握着所有"人事知识",为了取得这种知识就需要掌握政治权威。③ 但是在古代,任何人都可以在巫的帮助下实现"地天通",但是在"绝地天通"之后,只有巫掌握统治知识,手中握有权力,他们成为宫廷中的成员,而帝王本身就是巫首。④ 虽然关于中国古代文明属于萨满式文明的论断在学界存在争议,⑤

---

① 陈桐生译注《国语·楚语下》,中华书局,2013,第620~621页。
② 张光直:《考古学专题六讲》,文物出版社,1986,第4页。
③ 〔美〕张光直:《美术、神话与祭祀》,郭净译,辽宁教育出版社,2002,第33页。
④ 〔美〕张光直:《美术、神话与祭祀》,郭净译,辽宁教育出版社,2002,第33页。
⑤ 曲枫指出,张光直受普遍论方法的制约,"缺乏细致、缜密的推理过程",用单一的人类学萨满概念概括不同的地域文化和不同历史时期发现的人物和动物的美术图像,使他的"萨满式文明"和"中国-玛雅文化连续体"理论框架"显得脆弱并问题丛生"。参见曲枫《张光直萨满教考古学理论的人类学思想来源述评》,《民族研究》2014年第5期。关于萨满普遍论和对于泛萨满主义的批评,另参见郭淑云《中国萨满教若干问题研究述评》,《民族研究》2011年第3期。

但是这种争议仅限于时段和范围，尚不能全盘否定"绝地天通"的巫觋现象。不过，从中国古代的巫觋传统看，无论是掌握统治知识，还是祈福消灾，地天通、阴阳合最重要，因此不能低估"地"的作用，"天"掌握所有人事知识的情况只能出现在"绝地天通"之后，属于"符号断裂"、形神分离。从本质上说，易和道是地天通－萨满现象的思想根基，地天、阴阳、四方五色、神降明升，都要均衡相配。①

> 必有下才能有上，如果不重视下，上也无价值，上下不合根本无生。必有四方才能有中，以四方的价值确定中央的价值；各有其权，各有其责，中与方相合才是稳定的空间。②

天神地明是中国上古传统，与巫觋文化一脉相承，战国思想家将其"哲理化"，巫觋将其"民间化"，殷商将其"交融化"。③ 古人说"地天通"或"绝地天通"，地在前，天在后；《易》的泰卦"天在下，地居上"，"上下交而其志同"，④ 属于一脉相承。地天相通、兼和相济是一种生态观，没有机械的具象，也没有脱离具象的抽象，只有形气神的三元生态观。如果要解释汉字文明的由来，解释汉字为何钟情于"象形"和"指事"，为何依赖于"会意"和"形声"，恐怕这一点是绕不过去的：汉字文明没有脱离形神相通的生态关系，没有"绝地天通"。古人对神明的理解也说明了这样一种生态关系："神"指"恒星"神光和与天降灵雨的神气，"明"指出于地的"日月明形"，"神"与"明"互补相配，生育万物。⑤

---

① 关于商文明的均衡相配信仰，参见郭静云《天神与天地之道——巫觋信仰与传统思想渊源》，上海古籍出版社，2016，第815页。
② 郭静云：《天神与天地之道——巫觋信仰与传统思想渊源》，上海古籍出版社，2016，第815页。
③ 郭静云：《天神与天地之道——巫觋信仰与传统思想渊源》，上海古籍出版社，2016，第1~9页。
④ 黄寿祺、张善文撰《周易译注（最新增订版）》（上），中华书局，2016，第128页。
⑤ 郭静云：《天神与天地之道——巫觋信仰与传统思想渊源》，上海古籍出版社，2016，第816页。

> 人法地，地法天，天法道，道法自然。(《老子》)
> 道生一，一生二，二生三，三生万物。万物负阴而抱阳，冲气以为和。(《老子》)

大道无名，大道无声，大道自然。由二生三是自然规律：物不可单独存在，必与他物互动共存，互动共存形成第三种状态。如葵花向阳，如万物生长，便是由二生三的无尽过程：物物感应，向阳生长。"宇宙三元观"的本质是"三生于一，而三合一为生"。①

> 我国古人认为："近取诸身，远取诸物"……荀子（前298-前238）在《正名》中论述了词的产生经历了"天官意物"和"心有征知"两个阶段。"天官"指的是人的感觉器官，通过"心"这个思维器官对事物进行认识，就可形成感念，"然后随而命之"，给这个概念起一个名字。②

万物万象密不可分，互相依存，互为条件，人类为了把握这个混沌世界便为它分类，为它取名，其中有自然，也有"任意"③，使人类语言中的概念和分类具有开放性和模糊性的特点，但无论如何，自然在，物质在，形在，声在，不可超越，不可脱离。人类自古就明白万象共生的道理，深知天神地明的玄机。《蒙古秘史》第102节和第103节记载说，蔑儿乞惕三族在不儿罕山捕捉帖木真（即铁木真），绕山搜了三次，都未能搜得，等蔑儿乞惕人走了，帖木真从山上下来：

> 捶着胸说："……不儿罕山荫庇了我这小如蝼蚁的性命！我好受惊吓呀！对不儿罕山，每天清晨要祭祀，每日白昼要祝祷！我子子

---

① 郭静云：《天神与天地之道——巫觋信仰与传统思想渊源》，上海古籍出版社，2016，第668页。
② 王寅：《认知语言学》，上海外语教育出版社，2007，第294页。
③ 指索绪尔式"约定俗成"的任意性，他认为可以从这种任意性发展出超越"形"和"声"的内部规律。参见〔瑞士〕费尔迪南·德·索绪尔《普通语言学教程》，高名凯译，商务印书馆，1999。

孙孙，切切铭记！"说了就面向太阳，把腰带挂在颈上，把帽子托在手里捶着胸，[对着]太阳洒奠祝祷，跪拜了九次。①

如果说张光直支持亚瑟·瓦立关于"玛雅-中国文化连续体"的观点受到某些质疑的话，那么，至少他关于中国的巫与西伯利亚和通古斯地区的萨满有着极为相近的功能从而可以把"巫"翻译为"萨满"的观点，是可以成立的。② 不过，持泛萨满主义观点的学者仍然坚持自己的观点。③ 张光直根据埃里亚德关于萨满通天"地柱"的描述，认为从《山海经》"登葆山，群巫所从上下也""灵山……十巫从此升降""肇山，有人名曰柏高，柏高上下于此，至于天"等记载中，"可以看出山是中国古代一个通天地的工具"；此外，《淮南子》中也有"建木，在都广，众帝所自上下"的记载，而中国关于扶桑、若木的古代神话，也"都与沟通天地有关"。④ 已有学者指出，早在突厥部落的毗伽可汗（716—734年在位）时期，突厥人认为"腾格里、乌弥和神圣的地-水"等神灵，可以帮助他们兴旺发达；《暾欲谷碑》有关于天神与乌麦女神、各种土地、火神结合在一起的记载。⑤ 维吾尔族先民以土、水、火、气"四素观"解释世界的构成。土是构成世界的重要元素，用红土掩埋的死者复活后，红土能变成血；水是世界的源泉，维吾尔族把阴山叫做"古塔堪"（水山），土和水结合起来，称为"阿那腾格里"（母亲神），意指土和水是宇宙之源；火和气也是世界的本源，天神包括火和气，母神包括土和水，即土、水、火、气是宇宙之源。⑥

蒙古族兴起之前族中百姓分两类，一类是林木中的百姓，属于森林

---

① 札奇斯钦译注《蒙古秘史新译并注释》，联经出版事业公司，1979，第107~110页。
② 〔美〕张光直：《美术、神话与祭祀》，郭净译，辽宁教育出版社，2002，第35页。
③ 例如，蔡家麒：《论原始宗教》，云南民族出版社，1988；富育光、王宏刚：《萨满教女神》，辽宁人民出版社，1995；郭淑云：《原始活态文化——萨满教透视》，上海人民出版社，2001；色音：《科尔沁萨满文化》，内蒙古人民出版社，2007；Christina Pratt, "The Origins of Shamanism," *An Encyclopedia of Shamanism*, New York: The Rosen Publishing Group, Inc., 2007, p. xvii.
④ 张光直：《考古学专题六讲》，文物出版社，1986，第6~7页。
⑤ 孟慧英：《中国北方民族萨满教》，社会科学文献出版社，2000，第149页。
⑥ 萧万源、伍雄武、阿布都秀库尔主编《中国少数民族哲学史》，安徽人民出版社，1992，第905~906页。

狩猎民；另一类是有毛毡帐裙的百姓。森林狩猎民养驯鹿，用于运输，居住在用树枝编成以桦皮做顶的棚子里，衣兽皮，食野牛、羊肉，这个习俗与今天拥有萨满文化的鄂温克族和鄂伦春族相似。《蒙古秘史》里有"以竿悬肉祭天"的仪式，① 也有号称"帖卜·腾格理"的大萨满。② 弗拉基米尔佐夫认为《蒙古秘史》中出现的"别乞"一词与萨满信仰有关，是"大萨满"的意思——在萨满教盛行的蔑儿乞惕和斡亦剌惕这些"森林之民"中，首领常常拥有"别乞"称号。③ 根据古代蒙古人的习惯，末子继承家业，号称"斡惕赤斤"；长子得到"别乞"的称号。根据《蒙古秘史》第216节：

[乌孙] 有理由成为蒙古人的模范"那颜"，有来历的别乞。[你] 是巴阿邻 [氏] 长房的子孙。在我们的体例里，以"别乞"为重。命乌孙老人为"别乞"。既然推 [你] 做"别乞"，就叫 [你] 穿白色的衣服，骑白色的骟马，坐在众人之上，议论年月 [的吉凶]，加以敬重。④

此外，《蒙古秘史》中忽秃黑秃·主儿乞的长子叫撒察·别乞；蔑儿乞惕氏有脱黑脱阿·别乞，其长子为脱古斯·别乞；孛儿只斤氏有捏坤太子的长子忽察儿·别乞；斡亦剌惕部首领有忽都合·别乞；朵儿边氏有合只温·别乞；客列亦惕部有必勒格·别乞等。⑤ 在蒙古族的萨满信仰中，"腾格里"决定人的生命，它让人死，人就得死，灵魂也必须离开身体，因此"天"是灵魂和人生的主宰；大萨满死后回归天国，普通人死后魂入"地国"，"那里有国王和他的属下们在统治着人们的灵魂"。⑥

---

① 萧万源、伍雄武、阿布都秀库尔主编《中国少数民族哲学史》，安徽人民出版社，1992，第35页。
② 萧万源、伍雄武、阿布都秀库尔主编《中国少数民族哲学史》，安徽人民出版社，1992，第365~369页。
③ [苏] Б. Я. 弗拉基米尔佐夫：《蒙古社会制度史》，刘荣俊译，中国社会科学出版社，1980，第81页。此处的"大萨满"原译文作"大祭司"（chief priest）。——引者注
④ 札奇斯钦译注《蒙古秘史新译并注释》，联经出版事业公司，1979，第327页。
⑤ [苏] Б. Я. 弗拉基米尔佐夫：《蒙古社会制度史》，刘荣俊译，中国社会科学出版社，1980，第80页。
⑥ 伍雄武：《中国少数民族哲学思想简史》，云南人民出版社，1996，第35页。

16~17世纪满族兴起之时，萨满"天"具有很高的地位，后金政权的创立者努尔哈赤宣称得到最高主宰神"天"的保佑，他在1617年统一女真各部后，以"承奉天命覆育列国英明汗"为尊号。①

古代回鹘/回纥人先后信奉萨满教、佛教、摩尼教、景教、祆教、道教和伊斯兰教，在这些不同的信仰中唯有萨满教是本土宗教，其他都是外来宗教。回鹘语中的"天"是Tangri，是阿尔泰语系诸族最高神，回鹘可汗都有"登里"（Tangri）、"滕里逻"（Tangrida）等修饰性名号，以示可汗是天与天神所立，根据回鹘文《乌古斯可汗的传说》，乌古斯可汗有6个儿子，名字依次是"天"、"山"、"海"、"太阳"、"月亮"和"星星"；11世纪成书的《突厥语大词典》把"天"（Tangri）称为"尊贵而伟大的上苍"并向它顶礼；回鹘文古典名著《福乐智慧》也把"一切赞美、感谢和颂扬全归于至尊至贵的真主"。②

我国北方诸族的萨满宇宙观以具象和类比为突出特点，其"混沌说"具有普遍性。布里亚特蒙古人说太古天地不分，混沌如雾，后来产生"明暗清浊的物团"，轻清者升浮为天，重浊者降凝为地；满族创世神话《天宫大战》将天地尚未分离的混沌世界比作汪洋世界，创世女神阿布卡赫赫自水中生出；突厥民族认为创世之始一片汪洋，诸神之首、万物之始、人类之父母腾格里开拉汗照自己的模样创造了人类；阿尔泰神话也说最早的宇宙都是水，不分天地，没有日月；在布里亚特萨满信仰中，世界最初只有水和一只沉默的乌龟，神在乌龟的肚子上建造了世界。③大神创世是萨满信仰的普遍说法，但神并非凭空创世，而是以物造物，物物相生，同样要采用"近取诸身，远取诸物"的办法。例如在古代突厥人的萨满信仰中，造物主开拉汗命令被最先造出来的人类潜入汪洋大海，

---

① 伍雄武：《中华民族的形成与凝聚新论》，云南人民出版社，1996，第34页；白寿彝主编《中国通史》（第二版）第十卷《中古时代·清时期》（上），上海人民出版社、江西教育出版社，2015，第65页。

② 杨富学：《回鹘宗教史上的萨满巫术》，《世界宗教研究》2004年第3期；另参见耿世民译《乌古斯可汗的传说：维吾尔族古代史诗》，新疆人民出版社，1980，第18页；麻赫默德·喀什噶里编《突厥语大词典》第三卷，校仲彝等译，民族出版社，2001，第367页；优素甫·哈斯·哈吉甫：《福乐智慧》，郝关中等译，民族出版社，1986，第1页（原文中的"真主"是Tangri的对译。——引者注）。

③ 郭淑云：《原始活态文化——萨满教透视》，上海人民出版社，2001，第14~16页。

取泥土于海底，用来创造大地；人类私藏一部分泥土，含在口中，想为自己造陆地，结果泥土膨胀起来，造成呼吸困难，开拉汗命令人类把泥土呕吐出来，吐出的泥土四溅，大地造得低洼不平，还出现了沼泽，愤怒的开拉汗将人类逐出光明世界，然后造出长着九个枝条的巨树，从每个枝条造出一个人，这样泥土、大地、枝条就和人类建立了联系。[1] 地天相通、兼和相济符合萨满精神。在北方民族萨满信仰中，蛇与萨满相通，或者说，萨满是蛇的化身，蛇可以沟通陆海天各界大神，身连上中下三界，且无孔不入，是彼岸信息的传播者和宇宙秘密的洞悉者。[2]

哈萨克族神话《迦萨甘创世》是关于宇宙起源的神话。在一片混沌的远古时代，天只有圆镜那般大，地只像马蹄一样小，创世主迦萨甘把天地分成地下、地面、天空三层，随后天和地又各自增长为七层，并且逐渐增长变大；迦萨甘自己发出光和热，造出了太阳和月亮，带来光明和温暖，从此天地不再漆黑一团，不再冰冷严寒；迦萨甘住在天顶，天虽然固定，地却摇晃不定，他就把地固定在大青牛的犄角上，但大青牛只愿意用一只犄角支撑，这样在换另一只犄角支撑的时候，地就震荡起来，发生地震；迦萨甘在大地的中心栽了一棵生命树，树上长出像鸟儿一样会飞的灵魂；接着他又造出人类、飞禽走兽和花草树木。[3]

迦萨甘为了捍卫人类的安宁，派遣太阳和月亮去讨伐恶魔。太阳和月亮是一对热恋中的恋人，他们毫不犹豫地放弃了儿女私情，勇敢地承担起征伐恶魔、拯救人类的重任。由于战斗激烈、频繁，致使太阳和月亮没有聚首相会的机缘。他们时常流下相思的泪水，化作了雨、雪。太阳和月亮的泪水引起了迦萨甘极大的同情，拿起自己的宝弓"迦什依勒"，怒不可遏地狠射恶魔。箭声隆隆，火光闪闪。隆隆的箭声，就是天上滚滚的沉雷；闪闪的火光，就是耀眼的闪电。在迦萨甘的帮助之下，太阳和月亮越战越勇，不停地追逐驱赶恶魔，并用自己的光和热照耀着大地，庇护、哺育着人类。[4]

---

[1] 郭淑云：《原始活态文化——萨满教透视》，上海人民出版社，2001，第20页。
[2] 郭淑云：《原始活态文化——萨满教透视》，上海人民出版社，2001，第170页。
[3] 关纪新主编《中国少数民族俗文学》，内蒙古教育出版社，2001，第70页。
[4] 关纪新主编《中国少数民族俗文学》，内蒙古教育出版社，2001，第70页。

地天相通、兼和相济意味着大自然浑然一体，日月星辰，江河山峦，飞禽走兽，草木昆虫，万物生长，万象共生，构成一派生态风光。

《东巴经》是纳西族东巴教的经典，其内容包括各种文化内容，包括史诗、神话、天文、地理、医药、习俗等。根据东巴经的创世传说，天地和万物起源于混沌，后来在声音、气、白露、大海、风、云、蛋、鸡等物质的作用下，神和万物从混沌中演化出来。[①] 东巴教包含事物两两对立和交互作用的思想，黑与白相对，白代表善良、圣洁、美好的东西，黑代表邪恶、污秽、丑陋的东西；《东巴经》初步形成了对立物交合衍生的思想，东神与色神是宇宙中的两个根本力量，事物在它们的交互作用下发展，有的观点认为"东"和"色"就是纳西族的"阴"和"阳"。[②]

"司岗里"是佤族民间古老传说，是一门口头艺术，后来发生衍生和再生，和崖画、音舞、小说等次生形式发生联系，有历史记忆，也有活态传承。司岗里在佤语中的意思是"万物或人从石洞和葫芦出来"——"司岗"（石洞、葫芦）+"里"（出来）；司岗里还有"居所、祖先、祖先居所、图腾、家园"等词义。[③] 司岗里的内容很丰富，涉及宇宙起源，涉及万物同源，涉及各族同宗，也涉及天人合一。和谐对转是中国古代哲学的精髓。根据《易经》，体现在生态与生命、阴阳交合中的"和"是"人之生命的大美"。[④] 面对人类遇到的各种生态危机和人际关系的、人群关系的、民族关系的紧张，司岗里表达的和睦共生理念有借鉴意义。司岗里中与创世有关的核心词，生动地表现了天地互通、神人交融、万象共生的生态世界。[⑤]

表4-1　司岗里中与创世有关的核心词

名称	本义	引申义
膨	气体	宇宙初形成时的原初物质
连姆噢勒茏	乌铜黑铁	

[①] 伍雄武：《中国少数民族哲学思想简史》，云南人民出版社，1996，第39页。
[②] 伍雄武：《中国少数民族哲学思想简史》，云南人民出版社，1996，第40页。
[③] 赵秀兰：《司岗里：佤族的生态和谐审美理想》，博士学位论文，云南大学，2014。
[④] 王振复：《大易之美》，北京大学出版社，2006，第210页，转引自赵秀兰《司岗里：佤族的生态和谐审美理想》，博士学位论文，云南大学，2014。
[⑤] 赵秀兰：《司岗里：佤族的生态和谐审美理想》，博士学位论文，云南大学，2014。

续表

名称	本义	引申义
连姆有、连姆娅、连姆朵	划开之铁	神格化了的分天地之铁；神格化的、能吸稳天地的铁
司么迫	滚烫之石	神格化了的既能吸住海水，又能蘸水成雨的石头
帕	开裂、权权	造物之阴神
匹	辣子	造物之阳神
俚	磨	磨出天、日月星辰的神
伦	堆	堆出大地的神
列	舔	堆出大地的神
勒	捏	捏出山岗的神
历	蛤蟆蛋	代表初生水生动物的卵、儿
弱	蝌蚪	代表初生水生动物的卵、儿
寡	蛐蛐幼虫	陆地上初生动物胎胞、儿
团	蛐蛐成虫	陆地上初生动物胎胞、儿
喷	芽	植物神、植物初成形态
能	抬、父、叔、舅	大动物之神；抬天的大神；母系氏族社会舅、父的综合形象
努	雾气	雨雾神
吹	冲	风、水之神
依　即妈依	孵化妈妈、根妈妈	人类的女性始祖
拐　即安木拐	妈依的三姑娘	人类第二个圣祖母
岗	根	安木拐的儿子
里	出来	安木拐的女儿
伉	带、带领	阿伉出司岗后第一代男性首领
万	播、播散、保留	人类出司岗后第一代女性首领

资料来源：赵秀兰《司岗里：佤族的生态和谐审美理想》，博士学位论文，云南大学，2014。

兼和相济是和、中和、对立的统一，这是中国各民族普遍接受的深层观念和思想方法，不仅存在于汉族的深层思想中，也存在于少数民族的深层思想中。例如彝族的创世神话讲世界相分且相济，不同事物互相结合，生成世间万物；彝族思想史著作《西南彝志》和《彝族源流》认为万物之源哎与哺、啥与额、天与地、白天与黑夜、青雾与红雾、男人与女人、树木与野兽等,无不相分又相配,差异且统一的思想成为彝族的传统精神。①

中国各民族以不同方式表达万象共生观。庄子提出"顺天"观,指出自然规律不以人的意志为转移,人类要顺应,而不是违反。《周易》强调"与天地合其德,与日月合其明,与四时合其序,与鬼神合其吉凶"。《淮南子》认为"形神气是构成生命的三大要素",要"各居其宜,以随天地之所为"。②

中医较好表现了地天相通、兼和相济的思想。中医认为,人体的四肢五脏六腑是一个整体,人体的内气与外气、天气与地气,交互流通,故诊断疾病须识季节、气候、风物,服药要看季节、早晚、环境。③傣医认为,人体的生、老、病、死过程受制于风、火、水、土组成"四塔"和"五蕴",风推动脏器运行,火是热源和生命之本。④藏医也认为气、火和水/土支配着人体生理活动:气支配呼吸、血液循环和消化过程;火帮助消化水谷和食物,产生热量,使人体和煦,使人有智慧,有胆识;水/土统称"培根",它支配身上的各种液体,增加胃液可助消化,运动体液可输送营养,促进肌肉生长、皮肤柔润、性格和顺。三者互相联系、互相制约,共同发挥作用,保障人体的正常生理过程。⑤

总之,中华民族价值体系根源是"道法自然",兼和万物万象,使之相济;兼和人类社会,使之相和。就是这样,由"道法自然"升华出天地相通、兼和相济的核心精神,由此衍生出天神地明、阴阳合一、生生不止、自强不息的宇宙观和价值观。张岱年提出"兼和"概念,站在对立统一的立场阐明"一"和"多"的关系,"也就是在承认差异性即肯定事物多种内外矛盾客观存在的前提下,进一步追求事物内外矛盾之间

---

① 伍雄武:《中华民族的形成与凝聚新论》,云南人民出版社、云南大学出版社,2014,第336页。
② (西汉)刘安等:《淮南子全译》,徐匡一译注,贵州人民出版社,1993,第10页。
③ 伍雄武:《中华民族的形成与凝聚新论》,云南人民出版社、云南大学出版社,2014,第340页。
④ 伍雄武:《中华民族的形成与凝聚新论》,云南人民出版社、云南大学出版社,2014,第342页。
⑤ 伍雄武:《中华民族的形成与凝聚新论》,云南人民出版社、云南大学出版社,2014,第342页。

的动态平衡"①。他提出一元极、二理极、三至极的三极宇宙大化说：元极指根本的物质存在，理极指最根本的原理，至极指最高的价值准则。"物莫不两，两莫不一"，"两莫不一"也可以说是第三种状态，即"由二生三"。先有感应，后有势能，升华至极。"古昔哲人常言中庸，中庸易致停滞不进之弊，失富有日新之德。今应以兼易中，以兼和易中庸。"②张岱年称墨子"三表"为真知三表，即辨别真伪的三个标准，一是言之成理，二是持之有故，三是行之有成。③ 以笔者之见，持之有故是具有物感物觉基础的"故"，感官作用很重要；行之有成是事物互指互动的势能及其践行，事物之间的互指互动是感应；感应带来能动作用，对接认知习惯，去伪存真。这是一个开放的过程，持之有故会发生日新之变，行之有成的前提是随机应变，对应于言之成理的认知习惯。当然，认知习惯也会根据"故"和"成"发生调整，一回生，两回熟，熟成习惯。④当然习惯也需要创新发展，否则就难以持续；习惯只能在日复一日的天地"对话"、阴阳对转中得以保持。

中华民族共同体"地天相通·兼和相济"的精神，需要在全新的世界格局中创新发展，呈现协调和绿色的本色，以开放的势能，为更新人类命运共同体的共享价值体系做出应有贡献。中国传统中以形气神三元论、长生天信仰等为代表的兼和观都体现了发展、保持和恢复的辩证思想，追求特殊与普遍的高度统一。"三"表达了过程和运动，是动态和生态的，同时它也体现了协商共识的真实生命过程，即超越二元对立的第三条道路。在"三"这个层面上，万物归一，跨越个人、家族、部落、民族、种族、国家、地区的努力也就成为可能。"二"是我们生物性局限性的典型表达，它把复杂关联的世界万象化约为阴阳、水火、天地、上下、爱恨之类的二元对立，处于有你无我的矛盾关系中。"三"通过互动和连接将二元对立转化为"三元对转"。三元归一，既有抽象，也有具体；既有分类，也有沟通。"三"优于"二"。

---

① 杜运辉：《"兼和"与"和合"辨析》，《高校理论战线》2009年第5期。
② 《张岱年全集》第三卷《天人五论》，河北人民出版社，1996，第220页。
③ 《张岱年全集》第三卷《天人五论》，河北人民出版社，1996，第222页。
④ 皮尔士说信念来自习惯，怀疑来自陌生；又说"人是一堆习惯"。

第二节 仁德守节·明理循规

各国的文化都重视道德，但是没有哪一种文化，能像中华文化这样把道德作为自己的基础，让道德观念参透一切；也没有哪一种文化，能像中华文化这样，系统强调个人的品格修养，不仅把实践道德视为人性的体现，而且把它看得比生命更可贵，径将道德价值提高到最终决定个人、民族与国家荣辱兴衰的至高地位。[①]

我国各民族都拥有崇德重仁的价值观。老子讲"上善若水"，讲"绝圣弃智"；孔子讲"仁者爱人"，讲"天下归仁"；孟子讲"富贵不能淫，贫贱不能移"，讲"民为贵，社稷次之，君为轻"；墨子讲"兼爱非攻"，讲"不党父兄，不偏富贵"；法家讲"国有常法"，讲"趋利避害"。虽然这些经典语录背后的思想并不完全一致，但都在当今中华民族共同体精神当中留下了深刻的印记。尤其是孔孟道德至上的价值观已经沉积在中国传统价值观的底层。

"仁"是中国古代儒家所主张的最高道德原则和道德思想，最初指人与人之间的和睦关系，即"仁者爱人"。孔子的"仁"观非常丰富，涉及孝、忠、礼、智、勇、恭、宽、信、敏、惠等，孟子加以发挥，使"仁"位居诸德之巅。"仁"的核心始终为"爱人"，其他各类德都是"仁"的要素。[②]

孔子曾批评学生宰予不满三年丧礼为"不仁"。他称赞殷纣王的忠臣微子、箕子、比干为"三仁"。他主张人们知礼守礼，认为离了"仁"就说不上礼。但他又认为不严格守礼节的人仍可以行"仁"，如他说管仲"不知礼"，但又认为管仲辅佐齐桓公"九合诸侯、一匡天下"的举动符合"仁"。孔子称赞楚国的令尹子文耿直，齐国的陈文子廉洁，但因他们"智"不足，所以还谈不上是"仁"。……孔子

[①] 郑师渠主编《中华民族精神研究》，北京师范大学出版社，2009，第18页。
[②] 陈瑛、许启贤主编《中国伦理大辞典》，辽宁人民出版社，1989，第117页。

还要求"仁者必有勇",但这是以仁义安邦治国的仁者之勇,君子之勇,而非小人之勇。"仁"并非不可达到,能行恭、宽、信、敏、惠五种德行于天下,"为仁矣"(《论语·阳货》)。只要真正努力去做,是可以实现"仁"的最高原则和道德思想的。①

周公重文王之"德",提出"明德慎罚","开启了中国古代政治中重视'德'的传统";子产说:"德,国家之基也"②;《礼记·大学》说:"大学之道,在明明德,在亲民,在止于至善……德者本也,财者末也"③。梁漱溟说,最早人群兼有宗族生活与集团生活,后来中国人自周孔教化以来注重宗族生活,西方人因基督教而注重集团生活,"各走一路",周孔教化兴起,取代原有的宗教,成为中国文化的非宗教中心,"两千余年来中国之风教文化,孔子实为其中心",佛教、伊斯兰教、基督教等进入中国,"彼此大家相安",都不能影响到孔子的位置,"因他专从启发人类的理性作功夫",提倡"己所不欲,勿施于人""三人行必有我师焉""见贤思齐",提倡"君子有九思:视思明,听思聪,色思温,貌思恭,言思忠,事思敬,疑思问,忿思难,见得思义"。自周孔教化兴起,中国以"安排伦理名分以组织社会","设为礼乐揖让以涵养理性",取代了宗教的功能,"我们因此说:中国以道德代宗教"。④虽然,梁漱溟的观点属于一家之说,但的确是对中华文化何以绵延的一种解释,尤其能促使我们进一步思考孔孟之道的历史文化地位,思考守正创新之路,思考如何在继承中发展、更多吸收其他文化和文明的要素、培育新时代中华民族共同体精神的宏伟课题。

我国各民族都有信守承诺、重情重义的价值观,从诸葛亮《诫子书》、颜之推《颜氏家训》、周怡《勉谕儿辈》到《曾国藩家书》、《傅雷家书》,从《敦煌古藏文礼仪问答写卷》、《格萨尔王传》、《福乐智慧》、《成吉思汗箴言》到布依族民间故事《告县官》、白族民间故事《杨栋朝

---

① 陈瑛、许启贤主编《中国伦理大辞典》,辽宁人民出版社,1989,第117页。
② 杨伯峻编著《春秋左传注(下)》(修订本),中华书局,1995,第1087页。
③ 陈戍国撰《礼记校注》,岳麓书社,2004,第484、487页。
④ 梁漱溟:《以道德代宗教》,载胡晓明、傅杰主编《释中国》第一卷,上海文艺出版社,1998,第241~272页。

的故事》，都有这样的"重叠共识"。①

根据《庄子·大宗师》记载，庄子游历列国时，一日赶上下雨，避了一会儿雨，等天晴了，看到水洼里有两条鱼，它们互相在对方身上吐很多水泡，怕同伴被晒干，庄子感叹道："真乃相濡以沫也！"

> 也许是鱼儿的相濡以沫感动了上苍，滚滚的雷云去而复返，霎时，又是电闪雷鸣，大雨倾盆。突然一道白光平地而起，两条鱼儿腾空而飞窜（蹿）入云中。庄子仰头望时只见两条苍龙翱翔云际，云龙发出巨大的声响滚滚而去。②

诸葛亮《诫子书》说："夫君子之行，静以修身，俭以养德，非澹泊无以明志，非宁静无以致远。"③《颜氏家训》对治家的观点是上行下效，亲慈子孝，夫义妻从，勤俭持家，宽严有度，兼有仁厚。④《福乐智慧》提到四样"珍品"：正义，以诚为本；新运，意味幸福；智慧，价值崇高；知足，伴随着欢愉。⑤

萨班·贡嘎坚赞原名丹顿珠，是藏传佛教萨迦派第四代祖师，学识渊博，被世人尊称"萨迦班智达"，简称"萨班"，意为"萨迦派的大学者"。1244年萨班应成吉思汗之孙阔端邀请，带着侄儿八思巴和恰那多吉赴约，1246年抵达凉州，翌年会晤阔端，阔端代表蒙古汗廷，萨迦班智达作为西藏地方代表，双方商谈归顺条件，即著名的"凉州会谈"，会谈后发布了《萨迦班智达致蕃人书》。萨迦班智达著述颇丰，其中最著名的是《萨迦格言》，这部格言哲理诗集运用丰富多彩的比喻推理，借助典故、故事、谚语等，提倡正直、坚定、谦虚、勤奋、苦学。

> 知识浅薄的人很骄傲，
> 学者却谦逊而有礼貌；

---

① 王承权：《我国南方少数民族的家训和家规》，《思想战线》1984年第5期。
② 许力以等主编《中华民族传统美德丛书·仁》，山东教育出版社，2008，第49页。
③ （三国蜀）诸葛亮著，罗志霖译注《诸葛亮文集译注》，巴蜀社社，2011，第157页。
④ 檀作文译注《颜氏家训》，中华书局，2007，第31页。
⑤ 优素甫·哈斯·哈吉甫：《福乐智慧》，郝关中等译，民族出版社，1986，第11页。

溪水经常哗哗响,
大海从来不喧嚣。①

君子温顺护己又护人,
小人蛮横害己又害人,
果树结果利己又利人,
朽木干枯毁人又自焚。②

一代天骄成吉思汗为后人留下极具启发性的箴言："你的心胸有多宽广,你的战马就能驰骋多远"(箴言二);"战胜了敌人,那些财物我们共同分配"(箴言九);"衣人以己衣,乘人以己马"(箴言十八);"能治家者即能治国"(箴言二十);"宁可折断骨头,也不可背信弃义"(箴言二十九);"虽有风雪,也不失约;虽遇大雨,也不误期"(箴言三十六);"若想治身,必先修心;责人之前,必先责己"(箴言三十七);"与其悲叹自己的命运,不如相信自己的力量"(箴言四十二);"没有一个好朋友比聪慧还好,没有一个恶敌比愚笨还坏"(箴言四十三)。③

纳西族有这样的谚语:"不是苦得的东西——牛、马会变成鹿子、山骡跑掉;不是苦得的东西——山羊、绵羊会变成狐狸、野猫跑掉;不是苦得的东西——鸡、鸭会变成野鸡、箐鸡飞掉;不是苦得的东西——金子、银子会变成沙粒、石块!"④

流行于河湟回族、撒拉族群众之间的一些家训和谚语如"做出好事一件,摆脱灾难一千""顺从自己的私欲,后世必定住地狱""回汉是两教,理是一个理""回汉一条心,黄土变成金"等也强调行善、忠孝、团结、遏制贪欲。还有如"偷盗与行奸,罪恶滔天""口善心不善,枉把安拉念""礼拜时闻母呼则应,入寺闻亲疾则归""天堂就在

---

① 萨班·贡坚参:《萨迦格言》(汉藏文版),王尧译,青海人民出版社,1981,第24页。
② 萨班·贡坚参:《萨迦格言》(汉藏文版),王尧译,青海人民出版社,1981,第25页。
③ 司马安编著《成吉思汗管理箴言》,中国民航出版社,2007,目录第1~6页。
④ 王承权:《我国南方少数民族的家训和家规》,《思想战线》1984年第5期。

父母脚下"等，都以教人向上向善的内容为少数民族所青睐。①

在独龙族、怒族和佤族的传统观念中，本家族有人欠债，就是本家族所有人欠债，如果当事人还不起债，大家共同帮着还；本家族有人受到侮辱，等于本家族所有人都受到侮辱，大家有责任共同维护家族的尊严。②

明代白族思想家李元阳深谙孔孟之道，认为"人知亲长之义，则盗贼非所患也"；壮族的民间伦理长诗《传扬诗》吟诵道："邻里是兄弟，相敬又相让""莫为鸡相吵，莫为狗相伤"。③"议榔"是苗族商讨大事的会议，黔东南苗族称之为"构榔"，广西融水苗族称之为"埋岩会议"，湘西苗族称之为"合款"，云南金平苗族称之为"里社会议"；"议榔"订下的公约大家都要遵守，称为"榔规"。开会时理老、榔头、族长等把古今的议榔内容念给大家听，这个内容就是"议榔词"，理老调解纠纷所讲的话是"理词"。④理老社会阅历丰富，见多识广，根据榔规调解各类纠纷。议榔词、理词的内容涉及按照规约办事，维持社会秩序，团结互助，维护集体，维护伦理道德。例如苗族关于团结互助、维护集体的议榔词有："穿衣同匹布，做活同一处，地方才繁荣，人口才兴旺"⑤；"要富长富远，就开仓济贫；要多儿女，就要扶危救困"⑥。

第三节 深明大义·忠于祖国

爱国主义是中华民族的民族心、民族魂，是中华民族最重要的精神财富，是中国人民和中华民族维护民族独立和民族尊严的强大

---

① 李伟：《充分发掘少数民族传统家训精华》，《贵州民族报》2017年5月9日。
② 伍雄武：《中国少数民族哲学思想简史》，云南人民出版社，1996，第81页。
③ 伍雄武：《中华民族的形成与凝聚新论》，云南人民出版社、云南大学出版社，2014，第308~309页。
④ 吴晓萍、何彪：《浅谈〈议榔词〉、〈理词〉的社会思想》，《贵州民族学院学报（社会科学版）》1989年第4期。
⑤ 中国作家协会贵阳分会筹委会等编《民间文学资料》第十四集（苗族苦歌、反歌、逃荒歌等合集），1959，第174页；转引自吴晓萍、何彪《浅谈〈议榔词〉、〈理词〉的社会思想》，《贵州民族学院学报（社会科学版）》1989年第4期。
⑥ 中国作家协会贵阳分会筹委会等编《民间文学资料》第二十三集（苗族酒歌、祝词、嘎福歌等合集），1959，第105页。

精神动力。爱国主义精神深深植根于中华民族心中,维系着中华大地上各个民族的团结统一,激励着一代又一代中华儿女为祖国发展繁荣自强不息、不懈奋斗。①

深明大义、忠于祖国、热爱家乡、热爱同胞,这是中华民族共同体精神的核心。大禹治水三过家门不入,蔺相如完璧归赵,班超投笔从戎,诸葛亮鞠躬尽瘁,岳飞精忠报国,文天祥"留取丹心照汗青",瓦氏夫人抗倭,裕谦誓死抗英,杨靖宇空腹战斗到最后一口气。这些历史人物深明大义,忠于祖国,是世代歌颂、永垂史册的楷模。

宋朝与辽、西夏、金并立,经常发生边界纠纷,但宋人的国土意识很强,绝不轻易放弃。宋辽在澶渊之役后继续和谈,涉及五代时期后周从辽朝夺取的关南之地,辽再次要求归还,宋真宗予以拒绝,说:"必若邀求,朕当决战耳!"② 宋靖康元年,宋金议和,宋朝被迫将河北三镇割让给金朝,遭到一些大臣和太学生上书反对,河北三镇的人们也不肯让出土地,"太原知府张孝纯等人也不受理宋廷的割地诏书,拒绝向金人割太原"③。宋代士大夫和知识分子以社稷为重,以报效祖国为荣,立德是他们追求的最高价值,它突出地表现在宋人的气节观上,范仲淹、文天祥等代表人物尤其讲气节。范仲淹"泛通《六经》,长于《易》","每感激论天下事,奋不顾身,一时士大夫矫厉尚风节,自仲淹倡之"。④ 文天祥被元人俘虏,拒绝劝降,说"吾不能捍父母,乃教人叛父母,可乎?"遂写下《过零丁洋》诗,末句是"人生自古谁无死,留取丹心照汗青"。劝降的张弘范对他说:"国亡,丞相忠孝尽矣,能改心以事宋者事皇上,将不失为宰相也。"文天祥回答说:"国亡不能救,为人臣者死有余罪,况敢逃其死而贰其心乎。"元世祖为求人才,再次派人招降,文天祥表示:国家灭亡,自己应当殉国;如蒙释放,可以平民身份返乡,"他

---

① 《新时代爱国主义教育实施纲要》,人民出版社,2019,第1页。
② 《资治通鉴后编》卷24,景德元年十二月庚辰朔,转引自郑师渠主编《中华民族精神研究》,北京师范大学出版社,2009,第89页。
③ 郑师渠主编《中华民族精神研究》,北京师范大学出版社,2009,第91页。
④ 许嘉璐主编《二十四史全译·宋史》第十一册,汉语大词典出版社,2003,第7059页。

日以方外备顾问"。"上知天祥终不屈也"①。

  天祥临刑殊从容,谓吏卒曰:"吾事毕矣。"南乡拜而死。数日,其妻欧阳氏收其尸,面如生,年四十七。其衣带中有赞曰:"孔曰成仁,孟曰取义,惟其义尽,所以仁至。读圣贤书,所学何事?而今而后,庶几无愧。"②

裕谦是蒙古镶黄旗人,中进士后历任知府、按察使、巡抚等职,1839年署理两江总督,1841年被任命为钦差大臣,同年赴镇海抗英,行前表示"惟有殚竭血诚,身先作则",③为国尽忠。9月26日英军进犯定海,总兵葛云飞、王锡朋、郑国鸿战死;英军又扑向镇海,裕谦亲擂战鼓,指挥将士全力杀敌,此时守卫宝山的提督余步云临阵脱逃,守军溃散,金鸡山守军亦败,裕谦眼见大势已去,徒步下城,遥拜西北,投水自尽,部下马瑞鹏跳入水中将他救起,冒险送他上了一条小船,"但行出五里这位爱国官员便停止了呼吸"④。"裕谦死时,双眼微睁,似乎告诫后人不要忘记家仇国恨。"⑤

明清士大夫的典型形象是忠君与清廉。海瑞精神可分为三类:勇于为国任事的精神;为官清廉的名节;为民谋利的精神。⑥举海瑞为官清廉为例,他在浙江淳安县知县任上,让老仆在官署的空隙地种麦子和蔬菜,用来补贴家中的开支,"故史称海瑞在浙江淳安任上,除了当地的江水以外,一毫不取"⑦。

2014年初,习近平总书记在考察内蒙古自治区时,号召人们学习吃苦耐劳、一往无前的蒙古马精神。蒙古马是一种古老的马种,严酷的环境和遗传变异,造就了它耐寒、耐旱、耐力强的特性。北方游牧民族也

---

① 许嘉璐主编《二十四史全译·宋史》第十四册,汉语大词典出版社,2003,第9120~9121页。
② 许嘉璐主编《二十四史全译·宋史》第十四册,汉语大词典出版社,2003,第9121页。
③ 于振华:《中华民族英雄》,京华出版社,1994,第6页。
④ 于振华:《中华民族英雄》,京华出版社,1994,第6~7页。
⑤ 徐安德主编《中华骄子·民族英雄》,龙门书局,1994,第68页。
⑥ 郑师渠主编《中华民族精神研究》,北京师范大学出版社,2009,第143页。
⑦ 郑师渠主编《中华民族精神研究》,北京师范大学出版社,2009,第148~149页。

具有蒙古马那种坚忍不拔、勇往直前、忠于职守、甘于奉献的价值观。

从古至今，蒙古马虽然生性刚烈剽悍，但对主人和草原却充满着无限的忠诚和眷恋，甚至不惜以自我牺牲来挽救主人的生命。在蒙古族著名史诗《江格尔》中，英雄洪古尔的坐骑用马尾击翻有毒的酒杯，挽救了英雄的生命。我区普遍传唱的《蒙古马之歌》生动地讴歌了战马对主人的深情："护着负伤的主人，绝不让敌人靠近；望着牺牲的主人，两眼泪雨倾盆。"据文献记载，蒙古族著名作家尹湛纳希在返乡途中不幸落马，在昏厥之际，其坐骑与扑过来的两条狼展开了殊死搏斗，最终挡住狼的进攻，成功保护了主人，可见蒙古马的赤胆忠心。①

根据《蒙古秘史》记载，成吉思汗赞赏那些虽然战败却仍然忠于自己汗王的人，也愿意接纳诚信忠厚者成为自己的麾下，但绝不宽恕那些卖主求荣的人。纳牙阿·必勒只兀儿捉了自己的主子塔儿忽台·乞里勒秃黑，来投奔成吉思汗，半路不忍心背叛自己的主子，把他放了。成吉思汗说："如果对自己的［可］汗下了手而来的话，那么必被［人］说，这些对自己［可］汗下过手的人，今后怎能被信任呢？""我赞许［你］不忍弃掉［你］自己的正主［可］汗是本乎大义。"遂封纳牙阿·必勒只兀儿为中军万户。②

成吉思可汗又说："［在］阔亦田作战互相对峙，持械待发之际，从那山岭上［射］来了［一支］箭，把我那匹披甲的白口黄马锁子骨给射断了。是谁从山上射的？"对这句话，者别说："是我从山上射的。如今可汗若要教［我］死，不过是使手掌那么大的［一块］上地染污。若被恩宥啊，愿在可汗面前横渡深水，冲碎坚石。在叫［我］前去的地方，愿把青色的磐石给［你］冲碎！在叫我［进攻

---

① 内蒙古社会科学院草原文化研究课题组：《论弘扬"蒙古马精神"》，载马永真、胡益华、乌兰主编《论草原文化》第11辑，内蒙古教育出版社，2015，第275~283页。
② 札奇斯钦译注《蒙古秘史新译并注释》，联经出版事业公司，1979，第331页。

的］地方，愿把黑色的磐石给［你］冲碎！"成吉思可汗说："凡曾是对敌的，都要把自己所杀的和所敌对的事隐藏起来。因惧怕而讳其所为。这个［人］却把所杀的所敌对的事，不加隐晦，告诉［我］，是值得做友伴的人。［他］名字叫只儿豁阿歹，因为射［断］了我那披甲白口黄马的锁子骨，就给［他］起名叫作者别。教他披起铠甲，名为者别，在我跟前行走！"［这样］降下了圣旨。这是者别从泰亦赤兀惕前来，成为［可汗］伴当的经过。①

札木合与成吉思汗曾经结为安达（结拜兄弟），但后来反目，打过很多次仗，札木合战败，被自己的五名家臣出卖，成吉思汗把背叛正主的五名家臣以大逆治罪，悉数处死。②桑昆是克烈部末代首领王汗之子，他煽动父亲发动战争攻打过铁木真部众，几乎让铁木真全军覆没。后来克烈部遭铁木真攻打，王汗和儿子桑昆败逃。马夫阔阔出偷了桑昆的马要逃走，他的妻子不同意他卖主求荣，不肯走，最后叫他把金盂留给桑昆舀水喝。桑昆无马可骑而被捉，阔阔出以为自己立了大功，前来邀赏，不期成吉思汗说："这样的人，如今要给人作伴，谁敢信任！"遂下令将他处死。成吉思汗降旨恩赐其妻。③

藏族史诗《格萨尔》约有120部，1000多万字，堪称世界之最，其主题涉及理想国，涉及真善美，也涉及忠诚守信、义利分明，其中"甲擦捐躯"是《霍岭大战》部的一个动人篇章。④甲擦，全名甲擦夏尕尔，号本巴干，本领高超，一箭射穿九个木人，白衣白马，出入战场。他不会为自己的利益卷入权势之争，是格萨尔最得力的支持者，"他把弟弟的重托、岭国的荣誉、珠牡的安全，看得比自己的生命还重"。⑤珠牡被掠走，甲擦要和敌人决战，把财产分成三份，分给格萨尔、岭国和自己的妻儿。"他默默地、一遍又一遍地浏览自己家园的山川河谷。"⑥他决心宁

---

① 札奇斯钦译注《蒙古秘史新译并注释》，联经出版事业公司，1979，第185~186页。
② 札奇斯钦译注《蒙古秘史新译并注释》，联经出版事业公司，1979，第283页。
③ 札奇斯钦译注《蒙古秘史新译并注释》，联经出版事业公司，1979，第252页。
④ 潜明兹：《中国少数民族英雄史诗》，商务印书馆，1996，第48~49页。
⑤ 潜明兹：《中国少数民族英雄史诗》，商务印书馆，1996，第48页。
⑥ 潜明兹：《中国少数民族英雄史诗》，商务印书馆，1996，第48页。

愿死在异邦霍尔国,"也不能让英雄之躯,老死在小小的城邦里"。① 甲擦最后和霍尔国的反战派名将梅乳孜交战,梅乳孜钦佩格萨尔和甲擦,本不愿意和他们交战。但是他们各为其主,怀着对各自君王的无比忠诚,无法相让。梅乳孜处于两难境地,选择拍马奔驰离去。

不幸甲擦因连日鏖战,人困马乏,当他跃马刺杀时,马不但未猛扑向前,却后退了数步,一个闪失,甲擦摔下了马,恰恰头部撞在梅乳孜的矛尖上。梅乳孜大惊失色,深有负罪之感,泪如泉涌,他说:"我一心向往着雄狮大王的事业,谁知把坏事做到了本巴王身上!你们岭国部队一味逞强,太不知节制,把我本巴一生的愿望都毁了!"甲擦却含笑迎接死神,死得从容而又壮烈,使全岭国都沉浸在哀恸中!②

第四节 百折不挠·自强不息

《周易·乾卦》:"天行健,君子以自强不息。"《周易》要人们效法天体运行,努力向上,不断进取,这种自强不息的思想集中体现了中华民族共同体百折不挠、奋发有为的精神。③ 中国古代的许多传说都突出了人类自强不息的伟大精神,例如燧人氏钻木取火,包牺氏结绳而为网罟,神农氏斫木为耜、揉木为耒,黄帝垂衣而天下治等,这些先人发明用火,开始渔猎,创造农业,建房屋,缝制衣服,创制文字。此外还有盘古开天辟地、女娲补天、精卫填海、大禹治水等神话,同样体现了自强不息的精神。

再往北一百里,叫做发鸠山,山上多生柘树。有一种鸟,形状像乌鸦,花脑袋,白嘴壳,红足爪,名字叫精卫,它鸣叫的声音便

---

① 潜明兹:《中国少数民族英雄史诗》,商务印书馆,1996,第48~49页。
② 潜明兹:《中国少数民族英雄史诗》,商务印书馆,1996,第49页。
③ 郑师渠主编《中华民族精神研究》,北京师范大学出版社,2009,第18页。

是自呼其名。原来它是炎帝的小女儿名叫女娃所变的。女娃去东海游玩,偶不小心,淹死在大海里,所以变做了精卫这种小鸟,常常去衔了西山的小树枝、小石子来投往东海,要想把大海填平。①

精卫象征了不屈不挠的精神。古代诗人引以明志:陶渊明有"精卫衔微木,将以填沧海"的诗句;韩愈有"鸟有偿冤者,终年抱寸诚。口衔山石细,心望海波平。渺渺功难见,区区命已轻"的诗句;王安石有"帝子衔冤久未平,区区微意欲何成"的诗句;文天祥有"千年沧海上,精卫是吾魂"的诗句。②

大禹治水的传说散见于大量古代文献之中,涉及六艺经传、史书、子书(儒、墨、道、法、名家、杂家、其他)、诗赋、术数、方技等。③从东汉王充撰《论衡》起,经20世纪初顾颉刚"大禹是虫"论震动学界,时至今日,大禹的"真身"一直是未了的学术"公案"。④无论如何,大禹治水已经成为广为流传的民间传说,人们并无耐心等待"验明正身",他们根据各种记载,演绎出不同版本的大禹形象来。根据其中一个版本——"绘本中华故事·神话传说"《大禹治水》的描述:据说在远古时代,洪水滔天,滚滚波涛席卷大地,有一个大善神鲧,不忍看到人间灾难,就把天帝的宝物息壤——可以自动生长的神土——偷拿出来,将它撒在大地上,大地从水中升出,人们获救了。天帝发现宝物被盗,大怒,派人把鲧抓来杀了,把息壤收回来,大地塌陷,又是一片汪洋。三年之后,鲧的尸身开裂,从中飞出蛟龙,这就是大禹,是鲧的化身,神力更大。天帝同意派大禹治水,把息壤借他用。大禹遇到重重困难:防风氏不配合;水神共工阻挠治水;黄河水流错综复杂,无法摸清水道走向;龙门山和另一座大山阻断河水;无支祁在淮河里兴风作浪。大禹坚毅果断,把这些困难一个一个解决掉。只要坚持就有神助:当大禹为了摸清黄河水道,

---

① 袁珂译注《山海经全译》,贵州人民出版社,1992,第92页。
② 江凌、李辉:《易学视野下的呈现之二十一精卫填海与愚公移山》,《中国民族》2014年第9期。
③ 惠翔宇等:《史源、神话与文化重构——大禹生成史的学术与文献考察》,四川大学出版社,2015,第100页。
④ 惠翔宇等:《史源、神话与文化重构——大禹生成史的学术与文献考察》,四川大学出版社,2015,第2页。

登高观察时，一位身后长着鱼尾的年轻人从黄河里跳出，将一幅黄河水道图呈献给大禹，这幅图解了燃眉之急，最终大禹治水成功，解救了百姓。①

大禹治水吸取父亲鲧的教训，不是一味地用息壤垫高陆地，而是用垫高加疏导的办法，这是一种比较"生态"的办法，似乎预见了现代社会疏堵结合的治理手段。

远古苗族先民用古歌等民间口头文学歌颂先辈自强不息的创造精神。根据清水江流域的《开天辟地》歌，剖帕、往吾、把公等巨人辛勤劳作完善了天地，创造了日月星辰："剖帕是好汉，打从东方来，举斧猛一砍，天地两分开。"②《爬山涉水》也弘扬了同样的精神：苗族先民西迁之路困难重重，"来到烂泥冲，黑泥淹齐牛肚，白泥淹齐马背，公公走不过去，奶奶走不过去"，大家把石头、木板扔到烂泥里，顺利通过；遇到激流险滩，"老弱坐在河边等，强壮上山去找树"，"大家砍它来造船"，"大家把树子推下山，造成木船一排排"，"大家在船里划，人多力气大，把船拉过了险滩"。③

> 大船造好了，
> 哪个登上船，
> 双手撑篙竿，
> 开口大声喊？
> 大船造好了，
> 雄公登上船，
> 双手撑篙竿，
> ……
> 奶奶摇桨橹，
> 公公撑篙竿，
> 一划过三湾，

---

① 魏亚西文，刘振君图《大禹治水》，二十一世纪出版社，2011。
② 萧万源、伍雄武、阿布都秀库尔主编《中国少数民族哲学史》，安徽人民出版社，1992，第388页。
③ 萧万源、伍雄武、阿布都秀库尔主编《中国少数民族哲学史》，安徽人民出版社，1992，第389页。

三划上九滩,
……
船行如飞箭,
来到险滩前,
水浪象山头,
滩里多暗礁,
两边悬崖陡,
纤索每（没）处抛。
……
雄公站船头,
对着船里喊:
"东勇和雄扎,
快快射岩山!"
……
奶奶拿绳子,
公公拴箭杆。
东勇拉开弓,
弓开象月圆,
左边射九箭,
……
雄扎拉开弓,
弓圆如铜鼓,
右边射九箭,
……
箭头钻岩壁,
扎得深又深,
奶奶拉绳子,
公公撑篙竿,
嗨哟嗨哟嗨,
大船上险滩,
眼看山在前,

转眼山在后。①

满族的民间故事《天池》也表现了这样一种坚忍不拔的精神。② 传说从前长白山每逢七月十五都要喷出浓烟和大火，持续九九八十一天，烟消云散之后，漫山遍野的树木花草都化为灰烬，鸟兽绝迹，山下的居民被迫搬走。原来是有专爱吃火的火魔来到长白山下，吃了天上的电火，让天下不了雨；吃了山上的野火，让天气冷起来；还要把民间的烟火都吃掉，让百姓吃不到熟食，要全冻死。百姓联合起来，用雪球冰块打火魔，它最怕冰冷的东西，就被捉住了，人们把它捆起来，埋到长白山几百丈深的地方。可是那个火魔并没有死，还吃了很多地下火。每到七月十五就开始报复，用浓烟冲破山峰，把吃了一年的地下火全部喷出来。大火烧毁了一切，年年如此。一年春天，首领召集全族商量对策，这时17岁的日吉纳姑娘自告奋勇："为了夺回我们的宝山，让我去求神除掉这个火魔吧。"她骑马跑了很多天，向风神求救："请救救我的民族，把长白山的大火吹灭吧！"风神答应了，便在火魔喷火的时候刮起大风，结果是风助火势，火越来越大。风神建议姑娘去找雨神。雨神应邀在火魔喷火的日子下起了瓢泼大雨，结果雨水遇到火变成了雾气，雾气飘走了，火还是越烧越旺。雨神建议姑娘找雪神。雪神也答应了日吉纳姑娘的请求，在第三年火魔在长白山喷火的日子下起了大雪。可是雪遇到火之后都融化了，不能灭火。雪神建议姑娘找别的神。姑娘伤心地哭了，"她历尽千辛万苦，还是没有制服火魔，她怎样向她的民族、首领和父母交代呢"。她骑着马到处走，寻找能帮大家灭火的神。一天她在湖边遇到一只白天鹅，借助它那对翅膀，直飞天庭，见到天帝，跪求说："请救救我们的民族，把长白山的火魔降服吧！"天帝告诉她："你自己就有降服火魔的本领呀！""你只要肯豁出性命，就能降服火魔。"姑娘连忙说："我心甘情愿豁出性命！""那好，我给你一块最冷最冷的冰，等火魔张口喷火的时候，你就钻到火魔的肚子里，只有把火魔的心冻僵了，才能把它降

---

① 潘定智等编《苗族古歌》，贵州人民出版社，1997，第314~316页。
② 参见佟畤、曾层搜集整理《天池》，载乌丙安等编《满族民间故事选》，上海文艺出版社，1983，第22~26页。

服，把大火扑灭！"日吉纳谢过天帝，抱着冰块飞出天外。七月十五又到了，长白山上又冒出烟火，日吉纳急速向下飞。

越飞越近了，浓烟熏得她睁不开眼睛，大火烧焦了她的头发。她全不顾，攒足气力，一头扎进火口，钻进了火魔的肚子里。只听得天崩地裂的一声巨响，烟住了，火停了，山峰塌下去了。风神过来把满天的浓烟吹散了。雨神过来用大雨把喷火的山口注满了。雪神过来用冰雪把烧红的山峰冷却了下来。长白山恢复了原来的样子。只有火魔喷火的山口，被雨神注满了水，成了一个大水池。人们为了怀念日吉纳姑娘，便把这个水池起名叫天池。①

少数民族的说唱文学以英雄战胜千难万阻、最终取得胜利的母题，也充满了百折不挠、自强不息的精神。伊玛堪是赫哲族的说唱文学形式，每一部都以"莫日根"为主角，形式和内容相似，都在讲莫日根从小失去父母，长大后向西征战，寻找父母，战胜各种敌人，征服各个部落，每征服一个部落就娶该部落的一个女子为妻，这些妻子都能够变成阔力（神鸟），帮助他征战，他最后杀死敌人，救出自己的父母。② 摩苏昆是鄂伦春族的说唱文学形式，摩苏昆的意思是"说说唱唱，唱一段，说一段"。《英雄格帕欠》有93个唱段，讲述英雄格帕欠为了营救被妖怪抓走的父母，骑着宝马，携带各种武器和宝物，战胜十怪，连闯十关，杀死妖怪，与父母团聚。③《波尔卡内臭日根》讲述神箭手莫日根对娜拉晓洁姑娘一见钟情，答应她取来鹰王的心脏，帮助她的父母恢复被鹰王啄瞎的眼睛。他翻山越岭寻找鹰王，经过一场恶战，取出鹰王的心脏，治好了姑娘父母的眼睛。但是莫日根在与飞禽王的恶战中落地摔死，幸好他的宝马请来尼逊萨满，救活了他，后来他与娜拉晓洁姑娘完婚。④

柯尔克孜族的史诗《玛纳斯》具有悲剧美和崇高美的美学特征。⑤ 玛

---

① 关纪新主编《中国少数民俗文学》，内蒙古教育出版社，2001。
② 关纪新主编《中国少数民俗文学》，内蒙古教育出版社，2001，第45页。
③ 关纪新主编《中国少数民俗文学》，内蒙古教育出版社，2001，第48页。
④ 关纪新主编《中国少数民俗文学》，内蒙古教育出版社，2001，第48页。
⑤ 郎樱：《〈玛纳斯〉论析》，内蒙古大学出版社，1991，第123页。

纳斯一家八代人前赴后继、率领柯尔克孜人与外来侵略者和各种邪恶势力做斗争，体现了顽强不屈、自强不息的民族性格和民族精神。玛纳斯诞生时，卡勒玛克人已经占领了他的家园，敌人事先知道这位英雄要降生，就全力追杀他，人们把他送到树林里抚养起来。英雄玛纳斯绝不屈服于强敌，从11岁起就率领40名勇士与入侵者苦战，打败敌人，统一周围部族，但敌人派来的奸细暗害了他，"头被大斧击中，伤口如盆大，血流如注"①，幸亏妻子用神药救活他。他继续征战卡勒玛克人，但在大获全胜之后被手下败将昆吾儿用毒斧击中头部，为了护送他突围，阿勒曼别特、楚瓦克和色尔阿克三勇士献出了生命。

  阿里曼别特②劝玛纳斯尽快回塔拉斯……楚瓦克头颅中箭以后，阿里曼别特驮上他的遗体，就在即将跃马的刹那间，一支毒箭正中他的太阳穴。他坚持走到巴卡依面前，想最后看一眼君王，不幸还没等到负伤的玛纳斯赶到，他已闭上了双眼，走完了他英雄的征途。这一噩耗传遍军营，无不悲恸。玛纳斯立即感到断了臂膀，又好似一团火光已经熄灭。壮志未酬身先死，玛纳斯大放悲声！③

回到故乡的玛纳斯已经奄奄一息，死在妻子卡尼凯的怀抱中。玛纳斯的子孙都是英雄，经历了妻杀夫、父母杀子、媳杀公、孙杀祖等悲剧，百折不挠，为柯尔克孜人的生存而战。100多岁的老将、玛纳斯的叔父加木额尔齐披挂抗敌，看到儿子投敌，愤怒地拔起大树，亲手将儿子打死，又冲向敌阵，在与敌人首领交包塔依的战斗中壮烈牺牲。④

  在与卡勒玛克入侵者的鏖战中，老英雄壮烈牺牲，年轻的英雄为国捐躯，柯尔克孜民族失去了许多豪杰精英。德高望重的巴卡依

---

① 郎樱：《〈玛纳斯〉的悲剧色彩》，载安柯钦夫主编《中国少数民族三大英雄史诗论稿》，敦煌文艺出版社，1991，第194页。
② 即上文阿勒曼别特——引者注。
③ 潜明兹：《中国少数民族英雄史诗》，商务印书馆，1996，第137页。
④ 郎樱：《〈玛纳斯〉的悲剧色彩》，载安柯钦夫主编《中国少数民族三大英雄史诗论稿》，敦煌文艺出版社，1991，第193~208页。

汗王的独生子巴依塔依拉克年轻、可爱、英俊、勇敢，多次荣立战功，深受人民群众爱戴。在与卡勒玛克的激战中，他冲锋在前，不幸右臂中箭，手中的战斧失落，被敌将的战斧砍落马，头颅滚地。当巴卡依老人看到勇士古里巧绕的马上驮着儿子的尸体，手中提着儿子的头颅时，"他的泪水像洪水一般流泻下来，他的眼泪顺着胡须往下淌，豹子般的巴卡依老人骨节散了架，他的头低低垂下，浑身没有一点气力"，唱着令人心碎的挽歌。①

第五节　万物和谐·万象共生

中华民族共同体的传统文化具有道法自然的底蕴，同时能够推人及物，把人类的道德观念推及天地万物，在这样的双向互构中培育出深厚的生态价值观。儒家不仅关注人际和谐关系，也关注人与自然之间的和谐关系，即人与人、人与社会、人与自然都要保持和谐关系。孔子说："钓而不纲，弋不射宿；"又说："智者乐水，仁者乐山。"孟子也说"亲亲而仁民，仁民而爱物"的三个"用恩之次"。老子的天道观是对宇宙整体的抽象概括——"内在的是一个动态、有机辩证发展的哲学范畴。"② 老子提出："天地不仁，以万物为刍狗；圣人不仁，以百姓为刍狗。"天地和圣人无所偏爱，任万物、百姓自生自灭——"道常无为而无不为"。

> 其实天地化育物类是遍及一切的。圣人博爱的精神也是遍及一切的。他们的心境，绝不存有偏狭之意与分别之念。因此万物的退化，完全是自身因果造化的结果，这怎能怪罪天地的不仁慈，或怪罪于圣人的不仁慈？其实世间因果祸福完全是人们自己所作所为招来的啊。③

---

① 郎樱：《〈玛纳斯〉的悲剧色彩》，载安柯钦夫主编《中国少数民族三大英雄史诗论稿》，敦煌文艺出版社，1991，第193~208页。
② 陈胜：《儒道"仁"的思想与生态文明》，《中国生态文明》2015年第3期。
③ 清宁子编著《道德经通解》，宗教文化出版社，2010，第12页。

《淮南子·齐俗训》指出，时代不同、环境不同、社会关系不同，不同地区的礼俗也不同，不能套用同一个标准，更不能用同一种礼法统一天下；①君主要做到因俗而治，尊重不同的礼俗，不可勉强；人们若能够"体道返性"，就会出现纯美的自然风俗，社会进入大治。②

>……水处者渔，山处者木，谷处者牧，陆处者农。地宜其事，事宜其械，械宜其用，用宜其人。泽皋织网，陵阪耕田，得以所有易所无，以所工易所拙。……物莫避其所利而就其所害。③

"人与天一"表达了庄子的天人合一观，其核心是人与自然之间的和谐一致，这种对天人关系的思考充满生态智慧，可以用来培养"生态大我"和"生态平等"的理念，"有助于调和当代生态哲学中人和自然价值的争论"。④《庄子》蕴含着丰富的生态美学思想，洞悉自然生态的生命性、有序性、联系性，认为万物都有灵性，自然界、生物界和原始社会都充满了生命的活力和美感。⑤ 生命性体现在万物万象之中，"充盈整个宇宙"，"方生方死，方死方生"，生生不息，循环无尽。宇宙是一个生态大系统。庄子提出"与物为一"的自然观，强调"物无贵贱"，"物我平等"，"这样的观点抛弃了人类中心主义的立场，否定了人类对自然万物的专制权，要求人类秉持'独与天地精神往来而不傲睨于万物'"。⑥

我国的布依族大多居住在贵州省，在长期的生产生活实践中发展出一套宝贵的生态智慧和生态理念。布依族先民认为，人与动植物有亲缘关系，把鱼、竹等动植物看成是自己的图腾，例如古歌《安王与祖王》说布依族祖先之一盘果与美丽的大鲶鱼相爱生下安王，晋人《华阳国志·南中志》有大竹流入江边浣女足间，"遂雄夷濮"的男儿从竹中诞生的记载。⑦ 民众普遍相信万物有灵，山水草木都有神性，各种传统禁忌和

---

① 这个不同于儒家的礼法观。
② 顾迁译注《淮南子》，中华书局，2012，第175页。
③ 顾迁译注《淮南子》，中华书局，2012，第179页。
④ 王素芬：《庄子"人与天一"的生态解读》，《河北学刊》2010年第2期。
⑤ 刘生良、康庄：《〈庄子〉生态美学思想资源再探》，《思想战线》2010年第4期。
⑥ 刘生良、康庄：《〈庄子〉生态美学思想资源再探》，《思想战线》2010年第4期。
⑦ 韦启光、石朝江等：《布依族文化研究》，贵州人民出版社，1999，第138页。

生态保护意识在日常生活中交融一体,密不可分。例如,布依族妇女怀孕期间丈夫不得外出打猎和捕鱼,以避免动物和鱼类报复尚处于阴阳两界当中的胎儿,导致孕妇流产或者胎死腹中;孕妇的丈夫也不能参加征战,以避免战争的恐怖场面惊吓胎儿,受到伤害。[1] 布依族有神山神林生态文化,人们崇拜村寨后方或周边的大山和树林,这些山林神圣不可侵犯,禁猎、禁牧、禁伐。[2]

> 布依族认为人的灵魂是从竹子中来的,这在布依族的生活习俗中有不少反映。大部分地区新媳妇怀上头胎,娘家要派人带上两根当天砍下的竹子前往祝贺。独子之家要在房前屋后栽种竹子,认为它们可以伴护独子顺利成长。老年人亡故,出丧时孝子肩扛竹子开路,认为老人之灵魂可随竹子而升天。布依族村寨都建有神房,是布依族祖先灵魂居住之地。在不少地方,此神房全都是用竹子搭建而成。人们认为只有竹子建的神房,祖先的灵魂才肯居于其间,保佑人畜平安。[3]

尹绍亭教授指出,森林是一个生态系统,树木、藤蔓、野草有叶绿素,植物通过光合作用从环境中吸收水分、二氧化碳和无机盐类,制造出氧气,这样就把太阳能以化学能的形式固定在碳水化合物中;碳水化合物进一步合成植物赖以生长的脂肪和蛋白质。[4] 如果说森林是生产者,那么生活在这个系统里的各类动物和腐生或寄生的菌类就是消费者,它们有的是食用植物叶、枝、果实、种子及其凋落物的初级消费者,有的是以捕食初级消费者为生的二级及二级以上的消费者;当作为生产者的植物和作为消费者的动物变成失去生命的残余物时,大量的微生物分解者把它们转化成为无机盐类,回到环境中去,完成了森林生态系统能量

---

[1] 谢仁生:《贵州布依族生态文化研究》,《理论界》2012年第11期。
[2] 罗羚艺:《基于贵州布依族生态文化的景观研究》,硕士学位论文,华南农业大学,2016,第32页。
[3] 韦启光、石朝江等:《布依族文化研究》,贵州人民出版社,1999,第138页。
[4] 尹绍亭:《一个充满争议的文化生态体系——云南刀耕火种研究》,云南人民出版社,1991,第188页。

转换和物质循环的过程。①

哈尼族聚居的哀牢山区具有立体的自然环境特征，地貌、气候、植被呈现立体的分布特征，当地民谣说："要吃肉上高山，要种田到山下，要生娃在山腰。"② 哈尼族人根据村寨规模、人口数量、梯田面积和自然资源，合理布局，人口过多时，一部分人会主动迁出，建立新寨。滇南哈尼族人与自然高度和谐，形成"梯田—村寨—水系—森林"同构、可持续的良性循环农业生态系统。红河哈尼梯田是云南省第一个国家湿地公园，2013 年被列入世界文化遗产名录。③ 哈尼梯田用深山老林里携带大量腐质物的自然水浇灌；牲畜在山林里牧养，雨水将牲畜的粪便冲入梯田；哈尼族崇拜森林，崇拜水源。④ 有些哈尼族的神林禁忌非常严格，每棵树、每片树叶都很神圣，不可折损，不可攀爬，"就连死去的树枝、树干也不能任意搬动"；神树林分四种：（1）山头上的总管神林，从那里可以眺望几个村寨；（2）村寨的建寨神林"普麻俄波"，林中禁止砍伐和放牧；（3）位于村寨下方的神林"朗主主波"，那里的神灵可以震慑恶兽，保护畜禽；（4）神林"咪刹刹波"，位于距村寨半公里的山道旁，是人与鬼之间的分界林。⑤

东巴教与纳西人的生态伦理道德紧密联系在一起，尤其是"人与自然是同父异母兄弟"的观念起到了核心价值的作用。纳西人时时处处都要用这种观念来约束自己的举止，根据它来补偿自己的过失或者"还债"。⑥ 在东巴教的宇宙观和生命观中，自然与人皆为同卵所生，日月星辰、山川草木、鸟兽虫鱼和人都是同父异母的兄弟关系，大自然的化身是掌管山林河湖及野生动物的"署"（svq），人类是署的兄弟，称为

---

① 尹绍亭：《一个充满争议的文化生态体系——云南刀耕火种研究》，云南人民出版社，1991，第 188~189 页。
② 雷兵：《哈尼族文化史》，云南民族出版社，2014，第 128 页。
③ 李福祥：《哈尼族生态伦理及其变迁》，载杨国才、李伟、王韵等《民族伦理与道德生活研究》，中国社会科学出版社，2016，第 68~73 页。
④ 李福祥：《哈尼族生态伦理及其变迁》，载杨国才、李伟、王韵等《民族伦理与道德生活研究》，中国社会科学出版社，2016，第 68~73 页。
⑤ 李福祥：《哈尼族生态伦理及其变迁》，载杨国才、李伟、王韵等《民族伦理与道德生活研究》，中国社会科学出版社，2016，第 68~73 页。
⑥ 参见杨福泉《论东巴教与纳西人的生态伦理道德和习俗》，载尹绍亭、洼田顺平主编《中国文化与环境》第一辑，云南人民出版社，2010，第 113~121 页。

"精"（zzi）或"崇"（coq）。最初兄弟二人和睦相处，后来人类变得贪婪无度，对大自然署巧取豪夺，杀红鹿，杀红野牛，杀蛇，杀青蛙，放狗打猎，抓鱼，烧山，砍树，"把大湖的底戳通"，从此兄弟翻脸，人类遭到报复：署让天上刮大风，吹落树叶，"雨裏冰雹洪水冲石"，"让好田得锈病、稻谷疯长、红麦生锈病、肥田中放来土石和大水……""人的背后放来传染病，冬天来施放黄眼病，夏天来施放痢疾病，让人病得头昏眼花……"人类明白了自己遭到惩罚的原因，便恳求东巴教祖师请来大鹏鸟等神灵来调解兄弟关系。人类与自然约法三章：人类可以适当开垦山地，适当砍伐树木，不可过量；人类可以在家畜不够食用的情况下适当狩猎，但不可过多；人类不能污染山泉溪流河湖。[1] 人类与自然两兄弟重归于好，纳西人从此严格遵守在东巴经中规定的生态习惯法：

> 不得在水源之地杀牲宰兽，以免让污血秽水污染水源；不得随意丢弃死禽死畜于野外；不得随意挖土采石；不得在生活用水区洗涤污物；不得在水源旁大小便；不得滥搞毁林开荒。
>
> ……东巴教认为，人们为了自己的生存，使用大自然所拥有的物质，如伐木，割草、摘花、炸石头、淘金、打猎、捕鱼、汲水、取高岩上的野蜂蜜，甚至使用一些树枝和石头等用于祭祀礼仪，都是取自大自然，是欠了大自然的债……都要一一偿还……[2]

古语说"亲兄弟明算账"，虽然人类与自然是同父异母的兄弟，按理来说应该是平等关系，但人类总是向自然索取，而不是相反。有了自觉性的纳西人有保护生态的"还树债"理念及其相关仪式：人们用过的树木、流水、山谷、道路、桥梁、田坝、沟渠要还回去；放过羊的牧场、骑马跑过的地方、用脚踩过的地方、折下青枝的地方、锄过土块的地方、砍过柴的地方、提过水的山谷，你都要偿还木头和流水的欠债；走过的大路和小路、跨过的大桥和小桥、穿过的大坝和小坝、经过的高坡低谷、

---

[1] 杨福泉：《论东巴教与纳西人的生态伦理道德和习俗》，载尹绍亭、洼田顺平主编《中国文化与环境》第一辑，云南人民出版社，2010，第113~121页。
[2] 杨福泉：《论东巴教与纳西人的生态伦理道德和习俗》，载尹绍亭、洼田顺平主编《中国文化与环境》第一辑，云南人民出版社，2010，第113~121页。

翻过的大小森林带、放牧过的大小牧场、渡过的黄绿湖海、坐过的高崖低崖,都要一一偿还欠下的债。① 还自然兄弟的债分两种:一是"小债",指对小过失的赔偿,称为"趣软"(ciul ruaq);二是"大债",指对大过失的赔偿,称为"朱软"(zzerq ciiul ruaq),涉及如猎杀野兽、砍伐大树、烧毁山林之类大过失的赔偿。②

布依人有种植水稻的传统,稻米是主食,外加玉米、小米、麦子、高粱,有的地方还有土豆和白薯。这些食物都和当地的自然条件和地方民族文化有关,在清明节、三月三、四月八、六月六、中元节等节日到来的时候,家家户户都要做五花糯米饭,用红、黄、紫、黑颜料浸泡好的糯米蒸制,这些颜料都来自当地生长的植物,包括红籽刺根、化草、紫荆藤皮、枫香叶等。③

布依族的蜡染布历史悠久,宋代就有记载,女孩从 10 岁起就学习制作蜡染布,把蜂蜡熔化,加工成蜡汁,用铜制蜡刀蘸着蜡汁在自织的白布上描绘图案,等蜡汁干了,把布放到蓝靛染缸中染成蓝色或者浅蓝色,再用锅煮、脱蜡,原先蜡绘的地方呈现白色,在整块布上就出现了蓝白相间的图案,经过漂洗,一块独具特色的蜡染布就制作成功了。④ 布依族的日常用具大多就地取材,符合环保要求,例如他们使用的石水缸、木缸、瓦缸、杉木水桶、葫芦瓢、草鞋、布鞋等。⑤

布依族的建筑文化具有因地制宜的地方特色,村寨聚落既是文化载体,也是文化本身的组成部分。布依族聚居的地方大多属于喀斯特地貌,地势起伏变化较大,地理和气候条件的差异使布依族民居建筑的风格和形式有所不同,大体上分为干栏式建筑、改造型干栏建筑、石板房、平地楼房等四种类型。⑥ 传统的干栏式建筑是木结构,分上下两层,下层用圆木或木板做围栏,用于饲养禽畜,储存木柴、粮食、农具和食品加工

---

① 杨福泉:《略论东巴教的"还树债"及其口诵经》,《思想战线》2013 年第 5 期。
② 杨福泉:《略论东巴教的"还树债"及其口诵经》,《思想战线》2013 年第 5 期。
③ 谢仁生:《贵州布依族生态文化研究》,《理论界》2012 年第 11 期。
④ 罗羚艺:《基于贵州布依族生态文化的景观研究》,硕士学位论文,华南农业大学,2016,第 20 页。
⑤ 谢仁生:《贵州布依族生态文化研究》,《理论界》2012 年第 11 期。
⑥ 罗羚艺:《基于贵州布依族生态文化的景观研究》,硕士学位论文,华南农业大学,2016,第 15~18 页。

用具；上层住人，用木板做墙壁和铺地，房顶覆盖茅草或瓦片。由于木材资源稀缺和受汉族建筑模式的影响，布依族民居出现了改造型干栏建筑，俗称"吊脚楼"，建在坡地上，从低处用石块垒砌到和第二层地基相同的高度，用枕木搭建，铺木板，与第二层地基一起作为整幢楼房的地基。石板房见于地势平缓的地区，其结构与改造型干栏建筑类似，只是缺少低于地基的那一层，大量使用石材，用长方形大型条石插入地下，围出空间用来饲养禽畜，大型条石上部用木板做隔层，再用石块堆砌，用作起居室，其上有顶楼，用来贮存粮食，也可以在里面居住，做屋顶的材料也是石板。平地楼房是近几年出现的平顶式钢筋混凝土结构的房屋，分两层，底层住人，上层储粮或堆放农具等杂物，每一层都会加盖供子女住的厢房，还会加盖饲养禽畜或者做饭的耳房。布依族选择房址喜欢依山傍水，既少占用耕田，又可以利用山上的石材和木材建房，还可以利用山上的野菜、野果、野菌等改善生活，也方便引水灌溉、挖掘池塘、开凿渠道，以满足饮水、洗涮、养殖、种田、水上交通的需要。

　　布依族居住的地区山峦重叠，河流纵横，人们根据丘陵地带的自然条件修建梯田，发展出人与自然和谐共生的梯田文化。贵州布依族居住地区有三大类梯田，它们分别是石砌梯田、鱼鳞梯田和腰带梯田。[①] 石砌梯田，顾名思义，就是修筑在石山坡地之上以石砌田坎为主的梯田类型；呈规则或不规则的鱼鳞状排列的是鱼鳞梯田；以垒土成埂为主丘块形状如同坡面等高线，在层峦叠嶂中呈腰带状分布的是腰带梯田。[②] 在山区开发梯田一方面扩大了种植面积，另一方面便于耕种、灌溉和水土保持，也利于保肥，这些梯田类型与周边村落、森林、溪沟的空间分布和相互关系保持一致，耕作制度也顺其自然，梯田的修筑始于山脚，拾级而上，至山腰或山肩，山腰、山肩以上及陡坡、深谷等处为水源涵养林，牛圈远离村舍，散布在连片梯田之中，沟渠和道路纵横于田块之间，"形成山

[①] 罗羚艺：《基于贵州布依族生态文化的景观研究》，硕士学位论文，华南农业大学，2016，第24~25页。这个分类原出自吴寿昌、黄婧《贵州黔东南稻作梯田的历史文化及生态价值》（《贵州农业科学》2011年第5期）一文，涉及以苗族和侗族为主的本土居民及其梯田文化，从罗羚艺的论文看，布依族也有这些类型的梯田。

[②] 吴寿昌、黄婧：《贵州黔东南稻作梯田的历史文化及生态价值》，《贵州农业科学》2011年第5期。

林、溪沟、村舍、牛圈、梯田、沟渠和水稻耕作、稻田养鱼等耕作制度联系在一起的山区农林生态系统"①。

位于贵州省黎平县双江镇的黄岗侗寨是近些年来国内学者研究本土生态观的热点个案之一，② 黄岗侗寨位于在继承传统有所创新方面有典型性的侗语南部方言第二土语区，"属于鼓楼、房舍、鱼塘、稻田、水域有序配置的半水上村落"，那里的森林生态系统多样并存，尤其营造出在国内生态人类学界比较有名的"稻鱼鸭"共生空间。③ 稻田水面上是鸭子，水面下是鱼，形成稻、鱼、鸭、人的共生系统。个体小、育成快、产卵期长、杂食的特化鸭种，穿行于高秆糯稻的夹缝之间，觅食动植物饵料，为水稻除虫灭草；稻田中放养的驯化鲤鱼游动在稻田各处，捕食浮游生物，为稻田增肥，降低虫害。④

黄岗侗寨地处分水岭高原台地，森林密布，海拔落差大，日照短，水温气温低，这是"稻鱼鸭"共生系统的自然地理环境。黄岗侗寨人修建长水沟，引出的泉水经过一段日晒或在地面温度的影响下，温度提高，流入稻田的水一般可以从 13.5℃ 提高到 17℃；另有面积较宽的"过水田"，也起到同样的作用。⑤ 黄岗侗寨人爱树如命，不轻易砍伐树木，每砍一棵就要补种两棵，这是因为茂密的森林可以吸收阳光，通过光合作用将热能转化为木材和牧草需要的生物能，有助于阻止山顶的气温升高，

---

① 吴寿昌、黄婧：《贵州黔东南稻作梯田的历史文化及生态价值》，《贵州农业科学》2011年第5期。
② 陆永刚：《论侗族水资源的利用及其生态价值——以贵州黎平黄岗村为例》，《贵州民族学院学报（哲学社会科学版）》2008年第4期；崔海洋：《侗族传统糯稻种植生计的生态价值——以贵州黎平县黄岗侗族田野调查为例》，《安徽农业科学》2009年第6期；罗康隆、杨曾辉：《生计资源配置与生态环境保护——以贵州黎平黄岗侗族社区为例》，《民族研究》2011年第5期；罗康隆、彭书佳：《时空规序的节律与资源配置的有效性——来自贵州省黄岗侗族村落的田野调查》，《中南民族大学学报（人文社会科学版）》2012年第1期；罗康智：《侗族社区地名命名制度的文化调控——以贵州黎平黄岗侗族为例》，《吉首大学学报（社会科学版）》2012年第4期；崔海洋：《人与稻田——贵州黎平黄岗侗族传统生计研究》，云南人民出版社，2009。
③ 罗康智：《保持与创新——以传统应对现代的黎平黄岗侗寨》，民族出版社，2014，第5、54~58页。
④ 罗康智、罗康隆：《传统文化中的生计策略——以侗族为例案》，民族出版社，2009。
⑤ 罗康智、罗康隆：《传统文化中的生计策略——以侗族为例案》，民族出版社，2009，第214~215页。

接触到绿叶的浓雾凝结水滴，落到地面，成为水源。① 黄岗侗寨人为了集水种稻，建造了与丛林生态系统兼容的人工水域系统，还培育出相应的稻秆高硬、耐阴冷、不怕淹的稻种，这个品种的郁蔽期较长，即使在夏季高温下，阳光也直射不到水面，有利于在水面以上的 1.5 米内空气相对湿度接近于 100%，使"这里的液态和气态水资源转换处于动态平衡状态"，而稻田周边的丛林在秋冬季也能够发挥汇集雾滴的作用，实现"以水滴的形式提高土壤和稻田水资源储备的资源再生功能"。为了高效利用水资源，就需要通过种、养复合的办法，达到一水多用的目的，把农田种植、禽畜和鱼类的放养、水资源循环融为一体：在森林和稻田之间的人工浅草带放养牛羊；让鸭子到正在耕作或者种植的稻田里觅食；不断向水田和鱼塘放养鱼苗，并且把大鱼和其他可食用的水生动物带回家享用——大牲畜要在人工草地和季节性轮歇的耕地上放养；鸭子要错过短暂的撒种和插秧的季节才能放出去；鸡不能跑出稻田周边范围；还需要在鱼塘和稻田之间调剂鱼类，以保证合理的放养密度，"密则收获，疏则加密"。② 在这样的复合系统中，鱼类的角色很突出。在黄岗侗寨流行这样的谚语："有鱼就有稻，有稻就有鱼"；"要吃粮靠流汗，要吃鱼靠脚皮"；"勤看田水才能保鱼，保了鱼即保稻"。③ 鱼可以在稻田里除草，可以将水搅浑，既能为稻谷增加营养，也有利于微生物生长，鱼排出的粪便还可以肥田。④

从任何一块稻田看，其生产路线都可能划分为三到五个层次，上面是水稻，水面上是鸭子，水中是鱼，也就是说至少是一水三用……此外，除了鱼鸭之外，稻田中还能产出多种水生植物，天天可以获取以满足猪的青绿饲料所需，其中一部分还是供人食用的蔬

---

① 罗康智、罗康隆：《传统文化中的生计策略——以侗族为例案》，民族出版社，2009，第 217 页。
② 罗康智、罗康隆：《传统文化中的生计策略——以侗族为例案》，民族出版社，2009，第 220~221、224~226 页。
③ 陆永刚：《论侗族对水资源的利用及其生态价值——以贵州黎平黄岗村为例》，《贵州民族学院学报（哲学社会科学版）》2008 年第 4 期。
④ 陆永刚：《论侗族对水资源的利用及其生态价值——以贵州黎平黄岗村为例》，《贵州民族学院学报（哲学社会科学版）》2008 年第 4 期。

菜。在稻田中还可以获取多种野生的软体类、鱼类和两栖类动物，这是当地乡民农忙季节的动物蛋白来源。……更特异的是他们种植好几个糯稻品种，比如鹅血红等，生物属性十分特异，即使糯谷完全成熟收获后，也不会枯黄而保持青绿状态，这是他们的牛、羊、马在冬季也能长膘的鲜绿饲料来源。①

游牧生态反映人、畜群与草原的互动、互构、互融的关系。内蒙古草原东起大兴安岭，西至合黎山和龙首山，东西直线距离达2400公里，东北部有呼伦贝尔草原，北部有锡林郭勒草原、乌兰察布草原、乌拉特草原，南部有黄河南岸的鄂尔多斯草原，最西部有阿拉善荒漠草原，最东部有赤峰市、通辽市一带的科尔沁沙地草原。内蒙古草原属于温带大陆性气候，冬季寒冷干燥，夏季温湿多雨，春秋季是冬夏之间的过渡，四季比较分明。②但是东西部自然气候条件差距很大，东部大部分地区有300~400毫米的年降水量，北部大部分地区有100~150毫米的年降水量，西部的阿拉善地区只有不到100毫米的年降水量；一等草原和一二级草场分布在东部的山地林缘草甸和森林草原地带，西部荒漠带草场的产草量每亩不到100斤。③

过去游牧民的传统生产方法是逐水草游牧，在很大程度上顺从自然，因地制宜，灵活变通，积累了丰富的经验。牧民需要根据季节变化，选择水草丰美的牧场，夏天游牧到海拔高、气候凉爽的地方，冬天迁移到阳光充足的牧场。最初的游牧模式分为四季轮牧和"走敖特尔"④两大基本形式。四季轮牧要注意马、牛、骆驼、绵羊、山羊五畜的不同特征、不同膘情，本着保持草原生态的原则，全盘考虑牧场地貌、牧草长势、水源分布、气候变化等因素，才能决定具体的轮牧地点和迁移方向，合理选择春、夏、秋、冬四季牧场，其中春、夏、秋三季牧场用于抓膘，冬季牧场用于保膘。"走敖特尔"的目的是避灾保畜，"走敖特尔"分远

---

① 罗康智：《保持与创新——以传统应对现代的黎平黄岗侗寨》，民族出版社，2014，第226页。
② 孟和乌力吉：《沙地环境与游牧生态知识——人文视域中的内蒙古沙地环境问题》，知识产权出版社，2013，第1~2页。
③ 王建革：《农牧生态与传统蒙古社会》，山东人民出版社，2006，第15页。
④ 逐水草流动放牧的一种方式。

近，移动距离取决于具体灾情、畜群膘情和目的地的牧草长势。① 人、畜、自然环境是草原生态系统的组成部分，牧民为了保持三者之间的和谐关系，维护生态，需要采取各种措施，其中最重要的是不断调整畜群结构，保证草畜平衡，使牧业生产有可持续性。牧民们会注意畜群的数量、性别比例、畜龄结构等因素；畜群的种类不同，其种畜、适龄母畜、仔畜的比例也不同，例如马群的数量要控制在 500~700 匹之间，一般情况下，每匹种公马宜配有二三十匹骒马，马群的数量大小取决于种公马的数量及其统领骒马的能力；马群除了包括种公马、成年骒马、3 岁至 5 岁骒马以外，还包括 3 岁至 5 岁骟马、2 岁马驹、1 岁以下马驹、成年骟马。②

牧民居住的蒙古包使用木料和毡片组合而成，简易轻便，抵御风寒，适于游牧。③ 木架、毛毡和绳索是搭建蒙古包的基本材料，传统上制作木架的木材来自附近山林，毛毡用羊毛擀制，绳索用马鬃、羊毛、驼绒等搓成，所有原材料都很"绿色"，不会破坏生态环境；搭建蒙古包不用挖地，也不会长期固定在同一个地方。④ 牧民的传统运输工具是勒勒车，用白桦木制作，纹理直，质地硬，载重 300~500 公斤，日行 30 公里，对草原的压力小；牧民多利用草原植物的地上部分，不毁根，有利于植物再生，也有利于保护草原生态。⑤

牧民的传统食品分肉食品和乳制品两大类，肉食品又称为"红食"，乳制品又称为"白食"，乳制品的需求量超过肉食品。乳制品的分类细致、多样，例如锡林郭勒盟北部阿巴嘎旗的奶制品种类有 20 多种，其制作过程包括发酵、搅拌、熬、煮、蒸馏、切割、晾晒、贮存等。⑥ 蒙古族

---

① 参见蒙古学百科全书编辑委员会、《民俗卷》编辑委员会编《蒙古学百科全书·民俗》，"畜牧业民俗"条，内蒙古人民出版社，2015，第 304~305 页。
② 参见蒙古学百科全书编辑委员会、《民俗卷》编辑委员会编《蒙古学百科全书·民俗》，"畜牧业民俗"条，内蒙古人民出版社，2015，第 305 页。
③ 陈山、田睿林：《蒙古民族与草原环境》，载刘钟龄、额尔敦布和主编《游牧文明与生态文明》，内蒙古大学出版社，2001，第 6~14 页。
④ 参见蒙古学百科全书编辑委员会、《民俗卷》编辑委员会编《蒙古学百科全书·民俗》，"蒙古包保护生态环境的特征"条，内蒙古人民出版社，2015，第 144~145 页。
⑤ 陈山、田睿林：《蒙古民族与草原环境》，载刘钟龄、额尔敦布和主编《游牧文明与生态文明》，内蒙古大学出版社，2001，第 6~14 页。
⑥ 阿拉坦宝力格等：《游牧生态与市场经济》，内蒙古大学出版社，2013，第 53 页。

的传统奶食用牛奶、马奶、驼奶、绵羊奶、山羊奶制作,根据不同的加工方法和地区特点,奶食品的名称丰富多彩,主要有"额德莫克"(酪素)、奶酪干、干酪、"初日阿"、奶豆腐、酸奶干、酸油、黄油、奶油、奶皮等;奶饮有奶、"塔日克"、"浩日马克"、"艾日克"(酸奶)、"查嘎"、"奇格"(酸马奶)、奶酒。①

蒙古族和自然形成了互为环境、互为条件的互动关系,农牧民为高原地理环境赋予人文意义,用蒙古语命名山川河流和动植物。这里的植被类型多为多年生、旱生低温草本植物,也有禾本科、杂草类及一些旱生的半灌木和灌木;冬季寒冷,降水量少,多风沙,日照充足,缺水,适合游牧业经济。蒙古社会发展出了与此相应的社会分工,牲畜分群放牧,也产生了专门赞美游牧精神的劳动者,如民间艺人、萨满巫师等。②蒙古民族的生态观影响着他们的生态行为。建立在"天父地母"说之上的生态直觉,以天地为根,认为天地孕育万物,互相平等,作为天父地母之子的人类,应像尊敬自己父母那样爱护大地,爱护养育自己的生态环境;长生天是创造之源,是敖包天祭的对象,而敖包周围就是古代的自然保护区;关于"遨格套日贵"苍穹的生态智悟,表达"无头无尾,无始无终,首尾相接"的宇宙阴阳观,属于生态哲学范畴。③

> 古代蒙古人,观察日月星辰,草青草黄,动物迁徙,而得出遨格套日贵的规律。……生态系统中食物链,从无机到有机,再到无机,能量存在形式不断变化,而物质不失守恒,周而复始地在生态系统中不停地运动着。一个生物种群,就生物个体来说,可生、盛、衰、亡,而对这个生物种群来说,生亡衔接,周而复始,使种群得到延续和进化。④

---

① 参见蒙古学百科全书编辑委员会、《民俗卷》编辑委员会编《蒙古学百科全书·民俗》,"奶食"条,内蒙古人民出版社,2015,第193页。
② 乌日陶克套胡:《蒙古族游牧经济及其变迁》,中央民族大学出版社,2006,第48~55页。
③ 暴庆五:《游牧蒙古人的生态观》,载刘钟龄、额尔敦布和主编《游牧文明与生态文明》,内蒙古大学出版社,2001,第41~45页。
④ 暴庆五:《游牧蒙古人的生态观》,载刘钟龄、额尔敦布和主编《游牧文明与生态文明》,内蒙古大学出版社,2001,第45页。

山民游牧耕作，猎人不杀怀孕的母兽，牧民让草原分片休养生息。生命的本能会追求那些可循环的谋生手段，例如刀耕火种，例如生态养殖；短见的贪婪会追求那些不可循环的生产方式，例如污染工业，例如无序开荒。根据生态学的恢复力理论，开发、保持、衰减、恢复是万物存在的常态，是一切人类和非人类生活的本相。生态学也告诉我们，无论生态系统，还是人类社会，永远保持最佳状态是可望而不可即的；它们必然经历开发、保持、衰减、恢复的循环过程。[1] 自然和社会形成互构的系统关系，人的主体性和主动性具有突出作用。人类可以理性或非理性地改造自己和自然，改造这个身处其中的自然—社会系统。世界万物中唯有人类拥有这种有计划、有步骤的应变和致变能力。如果自然—社会系统出现问题，那么首先是人出了问题，具体说就是人和自然的关系出了问题。不是自然出了问题，不是环境出了问题，是我们的认知出了问题，我们的思路出了问题，我们的思维方式出了问题。[2]

---

[1] Brian Walker and David Salt, *Resilience Thinking: Sustaining Ecosystems and People in a Changing World*, Washington, Covelo, London: Island Press, 2006, p. 8.

[2] Jeffrey Wollock, "Linguistic Diversity and Biodiversity: Some Implications for the Language Sciences," in Luisa Maffi (ed.), *On Biocultural Diversity: Linking Language, Knowledge, and the Environment*, Washington and London: Smithsonian Institution Press, 2001, pp. 248-262.

第五章　双向铸牢中华民族共同体意识

党中央提出铸牢中华民族共同体意识，高度重视民族团结，重视凝聚力建设。共同体意识要靠多数民族和少数民族双向铸牢，不仅少数民族要认同多数民族，多数民族更要认同少数民族，共同认同新时代中华民族共同体。

第一节　中华民族共同体意识的交互性

第二次世界大战结束后，西方世界虽然深刻反思了极端民族主义和极端种族主义的危害，也制定了各种政策、采取了各种措施予以遏制，但时过大半个世纪，这种极端民族主义和极端种族主义又抬头了，而且有愈演愈烈之势。面对风云变幻的世界格局，尤其是面对各类极端主义重新兴起的国际形势，中华民族共同体需要高度凝聚，铸牢中华民族共同体意识，团结一致，应对来自国内外各种极端主义思潮和极端主义势力的挑战，建设富强民主文明和谐美丽的现代化国家，实现中华民族共同体的伟大复兴。习近平总书记指出，"中华文化是各民族文化的集大成"[①]。各民族彼此认同，各民族文化彼此交融，就是铸牢中华民族共同体意识的基本前提。历史上形成的各民族的利益交互性和生存交互性，为这种认同和交融提供了必要的论据。这种历史上形成的交互性总是指向一种向心凝聚的目标，即以历史上形成的各民族利益交互性和生存交互性为前提的认同共同体。

回溯中国历史，多数民族和少数民族、少数民族和少数民族自古互

---

① 《习近平著作选读》第一卷，人民出版社，2023，第285页。

为条件、互为环境，人口和文化交互融入，彼此充实，互相壮大。中国各民族已经形成了不可分割的互联共同体，正在成为凝心聚力的认同共同体。新时代的中华民族共同体定位，明确了各民族归属统一的认知取向。新时代中华民族以政治和文化的双重认同为基础，以命运共同体和共有精神家园为愿景，为中国各民族凝聚而成的共同体提供更为广阔的想象和实践的空间。

中国各民族经历了碰撞、冲突、协商的互动过程，根据历史给出的答案，彼此认同，团结一致，共同组成新时代的中华民族共同体。这是一段层层递进的逻辑表述：我们出生在不同的语言文化环境，父母生身，文化滋养，"乡音无改鬓毛衰"；成年后游走他乡，方言混杂，文化多元，学习国家通用语，学习当地文化；出国深造，交流访学，护照上写着"中国"，无论你的母语是什么，你的乡音是什么——你是中国人。用中国的例子来解释巴特的族群边界理论：一个中国人来到外国，别人问："你是哪里人？"回答是："我是中国人"，而非"我是山东人""我是湖南人"，如此等等；同一个人来到北京，别人问："你是哪里人？"回答是："我是内蒙古人""我是山西人"，如此等等，而非"我是中国人""我是地球人"，如此等等；同一个人来到县城里，别人问："你是哪里人？"回答是："我是高家庄人""我是白川乡人"，如此等等，不能说"我是中国人""我是地球人"。对于一个少数民族成员来说，少数民族的身份和中国人的身份并行不悖，这两种身份属于上位和下位的关系，在身份上是互补的：少数民族的身份是"因生赋予"，生来已有，属于下位身份；中国国籍是公民身份，公民有义务认同自己的国家，但这个身份可以改变，甚至被剥夺，属于上位身份。国家认同常常和文化认同联系在一起；国家认同需要有文化认同支撑。尽管国家认同在本质上属于政治认同，但文化认同会直接、间接地受到政治认同的"格式化处理"。国家会采用各种手段，如海关监理、新闻检查、舆论监督、政治审查、国家标准等，尽量让文化认同和国家认同一致起来，让国家边界和文化边界重合。

保持各民族之间的人文生态，建设中华民族共有精神家园，关键在于处理好"一"与"多"的关系，在于从民族共有、文化互联、命运相通中发现提炼和铸造重叠共识。理念和希望很重要，如同"心想事成"，只要怀有团结之心、包容之心，甚至热爱之心，就能找到民族之间的重叠共识，彼此就能找到积极有利的因素。

当前，民族主义和民粹主义甚嚣尘上。杜波依斯（W. E. B. Du Bois，1868—1963）曾经预言20世纪的问题是肤色区隔问题，① 时至21世纪，美国的肤色区隔问题依然突出。但是，人类不能放弃和平，不能放弃公平正义的理念。道家思想中有"三生万物"的开放性，有助于我们修正二元对立的敌对观，回归致中和的三元观，以开放的胸怀，以乐观的心态，化解仇恨，求同存异，重叠共识。

中华民族共同体意识的交互性在各民族的共同经历中形成，包括灾难和灾害；国际比赛；盛大仪式；国外经历。从唐山大地震、汶川地震到萨斯疫情、新冠疫情，中国人万众一心抗灾、抗疫，不分民族，不分长幼，不分级别，生命面前人人平等；从鸦片战争到抗日战争，中华各民族一致对外，抗击侵略者，保卫家园；从奥运会到世锦赛，中国人为自己的队员摇旗呐喊，希望他们赢得胜利，为国增光；从大阅兵到升国旗，从春节、国庆节到民族团结进步表彰大会，各族人民认同意识交融在一起；有出国经历的人明白，无论你在国内属于何种人群、有何种认同，你在国外的第一身份是中国人，别无选择。

驻足远眺万物生长、万象共生的壮美愿景，中国各民族要做到"有族而能超越"：对本民族充满自觉自信，对其他民族关爱尊重，以更为广阔的视野认同各族人民组成的中华民族共同体，做到民族兼爱，爱我族，亦爱他族，凝聚诸族为一体，提升认同，铸牢共同体意识。多数民族认同少数民族，少数民族认同多数民族，共同认同中华民族，形成富有活力、持续创新从而可持续的民族生态。铸牢中华民族共同体意识需要走民族的生态之路，即差异互补、互联互融、求同存异的共生之路。

第二节　人口较多民族②的主导作用

新时代中华民族包括汉族和少数民族；新时代的中华民族讲包容，

---

① W. E. B. Du Bois, *The Illustrated Souls of Black Folk*, Edited and Annotated by Eugene F. Provenzo Jr., Boulder and London: Paradigm Publishers, 2005, p. 29.
② 人口较多民族首先指汉族，其次指人口在百万人以上的民族。本节主要讲汉族的主导作用。

讲平等，讲团结，讲公平。"中华文化是各民族文化的集大成"①，这是在新时代背景下对中华文化的全面定位，符合实际，寓意深远。

多数民族，尤其是汉族，在中华民族共同体的建设中，起到了不可替代的关键作用。从人口资源到地区分布，从经济社会建设到国防安全，从科学技术到社会人文，从文教卫生到文艺体育，从传统文化到伦理道德，汉族在方方面面都扮演着主要角色。钱穆讲，中国文化与西方文化有两点不同：第一，在时间绵延上不同，"中国是象由一个人继续不断的跑，而欧洲则等于是许多人在接替着跑，一个人跑一程，下一程再由另一个人来跑"；第二，从空间上说也不同，"中国文化一摆开就在一个大地面上"，"所以中国文化乃是整个的，它一发生就满布大地，充实四围"。② 笔者认为，汉族人口分布在中国大地上，他们的文化也成为所到之处的主要文化——当然以汉族文化为主的中国文化也在不断吸收其他民族文化的过程中创新发展，而非停滞不前。金耀基对中国现代化历史背景的"定位"是比较准确的：中国在过去两千年中没有经历过"全部的""永久性"的变迁，只有"适应性的""循环的"变迁，因为中国是一个静态的农业社会，有"自给自足的系统"，在世界上享有"光荣的孤立"；但是，近代来自西方文化的挑战，造成"天地一大变"，李鸿章、严复"也说这是三千年来中国的大变局"。③ 中国的现代化要从器物技能、制度、思想行为这三个方面实现，难度依次加大，器物技能现代化相对容易实现，制度层面实现现代化次之，实现思想行为层面的现代化最难。④ 钱穆讲中国学术思想方面尚超不出先秦，政治理想时代"莫过于汉、唐"，文学艺术普遍发达则是在唐以后。⑤ 钱穆和金耀基各有侧重，但他们都支持有选择地学习国外精华，也都直接或者间接地指出汉族在

---

① 《习近平著作选读》第一卷，人民出版社，2023，第285页。
② 钱穆：《中国文化传统之演进》，载姜义华等编《港台及海外学者论中国文化》（上），上海人民出版社，1988，第1~19页。
③ 金耀基：《中国的现代化》，载姜义华等编《港台及海外学者论近代中国文化》，重庆出版社，1987，第1~36页。
④ 金耀基：《中国的现代化》，载姜义华等编《港台及海外学者论近代中国文化》，重庆出版社，1987，第1~36页。
⑤ 钱穆：《中国文化传统之演进》，载姜义华等编《港台及海外学者论中国文化》（上），上海人民出版社，1988，第1~19页。

振兴中华方面的主导作用。时至今日，文明互鉴、守正创新已经成为大势所趋，无论何种文化、何种文明，都要在继承中发展，在发展中创新。中华民族共同体及其文化"满布大地，充实四围"，其兼和相济的人类主义思想能够包容不同的语言和文化的人群；而现代国家的建设也必然强调包含最广泛意义的生态文明，强调求同存异，在差异共生中发现或发展重叠共识、发现或发展大同小异。

"认同中华文化和认同本民族文化并育而不相悖。"[1] 各民族认同本民族文化，也认同其他民族的文化，共同认同中华文化。铸牢中华民族共同体意识，需要少数民族和多数民族的积极参与，而且这种参与必须是符合建设和铸牢新时代中华民族共同体意识的创造性参与。习近平指出："把汉文化等同于中华文化、忽略少数民族文化，把本民族文化自外于中华文化、对中华文化缺乏认同，都是不对的，都要坚决克服。"[2]

新时代中华民族共同体意识的构筑，不仅需要少数民族认同多数民族、少数民族之间彼此认同，更需要多数民族认同少数民族，把少数民族文化真正作为中华文化不可分割的一部分来加以认同、加以热爱、加以尊重，这样就更加容易赢得少数民族对多数民族文化的认同、热爱、尊重，为中华文化的整体认同夯实认同基础，构筑精神家园。邓小平指出："只要一抛弃大民族主义，就可以换得少数民族抛弃狭隘的民族主义。我们不能首先要求少数民族取消狭隘民族主义，而是应当首先老老实实取消大民族主义。两个主义一取消，团结就出现了。"[3]

多数民族把少数民族文化看作整个中华文化不可分割的一部分，这是打开民族团结之门的一把金钥匙。各民族交往、交流、交融，重在"交"上，交相交互是根本，是关键。人类学家萨林斯在定义亲属制时使用了"交互"或者"相互"的概念[4]，至少对于我们认识中国各民族之间的关系，是很有启发性的。

---

[1] 钱穆：《中国文化传统之演进》，载姜义华等编《港台及海外学者论中国文化》（上），上海人民出版社，1988，第61页。
[2] 《习近平著作选读》第一卷，人民出版社，2023，第286页。
[3] 《邓小平文选》第一卷，人民出版社，1994，第163页。
[4] Mutuality of Being，译作"存在的相互性"或者"生存交互性"。参见〔美〕司马少林（马歇尔·萨林斯）《亲属关系是什么，不是什么》，陈波译，商务印书馆，2018。

多数民族对铸牢中华民族共同体意识具有不可替代的引领作用,这不仅是因为他们人口众多、经济发达,更重要的是他们的语言是全国通用语言,他们的文化是全国性文化,他们的话语具有导向性,他们的实践会产生普遍意义。多数民族对做好民族团结工作发挥着不可替代的关键性作用。新中国成立以来,多数民族在各项事业的发展中,起到了举足轻重、不可替代的关键作用,在多数民族的主导作用下,各族人民在各个领域取得了举世瞩目的成就。多数民族帮助少数民族居住地区全面发展,推动在经济社会、文教卫生、交通运输等方面飞速发展,取得前所未有的成就。

多数民族认同少数民族文化,少数民族认同多数民族文化,共同认同中华文化,这是各民族交互认同的自然表达,能够焕发各民族人民的主动性和积极性,从而也具有可持续性和广阔的发展前景。双向铸牢中华民族共同体意识,可以让各族人民对中华民族共同体的语言文化充满自信,充满自豪;可以增加各族人民的凝聚力,万众一心,建设美好生活,携手走向闪耀着希望之光的未来。

第三节 四方铸牢共同体意识

铸牢中华民族共同体意识需要四方努力:高层领导、中层领导、学界、基层民众。高层与基层相通,中层与学界互联,共同铸牢中华民族共同体意识。

高层铸牢中华民族共同体意识。2019年9月27日习近平总书记在全国民族团结进步表彰大会上的讲话代表了中央的声音:"我们辽阔的疆域是各民族共同开拓的";"我们悠久的历史是各民族共同书写的";"我们灿烂的文化是各民族共同创造的";"我们伟大的精神是各民族共同培育的"。[1] 毛泽东在1920年就开始探索解决民族问题、实现民族平等和民族团结的道路。从建立联邦制的设想到定为民族区域自治制度,这是一个马克思主义基本原理同中国具体实际相结合的复杂而曲折的过程。铸牢

---

[1] 习近平:《在全国民族团结进步表彰大会上的讲话(2019年9月27日)》,人民出版社,2019,第4、5、6页。

中华民族共同体意识，贯穿于中国共产党把马克思主义基本原理同中国具体实际相结合的探索过程。

建设新中国离不开建设新型的民族关系；探索中国特色解决民族问题的道路、制定符合国情的民族理论和民族政策，离不开民族平等和民族团结的原则。早在1920年中共建党前一年，毛泽东就提出"帮助蒙古、新疆、西藏、青海自治自决，都是很要紧的"①。1931年"九一八事变"之后，中国共产党将国内各民族合称"中国民族"，随后改为"中华民族"，表明了建设统一的多民族国家的立场。② 1939年，八路军政治部编写发行了《抗日战士政治课本》，明确指出中华民族由几十个民族组成，包括汉、满、蒙、回、藏、苗、瑶、番、黎、夷等民族。③ 这个由各民族共同组成的"中华民族"与国民党的大民族中心主义立场划清了界限。新中国的建立标志了一个新纪元的开始，中华民族多元一体成为普遍共识，具有临时宪法性质的《中国人民政治协商会议共同纲领》宣布："中华人民共和国境内各民族一律平等，实行团结互助"，"使中华人民共和国成为各民族友爱合作的大家庭"；④ 1982年《中华人民共和国宪法》规定："中华人民共和国是全国各族人民共同缔造的统一的多民族国家。"⑤ 新时代来临，"中国""中华民族"这两个关键符号已经成为中国各民族交融共生的标志，成为各民族关键符号共同体的核心，成为各民族共有精神家园的灵魂。

2019年9月27日，习近平在全国民族团结进步表彰大会上发表重要讲话，他在讲话中指出："我们党创造性地把马克思主义民族理论同中国民族问题具体实际相结合，走出一条中国特色解决民族问题的正确道路，确立了党的民族理论和民族政策，把民族平等作为立国的根本原则之一，确立了民族区域自治制度，各族人民在历史上第一次真正获得了平等的政治权利、共同当家做了主人，终结了旧中国民族压迫、纷争的痛苦历

---

① 《毛泽东书信选集》，中央文献出版社，2003，第3页。
② 陈建樾：《激荡与互动：中国共产党民族团结思想的提出与清晰化》，《西南民族大学学报（人文社会科学版）》2017年第2期。
③ 八路军政治部：《抗日政治课本》（摘录），载中共中央统战部编《民族问题文献汇编一九二一·七——一九四九·九》，中共中央党校出版社，1991，第807页。
④ 《建国以来重要文献选编》第一册，中央文献出版社，1992，第12页。
⑤ 《十二大以来重要文献选编》（上），人民出版社，1986，第218页。

史，开辟了发展各民族平等团结互助和谐关系的新纪元。""我们坚持准确把握我国统一的多民族国家的基本国情，把维护国家统一和民族团结作为各民族最高利益；坚持马克思主义民族理论中国化，坚定走中国特色解决民族问题的正确道路；坚持和完善民族区域自治制度，做到统一和自治相结合、民族因素和区域因素相结合；坚持促进各民族交往交流交融，不断铸牢中华民族共同体意识；坚持加快少数民族和民族地区发展，不断满足各族群众对美好生活的向往；坚持文化认同是最深层的认同，构筑中华民族共有精神家园；坚持各民族在法律面前一律平等，用法律保障民族团结；坚持在继承中发展、在发展中创新，使党的民族政策既一脉相承又与时俱进；坚持加强党对民族工作的领导，不断健全推动民族团结进步事业发展的体制机制。"[1]

习近平明确指出："要向各族人民反复讲，各民族都对中华文化的形成和发展作出了贡献，各民族要相互欣赏、相互学习。把汉文化等同于中华文化、忽略少数民族文化，把本民族文化自外于中华文化、对中华文化缺乏认同，都是不对的，都要坚决克服。"[2]

以习近平同志为核心的党中央反复强调"铸牢中华民族共同体意识"的重要性，反复强调文化认同是"根"、是"魂"的重要性，号召构筑中华民族共有精神家园，为建设人类命运共同体做贡献。从中国国情出发，高层为"铸牢中华民族共同体意识"定调，这是至关重要的第一步；中层领导贯彻执行、积极推动"铸牢中华民族共同体意识"的总方针，这是第二步，没有各地、各部门中层领导的积极推动和主动参与，"铸牢中华民族共同体意识"就难以落实到位，也难以真正贯彻执行。"政治路线确定之后，干部就是决定的因素。"[3]

中层铸牢中华民族共同体意识。中华民族由中国各民族共同组成，是百川归海的共同体，是交融共生的共同体。中层领导干部是否能够清楚地认识到这一点，事关大局，十分重要。中央制定的有关民族团结的大政方针，只有在落实之后才能见效，因此中层领导干部的作用就十分

---

[1] 习近平：《在全国民族团结进步表彰大会上的讲话（2019年9月27日）》，人民出版社，2019，第1~2、3页。
[2] 《习近平著作选读》第一卷，人民出版社，2023，第285~286页。
[3] 《毛泽东选集》第二卷，人民出版社，1991，第526页。

重要，他们是上传下达的桥梁，没有他们的纽带作用，没有他们推动和指导基层干部发挥作用，中央的大政方针很容易流于形式，变成空洞的口号、挂在嘴上的漂亮辞藻。

在民族地区长期工作的中层领导干部和少数民族朝夕相处，具有和少数民族交往、交流、交融的经验，其中许多领导干部本身就是少数民族。他们熟悉少数民族事务，掌握民族政策，是中央和民族地方之间的桥梁和纽带。

但是，在沿海发达城市，情况就不同了，除专门负责民族、宗教事务的干部，其他中层领导干部大多对于民族事务、民族政策、民族法规不大了解或知之甚少。同时，越来越多的少数民族人口流入沿海城市，他们调动转业、毕业分配、求学应聘、打工创业、婚恋入城。《中国民族统计年鉴2022》数据显示，从2000年到2020年，我国发达省份的少数民族人口流动大量增加，其中北京市的少数民族人口从约59万人增加到105万人，增加近1倍。在此期间，沿海的上海、江苏、浙江和广东4省份少数民族人口的增幅都在1~5倍：上海少数民族人口由10万人增加到40万人，增加3倍。① 各类人群跨区域大流动，会聚到城市，萍水相逢，语言文化从单向同化变成双向交融，新面孔要组成复杂共同体，培育共同体意识，城市中层领导干部很关键，他们的工作涉及政令下达，贯彻执行，涉及市民的日常生活，涉及社会的满意度，也涉及美好生活。在涉及少数民族事务的时候，中层领导干部就更加重要，他们是民族关系的协调者、民族政策的执行者、民族团结的推动者和中华民族共同体意识的铸牢者。

但是，中层领导干部仍然不大适应少数民族跨区域流动的趋势，对于新形势下的城市少数民族工作有待采取更加积极主动的态度。对于城市少数民族流动人口，既不能放任自流，又要依法保障各民族的合法权益，"坚决纠正和杜绝歧视或变相歧视少数民族群众、伤害民族感情的言行"，引导流入城市的少数民族群众遵纪守法，还要"推动建立相互嵌入的社会结构和社区环境"。② 过去，有一些城市的民族工作不够给力，其

---

① 国家民族事务委员会经济发展司、国家统计局国民经济综合统计司编《中国民族统计年鉴2022》，中国统计出版社，2024，第475~476页。
② 习近平：《论坚持人民当家作主》，中央文献出版社，2021，第108页。

原因大致有三：这些城市的少数民族人口毕竟很少，只要学好当地的语言文化、遵纪守法，融入社区生活即可，而人口占绝对少数的那些外来文化人群，也别无选择；因为少数民族人口不多，因此"民族问题"就不存在，就不需要"自寻烦恼"，"无事生非"；既然少数民族人口不多，"民族问题"又不存在，就不需要开展民族研究工作，不需要了解太多的民族理论和民族政策，做到立竿见影、解决实际问题即可。其实，城市里的少数民族只是诸多文化人群之一，在北京、上海、广州这样的国际型超大城市，除了少数民族，还有来自国内外的各类文化人群，这些文化人群在新的都市环境里，语言、工作、生活、习惯等方面，会遇到许多相似的问题。随着这些超大城市以及其他中小城市的国际化程度进一步提高，随着更多的外来文化人群流动进来，包括民族事务在内的各类文化群体的事务，会变得越来越重要，涉及这些文化人群的问题也会越来越多。

然而，时不我待，在中央的布局中，推动城市民族工作已经成为国内民族事务的新着力点之一。2019年10月23日，继习近平在全国民族团结进步表彰大会讲话之后，中共中央办公厅、国务院办公厅印发《关于全面深入持久开展民族团结进步创建工作铸牢中华民族共同体意识的意见》，要求各地区各部门认真贯彻落实，其中强调利用新媒体和新技术，"深化民族团结进步宣传教育"，"推进'互联网+民族团结'行动"，"把互联网空间建成促进民族团结进步、铸牢中华民族共同体意识的新平台"；要求"把民族团结进步创建工作纳入地方党政领导班子和领导干部政绩考核内容"。①

学界铸牢中华民族共同体意识。学界为国家大政方针、民族理论和民族政策提供重要的知识支撑和咨政参考，学术话语可以转化成为官方话语和民众话语，学术关键词会变成政府和百姓的关键词，学术资源是社会资源的一部分，也可以以智库和智囊的形式转化为政府资源。学界关于民族事务的理论观点、对策建议至关重要，这也决定了学界铸牢中

---

① 《中共中央办公厅 国务院办公厅印发〈关于全面深入持久开展民族团结进步创建工作铸牢中华民族共同体意识的意见〉》，中国政府网，https://www.gov.cn/xinwen/2019-10/23/content_5444047.htm。

华民族共同体意识的重要性。

虽然学界人士眼界开阔,知识面广,但看问题的方式方法差距较大,立场不同,看到的现象也不同,对于问题的分析解答和对策建议更加不同。以前些年关于民族问题"去政治化"的讨论[①]为例,虽然论辩双方都以"国家社稷"为重,都从民族团结进步的良好愿望出发,但由于学科背景、知识积累和学术立场的差距较大,很难求同存异、达成"重叠共识",只能更多地服从中央精神,紧密关注政府决策。

学界研究民族有两种视角:一是普遍、平面地看问题;二是特殊、立体地看问题。前一种视角大多持概念先行的立场,从国民平等的立场出发,横向而非历史地看问题,强调人人平等,去特殊化,认为群体特殊不应取代或者压制个体自由;后一种视角持实践第一的立场,强调具体情况具体分析,强调情景,强调历史。仅就"民族"概念来说,持普遍主义观点的人不会强调"民族"的特殊性,而是默认"民族"概念的普遍性,把它作为一个分析概念,可以和外语直接对译;持特殊主义观点的人会强调中国"民族"与外国"民族"的不同,强调中外"民族"的不可通译,"中央民族大学"英译 The Minzu University of China 颇具代表性,用汉语拼音而非 nation、nationality、ethnicity 来翻译"民族",突出了本土特色,也反映了跨国、跨文化翻译的难度。当然,根据维特根斯坦关于语义来自语用的经典理论,语词概念的意义来自它们在具体语境中的用法,这是很有道理的:"不要想,要去看";我们说"跑""跳""美""正义""合理"等,"我们说了一辈子,也从未用错过一次",但是要我们去编词条、做定义就难了,因为"使用概念来说话和对概念本身进行考察、界定不是一回事"。[②] 我们在使用"民族""国民""平等"等概念的时候,不能不考虑这些概念在具体语境下的用法,它们背后的隐喻,它们在不同民族语言里的语义切分,等等。

---

① 马戎:《理解民族关系的新思路——少数族群问题的"去政治化"》,《北京大学学报(哲学社会科学版)》2004 年第 6 期;陈建樾:《多民族国家和谐社会的构建与民族问题的解决——评民族问题的"去政治化"与"文化化"》,《世界民族》2004 年第 5 期;王希恩:《也谈在我国民族问题上的"反思"和"实事求是"——与马戎教授的几点商榷》,《西南民族大学学报(人文社会科学版)》2009 年第 1 期。
② 陈嘉映:《维特根斯坦的哲学观》,《现代哲学》2006 年第 5 期。

习近平总书记于2019年9月27日在民族团结进步表彰大会上发表讲话，提出各民族共同开疆拓土、共同书写历史、共同创造文化、共同培育精神的"四个共同"，讲历史，讲大局，讲趋势，再一次明确无误地定位新时代背景下的"中国"和"中华民族"，充分体现中国各民族不分大小都对中国建设有贡献的平等观，为少数民族作为新时代中国人而感到自豪、作为新时代中华民族一分子而感到骄傲提供了令人信服的根据。学界铸牢中华民族共同体意识的关键在于认清中国历史的主流，认清各民族共同为中国辽阔疆土的形成、中国绵延历史的书写、中国灿烂文化的创造、中国伟大精神的培育所做出的重大贡献，认清马克思主义民族理论中国化、本土化的重要意义，认清中国共产党在正确解决民族问题和正确处理民族事务的过程中发挥的突出作用。

目前学界普遍对少数民族事务不甚了解，尤其对少数民族的历史文化知之不多，总把有关少数民族的判断建立在直觉、歧视或普遍概念之上，他们受我族中心主义的影响，难以从对方角度看问题，片面地认为自己的观点是"科学""客观"的，对方的观点是"感情用事""主观的""狭隘的""落后的"等。例如，有的学者片面地认为美国政府实行"熔炉政策"把族群问题解决了，我们要学习他们，对少数民族实行同化政策，以确保社会安全稳定。事实上美国"熔炉政策"从来没有成功过。[1] 自美国建国以来，成千上万的移民蜂拥而至，来自德国、爱尔兰、意大利和波兰的移民及其后代，在进入美国主流社会之后掌握了英语和盎格鲁-撒克逊文化，变成了美国白人，"白"和"非白"立即成为种族区隔的标记，非裔美国人、墨西哥裔美国人、亚裔美国人和美国印第安人受到各种潜在或者公开的歧视，而这些"非白"族群也不愿意完全放弃自己的语言和文化，"熔炉政策"对他们的作用不如想象中那么大。美国政府在20世纪70年代开始实行多元文化主义，宣传非盎格鲁-撒克逊族群对美国的贡献，对他们实行双语制度。[2]

有些学者缺乏对少数民族的全面了解，把少数民族语言文化甚至少

---

[1] Nathan Glazer and Daniel A. Moynihan, *Beyond the Melting Pot*, Cambridge, Mass.: Harvard University Press, 1963.

[2] Raymond Scupin(ed.), *Race and Ethnicity: An Anthropological Focus on the United States and the World*, Upper Saddle River, New Jersey: Prentice Hall, 2003, pp. 118-123.

数民族群体与民族问题挂钩。例如，有的学者认为少数民族应该放弃自己的母语，把母语改为汉语，这样就可以避免因交流不畅造成的民族问题。岂不知，语言的边界与民族、国家的边界不重合是常态；即便是同文同种也不能保证同心，语同心异是常见现象。母语不通人心通，民族不同人心同，说蒙古语的人民楷模都贵玛收养了28名南方孤儿，受到各方高度评价的乌兰牧骑大多用蒙古语表演节目。

另有一些学者从民族本位出发，把中国历史等同于汉族历史，把少数民族排除在外，甚至把少数民族和外国人同等看待，认为五胡、元朝、清朝破坏了中华文明，他们不赞同清朝继承中华道统文化的说法。还有的学者对民族识别和民族区域自治制度的重要意义认识不清，认为民族识别和民族区域自治制度没有起到积极作用。针对这些认识不清的问题，需要讲历史，讲大局，正本清源，纠正偏激，澄清事实。

民众铸牢中华民族共同体意识。人口流动和网络交流方便了各民族之间的交流，增进了彼此了解，其正面作用不可低估。同时，人口流动和网络交流也为夸大民族矛盾、歪曲民族关系主流、宣传不利于民族团结的观点提供了平台，需要认真对待，不可放任自流。网络和坊间流传不少民族之间互相攻击的言论，涉及民族关系、民族政策、民族英雄、民族关系史等。各民族都有自己崇拜的历史人物，他们大义凛然，慷慨赴死，令人敬佩。不过，从铸牢中华民族共同体意识的大局出发，从新时代、新中国的长远发展着眼，在宣传和纪念某些历史人物的时候，还要考虑其他民族的感受和感情。同时，其他民族也要理解这些英雄人物在本民族心目中的地位，避免情绪化反应，讲包容，讲和睦。也许，等到各民族的自觉自信提高到一定程度时，就可以做到"各美其美""美人之美"了吧。

民众铸牢中华民族共同体意识需要有法律保障，要完善已经制定的有利于民族团结进步、反对民族歧视、反对民族分裂的法律、法规，同时也要加大落实执行的力度。根据2018年3月11日第十三届全国人民代表大会第一次会议通过的《中华人民共和国宪法修正案》"总纲"第四条：

中华人民共和国各民族一律平等。国家保障各少数民族的合法的权利和利益，维护和发展各民族的平等团结互助和谐关系。禁止对任何民族的歧视和压迫，禁止破坏民族团结和制造民族分裂的行为。

不过，制定和修订宪法是为了推进全面依法治国、推进国家治理体系和治理能力现代化，属于高屋建瓴、自上而下。对于基层民众来说，加强民族团结进步工作，还需要制定专门政策，细化落实，和风细雨，润物无声。在多民族国家进行跨文化通识教育很有必要，青少年要从小养成各民族互守尊严、彼此尊重语言文化的习惯，习得跨文化交往、交流、交融的能力，语言和文化不分民族一律平等，这是在长期的国际反种族主义运动中达成的共识。众所周知，黑格尔不看好方块汉字，认为"低等的"汉字不能为知识的自由发展提供空间，不利于科学思维，因此阻碍了科学发展。[①] 这个我族中心主义的偏见不攻自破，中国自古有发达的文明，经验性的科学技术也很发达，汉字并没有阻碍科技发展，李约瑟博士所著的《中国科学技术史》已经充分证实了这一点。当代中国拥有一支以汉语为母语的强大科学家队伍，他们是把中国建设成为现代化强国的主力军，汉语表达科技思想、进行理论思维的能力，毫不逊色于英语等西方语言。我们不能重蹈覆辙，像西方部分学者对待中国语言和文化那样，站在同样的我族中心主义立场歧视少数民族的语言和文化。

铸牢中华民族共同体意识需要高层领导、中层领导、学界、基层民众共同努力，高层与基层、中层与学界齐心协力，共同铸牢中华民族共同体意识。就目前情况看，高层非常重视铸牢中华民族共同体意识，从2019年9月27日习近平总书记在全国民族团结进步表彰大会上的讲话到2019年10月23日中共中央办公厅、国务院办公厅印发的《关于全面深入持久开展民族团结进步创建工作铸牢中华民族共同体意识的意见》，都充分证明了这一点。高层的共识固然重要，但这还不够，还需要全社会配合高层共同努力，在发动各种媒体宣传民族团结进步的同时，还要多总结民族团结进步的生动事迹，从历史到今天，发现民族团结进步的关键符号，创新民族团结进步的话语表达，以积极向上的正面宣传报道，

---

① Kenneth Robinson, Joseph Needham(eds.), *Science and Civilisation of in China, Vol. 7, Part I: Language and Logic by Christoph Harbsmeier*, Cambridge: Cambridge University Press, 2011, p. 25.

结合生动的民族志材料，双向铸牢中华民族共同体意识。①

中国有自己的特色，中国共产党有自己的特色，中国的道路有自己的特色，中国的文明有自己的特色，中国的历史有自己的特色，中国的民族有自己的特色，中国的民族区域自治制度也有自己的特色，这些都是我们深刻领会习近平关于中国疆域、历史、文化、精神"四个共同"的关键所在。

此外，把握好中华民族文化自古以来"互联共有"的特征，② 对铸牢中华民族共同体意识至关重要。我们的疆域，我们的历史，我们的文化，我们的精神，是各民族共同开拓、书写、创造、培育的。各民族在历史上交往、交流、交融，无论是彼此碰撞还是互相和好，他们对于历史文化和精神家园的"互联共有"是持续不变的突出特征：汉字把东西南北联系起来，历史上出现了西夏文、女真文、契丹字、蒙古文、方块壮字；满语的 Dulimbai gurun 和蒙古语的 Dumdadu ulus 给"中国"命名，胡汉一家，南北同在。

费孝通在 20 世纪 80 年代提出"中华民族多元一体"的观点，成为我们正确认知和把握中国多民族和睦共生的历史、现状和未来发展的重要理据。新时代来临，在进一步改革开放中，我国的民族关系也发生了新的变化，民族工作有"五个并存"的特点：改革开放和社会主义市场经济带来的机遇和挑战并存，民族地区经济加快发展势头和发展低水平并存，国家对民族地区支持力度持续加大和民族地区基本公共服务能力建设仍然薄弱并存，各民族交往交流交融趋势增强和涉及民族因素的矛盾纠纷上升并存，反对民族分裂、宗教极端、暴力恐怖斗争成效显著和局部地区暴力恐怖活动活跃多发并存。③ 面对这样一个错综复杂的形势，中央高层领导突出强调中华文化认同的重要性，强调文化认同是中华民族大团结的"根"和"魂"，号召构筑各民族共有的精神家园。只有牢牢抓住民族团结进步的"根"与"魂"，建设好各民族的共有精神家园，才能持续不断地推进民族团结进步事业的发展。

---

① 纳日碧力戈：《双向铸牢中华民族共同体意识》，《中南民族大学学报（人文社会科学版）》2019 年第 4 期。
② 纳日碧力戈、特日乐：《构筑中华文化共同体》，《广西民族研究》2019 年第 1 期。
③ 《十八大以来重要文献选编》（中），中央文献出版社，2016，第 105 页。

第四节　守望相助奉献祖国

自古至今，中国各民族以自己的辛勤劳动和创造发明，建设家园，服务社会，从各个方面为当代中国的繁荣昌盛打下坚实的基础。中华民族共同体的形成离不开多数民族和少数民族之间、少数民族和少数民族之间的守望相助，这种守望相助的范围涵盖了从精神到物质的人类生活的方方面面。

> 对我国在历史上的各方面的贡献，各族人民都有份，但我们研究得很不够。对于汉族是这样，对于少数民族更是这样。比如，火药、罗盘、造纸、印刷等四大发明，是应该大书特书的……又比如，对祖国国土的开发，我国各族人民都有他们各自的功劳，但往往对少数民族在这方面的贡献，我们注意得不够。范文澜同志说得好："依据历史记载，共同开发中国的各民族，一般说来，汉族最先开发了黄河流域的陕甘及中原地区，东夷族最先开发了沿海地区，苗族、瑶族最先开发了长江、珠江和闽江流域，藏族最先开发了青海、西藏，彝族和西南各族最先开发了西南地区，东胡族最先开发了东北地区，匈奴、鲜卑、柔然、突厥、回纥、蒙古各族先后开发了蒙古地区，回族和西北各族最先开发了西北各区，黎族最先开发了海南岛，高山族最先开发了台湾。①

汉族是中华民族的主体，历史悠久，文化灿烂，勤劳智慧，是世界上人口最多的民族，为全面建设中华民族共同体创造了辉煌业绩。汉字文化、礼仪典章、儒道思想、天文地理、衣食住行、民俗风情、建筑雕塑，都是中华民族共同体的关键性文化内核。青铜器、瓷器、丝织品、四大发明、琴棋书画、美食烹饪、节日庆典、戏剧曲艺、中医中药、保健养生等，都是中华文化和人类文化宝库中琳琅满目的珍品。

---

① 白寿彝主编《中国通史》第一卷《导论》，上海人民出版社、江西教育出版社，2015，第78页。

中华传统文化有深厚的积淀，影响深远。中国自古以礼仪之邦闻名于世，传统上的礼仪涉及政治体制、朝章法典、天地鬼神祖宗祭祀、水旱灾害祈禳、盟会锡命、学校选举、军队征伐、行政区域划分、宫殿房舍陵墓建造、衣食住行、冠笄婚嫁、言谈举止，可以说囊括了国家典章制度和个人伦理道德规范等方方面面的内容。[1] 中国古代书籍制度有简牍制度、卷轴制度和册页（叶）制度三大类，商代已有竹木制成的简册，稍晚出现了包括帛书和纸卷书的卷轴制度书籍，唐代以后发展出了与雕版印刷有关的册页制度书籍。[2] 中国书画堪称世界一绝，属于形气神交融的艺术。甲骨文、金文、小篆、隶书、楷书和甲骨、金石、纸墨笔砚"文房四宝"以及书家的传习修养相结合，承载了时代气韵；中国的绘画在世界绘画艺术中独树一帜，先用天然矿物质颜料画在陶器、地面和岩壁上，后来用笔墨画在墙壁、绢和纸上，传神写意，山水抒情。中国的农业至少在4000年前稳定发展，形成一套完整的科学技术体系，集中了历代劳动人民的智慧，源远流长，不曾中断。中国古代的天文历法、科学技术、陶瓷髹漆、建筑艺术也都很发达。

汉族从政治、经济、文化、卫生、教育等方面全面帮助了少数民族，是民族团结进步、共同繁荣发展的第一推动力。尤其中国是一个农业大国，汉族的农业文明深刻地影响了少数民族的农耕活动，为形成农牧、农林、农商等各类经济打下了坚实的基础。[3]

我国少数民族也对祖国有全方位的重要贡献，这是铸牢中华民族共同体意识需要牢记的重要内容。秦汉在新疆地区设置西域都护，在西北羌地设置护羌校尉，在东北乌桓地区设置护乌桓校尉，在相当于今天的桂、滇、黔、琼等地设置郡县，扩大了疆域；匈奴与此同时统一了中国北方游牧民族，建立了号称"引弓之国"的强大政权。时至魏晋南北朝，民族大迁徙带来大融合，大量少数民族进入中原，大量汉族人民南迁长江、珠江流域，或北迁关外。唐初呈现"胡越一家"的盛况，唐太宗称

---

[1] 阴法鲁、许树安、刘玉才主编《中国古代文化史》（插图本）上，北京大学出版社，2008，第109页。
[2] 阴法鲁、许树安、刘玉才主编《中国古代文化史》（插图本）上，北京大学出版社，2008，第349~379页。
[3] 丹珠昂奔主编《少数民族对祖国文化的贡献》，中央民族大学出版社，2012，第2页。

"天可汗"，民富国强，增强了周边民族的向心力和内聚力。宋朝先后与辽朝、金朝对峙，但交往交流密切，辽、金、西夏、大理等政权吸收了中原王朝的统治经验。元朝扩展疆域，创设行省制度，为近代中国疆域的形成奠定了强大基础。清朝奠定了现代中国的版图，从东北、蒙古、新疆、西藏至我国南部、东部的整个地区都统一在中国版图之内。① 纵览当代中国版图，少数民族主要居住在西部和边疆地区，全国近70%的少数民族人口居住在西部12个省（自治区、直辖市）；少数民族集中分布在西南和西北地区，全国近60%的少数民族人口生活在边疆9省（自治区），边境县2000多万人口的一半是少数民族，约30个少数民族与历史上的同一民族跨境而居。我国少数民族大多常年生活在祖国边疆地区，守土有责，守土尽责，为保家卫国做出了贡献。

少数民族对祖国文化也有多方面的贡献，涉及语言文字、宗教信仰、文学、戏剧、音乐、舞蹈、美术、古籍、节日、服饰、饮食、建筑、科学技术、医药、传统体育。② 民族文化丰富多彩，其中语言文字最为突出耀眼，它们既是民族文化的核心部分，也是民族文化的载体、记忆库、数据库和博物馆。我国的55个少数民族中有22个民族使用28种现行文字。此外，我国少数民族还有大约70种民间和古代的少数民族文字，例如：

> 仿汉字的方块壮文、方块白文、方块瑶文、方块布依文、方块侗文、方块仡佬文；变汉字的契丹大字、女真大字；汉字笔画重组字的西夏文、契丹小字、女真小字、朝鲜文、旁海苗文、新平傣文。③

另外，还有印度字母文字、阿拉美草书变体文字、阿拉伯字母文字、拉丁字母文字、自源文字（沙巴文、东巴文、哥巴文、玛丽玛萨文、彝文、汪忍波文、水字）。少数民族语言承载着少数民族的历史文化成果，

---

① 国家民委《民族问题五种丛书》编辑委员会、《中国少数民族》编写组、《中国少数民族》修订编辑委员会编《中国少数民族》（修订本），民族出版社，2009，第12~19页。
② 丹珠昂奔主编《少数民族对祖国文化的贡献》，中央民族大学出版社，2012。
③ 丹珠昂奔主编《少数民族对祖国文化的贡献》，中央民族大学出版社，2012，第7页。

少数民族文字把一部分历史文化的精品记录下来,例如最初用口头语言传承下来的藏族史诗《格萨尔王传》、柯尔克孜族史诗《玛纳斯》、蒙古族史诗《江格尔》、佤族史诗《司岗里》、哈尼族史诗《奥色密色》、拉祜族史诗《牡帕密帕》、阿昌族史诗《遮帕麻和遮米麻》、景颇族史诗《目瑙斋瓦》。

我国许多少数民族有修史的传统。蒙古族历史学家撰写了《蒙古秘史》《圣武亲征录》《蒙古黄金史》《蒙古源流》《白史》《黄金史纲》《俺答汗传》等;藏族史学家撰写了《贤者喜宴》《西藏王统记》《西藏王臣记》《新红史》《青史》等;满族有《满文老档》;傣族有《泐史》。[①] 佛教和伊斯兰教传入我国之后,我国少数民族加以本土化,形成自己的特色。藏族创立了藏传佛教文化体系和各种流派,制成举世闻名的大藏经——《甘珠尔》《丹珠尔》;回族、维吾尔族等创立了中国伊斯兰文化的体系和各种流派,回族伊斯兰学者撰写的大量中国伊斯兰著作,为建立中国伊斯兰学说奠定了基础;其他民族的宗教学者也结合本民族的文化,创作了大量本民族的宗教典籍,在我国宗教学说、宗教流派的建立等方面有突出表现。[②]

我国的少数民族美术是中华民族共同体美术的重要组成部分。中原地区的仰韶美术文化、西藏昌都地区的卡若美术文化、新疆喀什地区的乌帕尔美术文化、内蒙古赤峰地区的红山美术文化,均有 5000~6000 年的历史,四个地区相距数千公里,各自独立形成,特别是花山岩画、阴山岩画是最早的美术遗存。"可以说少数民族美术是中华美术史的肇始之一";"巴蜀故地的三星堆雕塑美术不仅填补了商周时代的缺乏人像青铜艺术的空白,而且也改写了中国传统美术发展的历史"。[③] 我国少数民族根据不同的生存环境、不同的生活方式、不同的文化传统和不同的宗教信仰,发展出不同的美术文化,例如绘画方面有北方草原画派、西夏画派、藏传佛教艺术画派、西域画派等;雕塑方面有以广西为代表的南方铜鼓雕塑美术、以三星堆为代表的青铜雕塑美术、以鲜卑族为代表的北

---

① 杨建新:《中国少数民族通论》,民族出版社,2009,第 130 页。
② 杨建新:《中国少数民族通论》,民族出版社,2009,第 130 页。
③ 张甜甜:《刍议少数民族美术对中华美术的贡献》,《民族论坛》2013 年第 3 期。

方石窟雕塑美术等。①举世闻名的敦煌、云冈、龙门三大石窟是在少数民族政权时期创造的：氐人的前秦在建元二年开凿了敦煌莫高窟；匈奴人的北凉先后开凿了酒泉文殊山、武威天梯山、肃南金塔寺等石窟；鲜卑人的西秦开凿了永靖炳灵寺石窟；羌人的后秦开凿了天水麦积山石窟；拓跋鲜卑人的北魏开凿了云冈石窟和龙门石窟。②

我国少数民族有丰富的艺术资源，大大丰富了我国的传统文化。少数民族有丰富多彩的传统戏剧文化，近20个少数民族形成了自己的戏曲剧种，其中包括藏、蒙古、维吾尔、壮、侗、白、傣、苗、布依、朝鲜、满、彝、毛南、佤、仫佬等族；音乐方面有布依族大歌、侗族大歌、壮族"欢悦"等多声部民族歌，有蒙古族长调和呼麦唱法，还有许多民族的劳动歌、山歌、礼俗歌曲、摇篮歌、叙事歌曲；民族民间舞蹈分为草原文化型、农牧文化型、绿洲文化型、海洋文化型、农耕文化型等；我国少数民族传统美术遗产中，纳西族的东巴艺术遗产、青海黄南藏族自治州热贡艺术遗产和广西壮族铜鼓文化遗产，进入了世界级、国家级非物质文化遗产名录。铜鼓文化是中国西南地区多民族共有的古老艺术传统，至今使用铜鼓的民族主要有壮族、布依族、傣族、侗族、水族、苗族、瑶族和彝族。③

我国少数民族在古代科技方面取得了成就，"拓展和丰富了我国古代科技领域的范围和成果"，如涉及天文历算的藏历和傣历，又如在地理学、水利工程、建筑工程、数学等领域的一些著作和成就。④

早在新石器时代广西就有古人在那里辛勤劳作。在桂林、武鸣、北海、钦州、灵山、合浦、东兴、柳城、柳江、南宁、邕宁、横县、扶绥、大新、全州、凤山、上林、龙州、平果、宁明、那坡等地，发现新石器时代遗址约80处，出土农具有石锛、石斧、石锄、石犁等；广西各族人民因地制宜，发明了"形如匙、长六尺许"的踏犁，一端有长一尺多、便于手持的横木，靠近铁铲木柄的地方嵌入便于脚踩的短木，翻土时可以代替耕牛，对挖掘巨大的树根也很有效。直到新中国成立之前，有些

---

① 陈兆复主编《中国少数民族美术史》，中央民族大学出版社，2001，第12~17页。
② 陈兆复主编《中国少数民族美术史》，中央民族大学出版社，2001，第15页。
③ 丹珠昂奔主编《少数民族对祖国文化的贡献》，中央民族大学出版社，2012，第68~149页。
④ 杨建新：《中国少数民族通论》，民族出版社，2009，第129页。

壮族地区还在使用这种踏犁。① 广西的瑶、苗等族人民的传统印染工艺水平较高,"他们很早就种植蓼兰,懂得制作蓝靛以染布匹",发明了"点蜡幔""瑶斑布"的"蜡染"印花法。

  大家知道,我国古代布、帛的印染工艺主要有绞缬、蜡缬和夹缬三种。夹缬是把需要印花的布帛,按一定规格以线缝扎,结成十字、蝴蝶、菱形、方格、海棠等花纹,然后进行染色晾干后折去线结,就显出白色斑纹图案。蜡缬也就是现代印染工业上的"防染染花法",它是先将黄蜡或白蜡画在布帛上,染色后再将蜡煮去,原来画蜡的地方就显出了白色花纹。夹缬是用两片镂有花纹的木板,将布帛夹在中间,然后将染料注入纹隙,形成花纹……这种印制花纹的最早历史已难以查考,但有人认为,在关于苗、瑶先人的"长沙、武陵蛮"时,《后汉书》中已有"衣斑烂布"的记载,所以很可能早在秦汉时期,他们就已采用了这种方法。②

2016年《中华人民共和国中医药法》明确规定中医药包括少数民族医药,少数民族医药和汉族医药一样具有悠久的历史。各族先民利用当地动植物、矿物等天然药物资源防病治病,积累了丰富的医疗经验,形成了地域民族特色的医疗理论体系。我国各民族的生活条件、地理环境和文化背景千差万别,他们的传统医药发展的情况也各不相同:有的积累了丰富的历史文献,形成了自己的哲学和医学理论体系;有的形成了言传身教的医药传统。我国的少数民族医药可分为三类:第一类是具有学科地位的藏医药学、蒙医药学、维吾尔医药学和傣医药学;第二类是尚未取得独立学科地位的壮、苗、彝、侗、土家、朝鲜、畲等民族的医疗理论体系;第三类是民族传统医药有零散的单方验方和医疗经验,只

---

① 胡起望、莫俊卿:《广西少数民族在历史上对祖国经济文化发展的贡献》,《广西民族大学学报(哲学社会科学版)》1978年第3期。
② 胡起望、莫俊卿:《广西少数民族在历史上对祖国经济文化发展的贡献》,《广西民族大学学报(哲学社会科学版)》1978年第3期。

能靠言传口授传承。①

在中国民主革命时期涌现出一大批做出了巨大贡献的少数民族人物。1911 年，满族人鲍化南、何秀斋等在凤城等地发动反清起义，英勇牺牲；1911 年，广州黄花岗起义 72 名烈士中有壮族志士韦云卿、韦树模。② 民国初年回族知识分子蔡大愚在甘肃法政学校向学生宣传马克思主义；北京蒙藏学校蒙古族学生荣耀先鼓励大家追求马克思主义真理；土家族知识分子向警予在"五四运动"中带领湖南溆浦女校师生游行、宣传反帝爱国思想；"五四运动"期间水族青年邓恩铭与王尽美等积极宣传马克思主义，后来成为中共一大和二大的代表；刘清扬（回族）是中国共产党早期组织巴黎小组成员；马骏（回族）是"五四运动"的学生领袖之一，"五四运动"时期郭隆真（回族）与向警予一道成为妇女界的领袖；李四光（蒙古族）与共产党人李大钊保持密切联系；在中国共产党发展、壮大之后，又涌现出了多松年（蒙古族）、李裕智（蒙古族）、乌兰夫（蒙古族）、粟裕（侗族）、韦拔群（壮族）、张伯简（白族）、徐克家（白族）、周保中（白族）、万涛（土家族）、马本斋（回族）等杰出人物。③

第五节 可持续的人文生态

如果我们把研究聚焦到生命活动之上，如果我们留心观察生存智慧，以生态的眼光、关联的视角观察世界万象，就能跨越民族和种族，跨越团体和党派，以辩证的观点看问题，既不失去亲身实践，不脱离生动的社会生活，也不脱离高于生活的理想，不放弃追求美德，在纷繁中梳理共性，在相对中提炼普遍。边疆发展和边疆保持、边疆发展和边疆恢复，并行不悖，相辅相成。生态学者们根据恢复力理论指出，自然和社会属于同一个大系统，二者互动并存，互为条件；这个系统不断处于开发—

---

① 丹珠昂奔主编《少数民族对祖国文化的贡献》，中央民族大学出版社，2012，第 277～305 页。
② 杨建新：《中国少数民族通论》，民族出版社，2009，第 132 页。
③ 杨宗丽：《少数民族杰出人物在中国共产党创建初期的重大贡献》，《中央民族学院学报（哲学社会科学版）》1992 年第 3 期；杨建新：《中国少数民族通论》，民族出版社，2009，第 132 页。

保持—衰落—恢复的过程，循环往复，不会在某个阶段长期停滞，一旦到了极限就开始崩溃、衰落和消亡。这是系统吸收干扰并保持原有功能和结构的生态过程。① 在现代主流思维中，人和自然对立，人被环境包围，不属于环境；人有义务改造环境，改造自然，使之顺应人的要求，服从人的需要。同理，在我们的思维中，我群和他群对立，民族之间界限分明，你就是你，我就是我，而不是彼此交融，互为环境，互利共生。拉科夫和约翰森指出，我们总是用自己的身体来比喻和观察世界，② 我们的哲学观根植于我们自己的肉身之中。③ 身体的生物学特性限定了我们的认知方式，让我们永远受到"物"的困扰。我们的眼睛只能看到前面的物象，看不到后面的；我们只能看到他人，看不到自己，要看到自己，就要借助媒介，是间接的，不是直接的。这样的生理局限造成我们的认知局限，只"瞻前"，不"顾后"。

我们在讨论少数民族发展时，较少把自己也作为讨论对象，缺乏反思，忘记了这样一个道理：少数民族的存在是由于多数民族的存在，边疆的存在是由于中心的存在，反之亦然。通过角色互换，通过人类学常说的"从本土人观点看问题"④，通过"浓描"，我们就能发现少数民族的发展如何出现了问题。少数民族社会"去问题化"能够让我们发现和发掘那些关于生态多样、语言多样、思路多样，处理问题和解决问题的方式多样的生存智慧，走出少数民族"边疆化"和"无知化"的怪圈。然而，由于我们认知的局限，我们看不到身后、看不到自己，我们不把自己作为环境的一部分，不把自己看作他人的"边疆"，我们会习惯性地把他人看作"边疆"，把边疆看成"问题"，把和我们相同的东西看成"文明"或"进步"，把和我们不相同的东西看成"落后"或"问题"。

---

① Brian Walker and David Salt, *Resilience Thinking: Sustaining Ecosystems and People in a Changing World*, Washington, Covelo, London: Island Press, 2006, p. xiii.
② George Lakoff and Mark Johnson, *Metaphors We Live By*, Chicago and London: The University of Chicago Press, 1980.
③ George Lakoff and Mark Johnson, *Philosophy in the Flesh: The Embodied Mind and Its Challenge to Western Thought*, New York: Basic Books, 1999.
④ 人类学研究的是文化意义，是客观表象后面的价值，不是文化物象和客观表象本身，这一点常常被研究者忽略或者忘记。人类社会的想象天地、神圣地理、仪式操演、送魂路线、萨满世界，是人类学者追寻意义的"田野"，是"实证"比较和理论升华的根据。

例如，有些学者希望在民族地区实现单语化，去除多语现象，这样既符合经济原则，也符合交流原则，有利于强化认同，有利于安邦定国，何乐而不为？但是，这种简单功利主义的观点存在诸多行不通的地方。

首先，环境与人类互动，产生特定语言和特定文化，这些特定的语言和文化记录着这个社群与环境相处的历史经验。[①] 这些经验会结构化，指导语言和文化实践，并在这个语言和文化实践中自生，即吉登斯（A. Giddens）所说的"结构二重性"。其次，语言多样性和生物多样性密切相关，即语言种类多的地方，生物种类也多。[②] 最后，多学科的研究也把语言和环境紧密连接起来，如认知人类学探讨人类感知和民间分类之间的联系，族群专名学研究专名如何为自然赋予意义，隐喻需要有自然脉络来解释，拟声学研究语音和自然之间的关系，心理－生理学研究感知、想象、记忆和人类活动征象（action-signs）之间的关系。[③]

此外，如前所述，特定语言和特定文化会嵌入社会结构之中，反作用于社会实践，制约行动者的思维方式和行动方式。吉登斯提出结构二重性，即"社会系统的结构性特征对于它们反复组织起来的实践来说，既是后者的中介，又是它的结果"[④]，语言和文化指导实践，也在实践中得到生产和再生产。换句话说，语言文化和实践都和环境密切相关，是共生关系，而语言文化和实践之间的结构二重性也在互动中生产和再生产了它们和环境之间的这种关联性。由此，边疆发展既要重视保持和恢复自然生态，也要重视语言和文化的遗产，重视语言和文化的多样性和生态多样性的密切联系。如果我们同意萨丕尔－沃尔夫语言相对论的"弱式"假说，即语言影响思维，那么，不同语言的生态认知和生态观念会产生相应的生态行为，这些生态行为又会反过来生产和再生产这些生态

---

① Jeffrey Wollock, "Linguistic Diversity and Biodiversity: Some Implications for the Language Sciences,"in Luisa Maffi(ed.), *On Biocultural Diversity: Linking Language, Knowledge, and the Environment,* Washington and London: Smithsonian Institution Press, 2001, p. 255.

② Luisa Maffi, " Introduction: On the Interdependence of Biological and Cultural Diversity," in Luisa Maffi(ed.), *On Biocultural Diversity: Linking Language, Knowledge, and the Environment,* Washington and London: Smithsonian Institution Press, 2001, pp. 1-50.

③ Luisa Maffi(ed.), *On Biocultural Diversity: Linking Language, Knowledge, and the Environment,* Washington and London: Smithsonian Institution Press, 2001, pp. 248-262.

④ 〔英〕安东尼·吉登斯：《社会的构成——结构化理论大纲》，李康、李猛译，三联书店，1998，第89页。

认知和生态观念。总而言之，语言和文化的多样性有利于生态多样性。

中国传统思想中的形、气、神三元观，是一种发展、保持和恢复的辩证观，形与气属物性，神属精神，其中形和神是存在态势，气是能量，三元互动，相得益彰。也就是说，从宇宙本体论出发的发展、保持和恢复，要兼顾物质和非物质现象，不能偏废，不能失衡。循环、弹性和成熟的发展观，要优于直线、刚性和幼稚的发展观。发展就是打破平衡，打破形、气、神之间的原有平衡，在互动中达到新的平衡，即动态平衡，在运动中保持生命和生活。但是，在达到新的平衡之前，这种暂时的失衡状态要保持在一定的限度内，在特定时段上要迅速恢复平衡，完成发展、保持、恢复的循环过程。遗憾的是，上述动态平衡仅仅是一种理想境界，在西方现代化前后的实践中，它被远远抛开，扩张和剥夺成了硬道理。克罗斯比《生态扩张主义》一书，描述 900~1900 年欧洲人如何扩张到西伯利亚、非洲、美洲和大洋洲，使之欧洲化，他们在移民的同时，给新世界带去旧世界的物种和疾病，导致外来生物挤占了本土动植物的生存空间，许多物种乃至民族惨遭灭绝，这不仅仅是军事征服问题，更是生物学问题。[①]

> 美洲和澳大利亚曾两次为人类提供有利条件，一次是在旧石器时代，另一次是在过去到五百年中。中全新世的头几千年里，人类第一次进入这些泛古陆分裂后较小板块时所带来的好处几乎已经耗尽。今天我们正利用着人类第二次迁入美洲后所获得的好处，但大面积的地表腐蚀，土壤的肥力下降以及那些依靠新欧洲丰饶土地的人口的迅速增长提醒我们，这些好处是有限的。我们需要某种堪与新石器时代相媲美的发明创造上的兴旺繁荣，或者如果办不到这一点的话，也应是智慧领域的欣欣向荣。[②]

新中国成立初期，在民族地区制定发展计划时存在两个缺点：一是

[①] 〔美〕艾尔弗雷德·W. 克罗斯比：《生态扩张主义——欧洲 900~1900 年的生态扩张》，许友民、许学征译，辽宁教育出版社，2001。

[②] 〔美〕艾尔弗雷德·W. 克罗斯比：《生态扩张主义——欧洲 900~1900 年的生态扩张》，许友民、许学征译，辽宁教育出版社，2001，第 303 页。

见物不见人,见形不见神;二是只发展不保持,只开发不恢复。这是因为人们受到机械功能主义的影响,把生态环境只作为改造、征服和利用的对象,忽视了人的主体性,忽视了文化的能动作用,没有自觉地把人类自身归入生态环境中,作为它的一部分,也没有遵守发展、保持、恢复的辩证规律。换个角度说,就是没有从整体观、系统观看问题,没有把人类作为宇宙万物的一部分。过去的发展观多从孤立、分离的观点看问题并加以实践,把物质世界和精神世界割裂开来,或单纯改天换地,没有把人和自然联系起来,没有把形、气、神联系起来。用皮尔士理论分析,① 就是把征象、对象和释象割裂开来,强自然所难,以对抗的方式制造问题和解决问题,造成各种"扩大化"错误,给社会和自然都带来危害。究其原因,这是民族中心主义和文化中心主义在起作用,它们遮蔽了本族、本文化的局限性,把狭隘的"本我"投射到他者身上,把"我思"附加在他物之上。

我们看到,很多人研究刀耕火种,他们关注的对象,往往是刀耕火种本身,而对于从事刀耕火种的民族及其相关的社会和文化,则置之度外。他们完全不了解从事刀耕火种的少数民族,对他们的生存、愿望和发展毫不关心……我们的研究者总习惯于用自身熟悉的"先进民族"和"先进地区"的模式去衡量和评判一切,他们从来不曾怀疑过对于"原始、落后、愚昧"的刀耕火种民族的蔑视和指责的"正确性",更没有想到是否应该转换一下立场,设身处地地为他们想一想,他们这样做究竟是为了什么?②

---

① 皮尔士(Charles Peirce,又译作皮尔斯)的符号"三性"(Thirdness)论,也是一种三元互动观,他强调作为物觉的"征象"(sign)、作为所指的"对象"(object)和作为解释系统的"释象"(interpretant)之间的联动、统合的关系。征象是第一感觉,对象是感知,释象是升华,是头脑里的"真正指号",它们之间保持密切的三维关系。皮尔士理论是一个辩证体系,是一个从实践到理论,从理论再回到实践的开放模型。根据西尔沃斯坦(M. Silverstein)对皮尔士理论的解释,包括征象的"第一"表达指号载体的性质,包括对象的"第二"表达所指实体的性质,而包括释象的"第三"表达"信号受指体"(entity signaled)和"信号发出体"(signaling entity)之间关系的性质。参见纳日碧力戈《语言人类学》,华东理工大学出版社,2010,第155~157页。
② 尹绍亭:《人与森林——生态人类学视野中的刀耕火种》,云南教育出版社,2000,第10页。

在皮尔士的理论模型中，物感物觉、事物相指、象征意义等三类符号构成充满活力的生态，像一条变化无穷的链条，一端连接物觉，另一端连接心智，而且它们的位置会随机变换。在皮尔士的理论模型中，此时的物觉会转化成彼时的心智，彼时的心智又会融入此时的物觉，这种关联、对转、运动的认识论和本体论，符合人类学倡导的整体观，对于形成新的少数民族发展观具有重要的理论意义。如果我们对皮尔士的理论略加发挥并做适当修改，我们就可以说，少数民族社会发展首先会面对自然物象（"有一堆东西"），即征象；自然物象立刻指向所指（"那一堆东西是什么？""是敖包"），即对象；该所指复又指向解释系统（"敖包是蒙古人祭神的地方，是蒙古人认同的征象之一"），即释象。然而，对于不同的主体，征象—对象—释象互联体的意义不同：同样是大兴安岭的森林，外来的伐木工人看到的是用来加工的原料，采伐效率和他们的工资挂钩；本地的鄂温克猎民看到的是萨满精灵的寓所，他们顶礼膜拜，敬畏有加；而政府官员从本地资源开放中看到的是政绩和升迁。例如建设民族文化生态村中，有三个主体会卷入：学者要学以致用，政府要促进经济社会的发展，而本地人则希望改善生活，传承祖先的文化遗传。[①] 村民主导，学者指导，政府倡导的"三导"方针，虽然存在一定的内在紧张，但毕竟是向着以人民为本迈出一大步。这个主体之间的征象互动、对象互动和释象互动，无疑会给参与各方带来重叠共识，也可能照顾各自的人格尊严，在互利中各取所需，可能就是绿色生态。尽管皮尔士的符号三元论与中国传统上的形气神三元论不同，属于不同的阐释体系，但它们统一于"三性"，即不讲二元对立，而讲三元并存、三元互动、三元对转。贝特森（G. Bateson）指出，统辖我们思维和学习的心智体系，也统辖世间生物的进化和生存生态，有一个元模式（metapattern）统辖着世界。[②] 万物关联，即人类和其他生物，乃至和非生物，都生活在同一个超级生态系统中。

生物学的"基因漂移"理论强调，生物进化不仅仅是适应自然的结

[①] 陈学礼：《民族文化生态村——当代中国应用人类学的开拓》，云南大学出版社，2008，第2页。
[②] Gregory Bateson, *Mind and Nature: A Necessary Unity*, New York: Bantam Books, 1980 [1979].

果，也是在适应中能动地改造自然的结果，生物与环境互动，在互动中进化。生物可以同时成为进化的主体和进化的对象。此外，根据"基因漂移"理论，"优势基因"固然适应性强，但基因个体只有与环境互动，形成合力，才能够推动进化。进化单位是包括基因、生物和环境在内的较大网络，生物体和环境互动的历史决定后来的发展取向。① 因此，还是那一句话：万物关联，即人类和其他生物，乃至和非生物，都生活在同一个超级生态系统中。同样道理，新的边疆发展观要吸纳万物关联的生态思想，要把发展者自己纳入生态系统中，作为环境的一部分，人类既是生产者，也是被生产者。人类在生产他物的同时，也生产了自我。研究少数民族的学者和民族地区的开发者从这样的角度看问题，就能以生态的观点看待和对待当地的少数民族，善待那些弱势群体，既把他们看成语言文化群体，也把他们看成人类中的一员。

以人为本的研究要创新成为以生命为本、万象共生的研究，这是全球信息化、流动化新形势的要求，是人类学研究的新课题和新视点。超越地域、民族、文化、宗教的生命观，能够统合边疆发展、边疆保持、边疆恢复以及边疆多样性，在差异中保持同一，在发展中保持稳定。全球化并没有让符号脱离"物的困扰"，没有脱离新鲜的社会生活，也没有脱离物态生命。边疆人民和我们一样，首先是生命体，和周围的各种生命和非生命现象共存共生，"美美与共"。在这样的生命观作用下，通过"以生为本"的实践，会出现发展、保持、恢复三项全能，形气神三元一体，征象、对象、释象三性融合的生态景观。发展、保持、恢复属于"三"，形、气、神也属于"三"，征象、对象、释象也属于"三"。边疆发展不能搞二元对立，不能搞你死我活，只能协商、互利、共生，走第三条道路，由二生三。这种"三"的折中，照顾了历史，照顾了差异，也照顾了发展。中国传统上的形气神三元论，皮尔士的符号三元论，贝特森的万物关联，都体现了发展、保持和恢复的辩证思想，追求特殊与普遍的高度统一。"三"表达了过程和运动，是动态和生态的，同时它也体现了协商共识的真实生命过程，即超越二元对立的第三条道路。在"三"这个层面上，万物归一，跨越个人、家族、部落、民族、种族、国

---

① Williams Foley, *Anthropological Linguistics*, Oxford: Oxford University Press, 1997, pp. 43-48.

家、地区的努力也就成为可能。"二"是我们生物局限性的典型表达,它把复杂关联的世界万象化约为阴阳、水火、天地、上下、爱恨之类的二元对立,处于有你无我的矛盾关系中。"三"通过互动和连接将二元对立转化为三元对转。三元归一,既有抽象,也有具体;既有分类,也有沟通。"三"优于"二"。

第六章 "五通"铸牢中华民族共同体意识

铸牢中华民族共同体意识需要"五通"：心通，民心相通是铸牢中华民族共同体意识之本，感物入心，及物归心，物感物觉是民心相通的根据。情通，情感是人类的自然属性和文化属性，各民族情感交融有助于铸牢中华民族共同体意识。语通，民心相通离不开语言互通，少数民族学好自己母语的同时，学好全国通用语言，这是铸牢中华民族共同体意识的重要条件。文通，中国自古就是多民族共生的地方，中华民族多元一体的历史来自"满天星斗"的文明源流，辨析和研究这种包容、交融、互联的复杂性有助于我们更加深刻地认知铸牢中华民族共同体意识的重要性。政通，处理好民族事务，解决好民族问题，政治道路、政治理念和政治制度是关键，新中国创建的民族区域自治制度是确保政通族和的重中之重，是铸牢中华民族共同体意识、构筑中华民族共有精神家园的政治保障。

第一节 心通

民心相通是铸牢中华民族共同体意识之本，心通的首要前提是互相信任、互守尊严，其次是互相帮助、互相依赖。有了这些前提条件，将心比心、肝胆相照就顺理成章。中国古人说感物心动，心动音生；古希腊人说物触灵魂，语文产生。"感物""物触"人皆有之，是普遍性的根据；但语言和文字对这种"感物"和"物触"的反映可谓千差万别、丰富多彩，这是特殊性或相对性的根据。古人洞见何其相似乃尔！物质第一，传通第二，心智第三，"三生万物"。物感入心，心映万象，民心相通，万象共生。人生百变，语言丰富，文化多彩，但物感物觉的原初时刻相同,心灵触动的刹那间无异。民心相通就出现在这个原初时刻和刹那间,要及时发现,及时捕捉,及时抓牢。这个共享的原初时刻和刹那间为"及物归心"打下基础,一个是"地",一个是"天",为天下大同作证,为民心相通助力。宇宙万物丰富多彩、千变万化;物感物觉时刻更新,鲜活生动。不过,这种变化无居有物感和归心的普遍性,让民心相通、天下大同。

铸牢中华民族共同体意识首先要从民心相通做起,认真捕捉普遍性的物感物觉,捕捉物感物觉的那一刻,促成"及物归心""万物玄同""万象一源"。新中国成立后确认了55个少数民族,没有按照斯大林的民族定义区分氏族、部落、部族和民族,而是统称"民族"。毛泽东同志明确指出,"政治上不要去区别哪个是民族,哪个是部族或部落"[1]。

> 从政治上看,中国将上述人们共同体统称为"民族",对于坚持各民族一律平等的基本原则,增强各民族间的凝聚力,维护祖国的统一,团结各民族人民共同进行革命和建设,都是十分有利的。[2]

中国的"民族"概念颇有"及物归心"之意,重在民心相通,不在千差万别。"多"归"一","一"归心,心通千灯照,心通万象明。普遍的"一"和特殊的"多"是世间万象的两个方面,"一"容"多","多"生"一",是层级关系,是发展关系,是"道生一,一生二,二生三,三生万物""万物负阴而抱阳,冲气以为和"(《道德经·第四十二章》)的关系。民心合正道,民心融万象,民心地天通。民心相通是解决多元一体"一"与"多"关系的金钥匙。语言多、文化多、民族多是资源,是动力,不是累赘,更不是威胁;认同家园,心向祖国,是和合,是归一,不是同化,更不是消除。要让民众的心灵打上共同的印记,用不同的语言高唱共同的乐章,用不同的文化拥抱共同的家园,复调和声,雅俗共赏。

万物生长,万象共生,共同遵守统一的宇宙规律,人的心力和人的

---

[1] 《毛泽东民族工作文选》,中央文献出版社、民族出版社,2014,第185页。
[2] 施联朱:《民族识别与民族研究文集》,中央民族大学出版社,2009,第6~11页。

意志要符合这个宇宙规律才能够让希望变成现实,才能够充分利用物质"尚未"的可能性和开放性,①用建立在辩证唯物主义基础之上的意志推动希望的实现,建设中华各民族共有精神家园,铸牢中华民族共同体意识,进而提升到人类命运共同体的高度,以百川归海的气度,不忘理想,充满乐观,克服艰难,勇往直前。

第二节 情通

2015年1月20日,习近平总书记在会见云南贡山独龙族怒族自治县干部群众代表时说:"独龙族人口不多,也是中华民族大家庭平等的一员,在中华民族大家庭中骄傲地、有尊严地生活着,同各族人民一起,为全面建成小康社会的目标奋斗。"② 这是对我国各族人民平等相待、团结和睦、共同发展的最好表达。

情感是人类乃至动物界的自然属性,对于人类来说还是文化属性。从美学、新马克思主义到社会学、人类学,从苏珊·朗格、阿格妮丝·赫勒到舍勒、格尔茨,学者们从不同的学科和个人的角度对情感进行了深入研究。③ 康德著有《纯粹理性批判》《实践理性批判》《判断力批判》,后人称"三大批判",其中后两本涉及伦理学和美学,强调道德意志的本质和原则,人类精神活动的目的、意义、美学鉴赏力和幻想力以及其他因素。康德认为理性的全部旨趣在于回答三个问题:我们能知道什么?我们应该做什么?我们可以希望什么?这三个问题对知识无所裨益,但是对理性和伦理有真正的价值。④ 意志自由超越了时空、因果秩序

---

① 恩斯特·布洛赫认为物质有开放性,具备"尚未"的可能,我们要敞开希望,不放弃"具体的乌托邦"。参见金寿铁《希望的视域与意义——恩斯特·布洛赫哲学导论》,商务印书馆,2016,第五章"希望哲学的存在论",第143~172页。
② 《习近平会见贡山独龙族怒族自治县干部群众代表侧记》,人民网,http://politics.people.com.cn/n/2015/0122/c70731-26434184.html。
③ 张桔:《人类学视野下情感的自我表述与研究维度述论》,载何明主编《西南边疆民族研究》第26辑,社会科学文献出版社,2018,第233~242页。
④ 〔美〕弗兰克·梯利:《西方哲学史》,贾辰阳、解本远译,吉林出版集团有限责任公司,2014,第408页。

的表象，因为"呈现给我们的感官的世界不是真实的世界"①，这个观点和康德关于物自体不可知的理论是一致的。需要指出，"物自体"本身就是认知的对象，也是被感觉之物，如果不能被认知，就只能是唯心或者意志的产物，难免陷入虚幻。如果从心物交融的符号学②观点出发，把"物性""对象""思维"都看成是"物物相指""事事相指"的关系，而不是彼此隔绝、无关联的"物自体""事自体""思自体"，那么，这个世界就可以被感知，可以有条件地③被思考，也可以被认知、被把握。因此，包括情感在内的心理活动一定和物质有关联，从物质中来，到物质中去，心与物因关联互指而自立④。我们从符号关联中能够不断加深和扩大认识物质世界，当然这是一个无尽和开放的过程。正是因为如此，我们的情感、我们的希望就派上了用场，用不期待回报的情感和融入自然的美德去关爱他人和他族，超越我们十分依赖却又十分简单化的感官境界。仅就这一点来说，它呼应了马克思生态哲学，马克思指出："劳动首先是人和自然之间的过程，是人以自身的活动来中介、调整和控制人和自然之间的物质变换的过程。"⑤

> 由物质变换出发，马克思的生态哲学中的善不是人类的纯粹利益，也不单是自然的内在价值，而是人与自然互动产生的物质变换，这种物质变换使得人可以向自然界提取其身所需，也同样有义务反馈自身的能量来养育自然。⑥

当然，这种指号过程不仅限于物质变换，它还包括精神变换，包括人的自觉和自信。只有把"自恋自爱"融入万物之爱，把自我融入人与自然、人与社会的符号之网中，我们的认知才有根基，我们的意志才能

---

① 〔美〕弗兰克·梯利：《西方哲学史》，贾辰阳、解本远译，吉林出版集团有限责任公司，2014，第410页。
② 指普安索（John Poinsot）-皮尔士（Charles Peirce）传统的符号学。
③ 指"物""象""思"的交汇处。
④ 在相对和关系中"自立"，不是无关联的绝对自立。
⑤ 《马克思恩格斯选集》第二卷，人民出版社，2012，第169页。
⑥ 李钦：《基于马克思实践观的"大地伦理"思想研究》，硕士学位论文，北京邮电大学，2016。

推动，我们的实践才有根据，我们的希望才有光明。格尔茨充分肯定他者文化的完美，人类生活具有神圣性，阶级、种族、辈分之间要平等；[①] 群体和个人的尊严来自群体认同。[②] "地方知识告诉我们：拥有美德的群体和个人，包容他者的群体和个人，是最有尊严的群体和个人。"[③]

第三节 语通

亚里士多德在《解释篇》里把人类语言的起源追溯到"心灵的经验"：

> 口语是心灵的经验的符号[④]，而文字则是口语的符号。正如所有人的书法并不是相同的，同样地，所有的人也并不都是有相同的说话的声音；但这些声音所直接标志的心灵的经验，则对于一切人都是一样的，正如我们的经验所反映的那些东西对于一切人也是一样的。[⑤]

无论哪一个民族，语言和文化可以不同，风俗习惯可以不同，但心

[①] Clifford Geertz, *Life among the Anthros and Other Essays*, Fred Inglis (ed.), Princeton and Oxford: Princeton University Press, 2010.

[②] Clifford Geertz, *Available Light: Anthropological Reflections on Philosophical Topics*, Princeton: Princeton University Press, 2000.

[③] 纳日碧力戈：《格尔茨文化解释的解释》（代译序），载〔美〕克利福德·格尔茨：《地方知识——阐释人类学论文集》，杨德睿译，商务印书馆，2014，第21页。

[④] "心灵的经验"出自方书春所译 Richard McKeon (ed.), *The Basic Works of Aristotle* (New York: Random House, 1941) 中的《解释篇》，英文为：Spoken words are the symbols of mental experience and written words are the symbols of spoken words (1 [16a])。不过，查 Jonathan Barnes (ed.), *The Complete Works of Aristotle* (New Jersey: Princeton University Press, 1991)，英文为：Now spoken sounds are symbols of affections in the soul, and written marks symbols of spoken sounds (DE INTERPRETATIONE, Translated by J. L. Ackrill, p. 2 [16a1-16a3])。根据 Deborah K. W. Modrak, *Aristotle's Theory of Language and Meaning* (Cambridge: Cambridge University Press, 2001, p.21), mental experience / affections in the soul 的希腊文是 πάθημα（pathema），她认为可直译为 the result of some action on the mind（外物触及心灵的结果）。因此，"心灵的经验"似可以更准确地翻译为"心灵的触动"。

[⑤] 〔古希腊〕亚里士多德：《范畴篇 解释篇》，方书春译，商务印书馆，1986，第55页。

灵触动是相同的。以心灵触动的那一刻沟通天地，以万物万象引发的激情重叠共识，就可以让中华民族共同体精神立足于各民族语言文化的丰富多彩之上，由"多"生"一"，由"一"返道，回归自然。

亚里士多德关于语言起源的论说让我们充满希望。他在《解释篇》里说，人类口语象征了心灵感物的经验，而文字又象征了人类口语，尽管表达心灵经验的口语和文字各不相同，但心灵经验本身是相同的。① 这是民心相通的基础，语言不同，文字不同，并不影响心灵经验相同，也不影响民心相通。

语言多样不是累赘，而是资源，是动力。中国各民族的语言有129种，各种语言长期互相接触，互相影响，交融共生。有的时候，原本结构差异很大的两种语言因深度接触而发生结构上的质变，"形成了非甲非乙的新语言"，即"混合语"，如四川省甘孜藏族自治州汉藏语言混合形成的倒话，青海省同仁县汉、藏、保安三种语言混合形成的五屯话，西藏自治区察隅县藏语和格曼语混合形成的扎话。② 语言混合，心心传通；文化互补，民族共生。仅举倒话为例。倒话是一种特殊语言，分布在青藏高原东部、四川西部甘孜藏族自治州雅江县，有2685人使用（1995年统计数据）。③ 倒话的词汇主要来自汉语，语法结构来自藏语，具有丰富的词汇和完备的语音语法体系，"充分表现了一个具有独立品质语言的特质"④。18世纪20年代前后，清廷两次派兵入藏，平定准噶尔之乱，深入康藏腹地的汉族军人和船夫与当地妇女成家，汉夫藏妇，水乳交融，他们的后代成为使用倒话的居民。

如果承认语言融合可以诞生新的语言，而且这种新的混合语通常在词汇和语法子系统方面会呈现出异源结构的现象，那么汉语就可以确认为一种典型的混合语，词汇来自原始羌藏语，语法来自古百越语言，而这就和中国古代史记载的操原始羌藏语的黄帝族和操原始百越语的东夷族和蚩尤族、炎帝族融合而成华夏族或后世的汉

---

① 〔古希腊〕亚里士多德：《范畴篇 解释篇》，方书春译，商务印书馆，1986，第55页。
② 孙宏开、胡增益、黄行主编《中国的语言》，商务印书馆，2007，第11、12页。
③ 意西微色·阿错：《藏汉混合语"倒话"述略》，《语言研究》2001年第3期。
④ 意西微色·阿错：《藏汉混合语"倒话"述略》，《语言研究》2001年第3期。

族的历史事实一致了。①

不过，如果能够做到心通、情通和语通的"三通"，各民族之间的"三交"（交往、交流、交融）就更加便捷、更加直接、更加有效了。现代民族国家打破了旧的政治、经济和文化的樊篱，"一个民族，一个国家"的口号激励着个体和群体建设较大和超大的现代国家，领土完整、主权不可侵犯成为至高无上的国际法原则。一方面是"同文、同种""同国"的热望，另一方面是国界、语界、文界、"种界"和"种见"不重合的现实，300多年的民族运动和民族主义思想始终徘徊在二者之间，至今既没有明确答案，也没有见到消失的端倪。当今世界，国家少，民族多，民族语言和民族文字也多。国家要强大，领土要完整，主权不容侵犯，这些都是无可争议的追求。与此相关，"同语同国""同文同国"不仅是现代市场经济的要求，不仅是人与人、群与群之间高效率交流的要求，也是民族国家认同的要求，具有很浓厚的政治性。

语言是博物馆，是分类体系，是智慧库。一个国家拥有多个民族和多种语言已经成为常态。语言是"文化堆积层"，是历史博物馆：

> 语言有点象考古学上说的文化堆积层，是由不同的历史时期一层一层地堆积起来的。语言又象一座博物馆，里面陈列了各个历史阶段留下的文物。因而，从现存语言的特征上，有可能看到民族的过去，可以追溯历史上不同民族之间的联系。②

每个民族都有自己悠长的历史，都会用自己的语言或文字加以传承，从中汲取祖先的智慧、生活的经验、文化的要义、生命的哲理、精神的价值。各民族的语言具有互补共生的生态关系，形成生态网络，"良好的语言生态的构建并不是语言内部的问题，从本质上说，它是涉及人类社

---

① 胡明扬：《混合语理论的重大突破——读意西微萨·阿错著〈倒话研究〉》，《中国语文》2006年第2期。
② 马学良、戴庆厦：《论"语言民族学"》，载中国民族学学会编《民族学研究》第一辑，民族出版社，1981，第208页。

会健康发展、人类生态文明建设的重大问题，必须引起全社会的高度重视"①。各民族互相学习对方的语言和文化，就是学习对方的这类智慧、经验、要义、哲理和价值，结果会使我们的智慧充盈、经验丰厚、要义广博、哲理深邃、价值无限。各民族互敬互学彼此的语言和文化，少数民族在学好自己的母语的同时，学好全国通用语言，做到"两全其美"，让我们的社会生活更加"生态"，让我们的希望更加美好，让我们的未来更加灿烂。2001年实施的《中华人民共和国国家通用语言文字法》，赋予国家通用语言文字法定地位，各民族学好用好全国通用语言文字已经成为一项国策。

人类进入了一个生态危机的时代，环境污染，水源枯竭，灾害频发。不过，造成生态危机的根本原因不是工业和军事的污染，不是过度开发，不是极度耗能的经济，这些只是表面现象；造成生态危机的根本原因是一种特殊的思维方式，而这种思维方式就在多数优势语言中得到表达。②这些语言原本也表达过"天人合一"的生态观，但随着资本主义的迅猛发展，随着市场经济独占鳌头，无限度的开发话语代替了那些"地天通"的生态表达，无限度的开发话语所表达的意识形态以及和这种意识形态相关的无限度开发活动，引发了人口爆炸、资源短缺和环境污染，直接影响到人类的生存，影响到他们的生活质量。难能可贵的是，许多非优势语言里至今保留着大量的生态智慧，保存着人与自然如何相处的地方知识和社会记忆。语言是分类的基础，人们分类离不开语言，命名就是分类。

语言的种类多不是累赘，更不是威胁。不同的语言根据不同的环境和不同的历史经验进行社会分类和自然分类，形成和发展不同的宇宙观，积累不同的地方知识，培育不同的生活经验和生态智慧。各民族通过语言交往、交流、交融，学习多彩的地方知识，丰富生活经验，增长生态智慧，应对各种风险和挑战，扩展重叠共识，对未来充满希望。

云南盈江县卡场景颇族生活在一个寒带、温带、热带三种气候类型并存的立体气候环境中，这里适合种植多种经济作物，卡场景颇族到20

---

① 冯广艺：《语言生态学引论》，人民出版社，2013，第309页。
② Jeffrey Wollock, "Linguistic Diversity and Biodiversity: Some Implications for the Language Sciences," in Louisa Maffi(ed.), *On Biocultural Diversity: Linking Language, Knowledge, and the Environment*, Washington and London: Smithsonian Institution Press, pp. 248-262.

世纪 80 年代还保持刀耕火种的生计方式,有一套土地命名分类系统:土地分"万年桩"和"百宝地"两大类,"百宝地"又分为"格田戛""格西格田""依松戛"三种。①

表 6-1　卡场景颇族土地命名分类系统

命名分类	本土语义	分类描述
万年桩	水田	不用抛荒休闲,可以长时间连续耕种。
百宝地	旱地	可以种植多种农作物。
格田戛	坝子边缘比较肥沃的土地	位于海拔大约 1300 米的地方,适合种植田谷(陆稻品种)、薏苡等作物。
格西格田	温暖的土地	位于海拔大约 1400 米的地方,适合种植玉米、哇录(陆稻品种,有黑壳和黄壳两种)和荞。
依松戛	冷地	位于海拔 1500 米的地方,适合种植玉米、荞和蛇山谷(陆稻品种)。

资料来源:根据崔明昆编著《民族生态学理论方法与个案研究》(知识产权出版社,2014)第 179~180 页制表。

稻米(陆稻)是卡场景颇族的主食,杂粮以玉米和荞为主,可以在陆稻和玉米地间种和套种多种作物,有禾本科的龙爪稷、薏苡、粟、高粱,有蝶形花科的黄豆、饭豆、四季豆,有茄科的茄子、辣椒,有葫芦科的南瓜、葫芦、苦瓜,有十字花科的青菜、萝卜、白菜,有天南星科的芋头,有菊科的向日葵,有姜科的姜,有百合科的葱、韭菜、藠头,有唇形科的紫苏、薄荷,有芸香科的打棒香——景颇族的土地命名分类系统是有效利用土地、保持多样性作物种植、减少饥荒风险的传统生态知识。②

清朝自清太祖努尔哈赤时期就重视"语通",支持和推动汉籍翻译,将《辽史》《金史》《元史》等翻译成满文和蒙古文,清太宗皇太极令大学士希福任总裁,负责组织满文和蒙古文的译写,"于崇德元年至四年间(1636-1639)完成满文译稿,四年至五年间(1639-1640)完成蒙古文译稿","满文形成稿本、写本、精写本、刻本,蒙古文形成稿本、写本及后

---

① 崔明昆编著《民族生态学理论方法与个案研究》,知识产权出版社,2014,第 179 页。
② 崔明昆编著《民族生态学理论方法与个案研究》,知识产权出版社,2014,第 180 页。

世诸手抄本"。① 汉文儒家典籍也有满文和蒙古文的译本，通行的做法是先译成满文，再由满文译成蒙古文，甚至出现汉、满、蒙古三体合璧文本。② 康熙四十七年（1708 年）成书的《御制清文鉴》收了 12000 余条词目，后来在此基础上陆续编纂了《御制满洲蒙古合璧清文鉴》《御制满蒙文鉴》《御制满洲蒙古汉字三合切音清文鉴》《御制四体清文鉴》《御制五体清文鉴》。③ 编纂四体清文鉴和五体清文鉴是为纂修满文《大藏经》服务的，乾隆三十七年（1772 年）设清字经馆，由章嘉国师负责，根据天竺番字原文准确纂修《大藏经》。根据清字经馆的档案考证，乾隆四十二年（1777 年）四体清文鉴和五体清文鉴已经在编纂之中，"而五体是在四体编写中奉旨增加维吾尔文及其满文注音，并在原藏文下添注两种注音而成"，"五体早于四体成书之年"。④ 这种多体文鉴起到"语通"的作用，有利于各民族之间的交往、交流、交融。

  民族互联，交往交流，互动互学，取长补短，重叠共识。中国各民族有各自的语言和文化传统，从本土生出，和合发展，对外交流，创新变通，产生认同。相邻民族有语言文化过渡带，彼此交融，非甲非乙，亦甲亦乙，难分甲乙。例如新疆的蒙古族很多人兼通汉语、维吾尔语、哈萨克语，有许多锡伯族也兼通汉语、哈萨克语和维吾尔语，年纪大一些的人还懂满文。云南通海县的蒙古族虽然不说蒙古语，说卡佐语和汉语，但他们与蒙古族主体保持着认同，就像生活在甘肃和青海一带的"汉回"、"蒙回"、"藏回"，各个不同的人群总会有某种"区别性特征"互相关联，彼此之间得以环环相扣，重叠互联。各民族在饮食、服饰、住居等等方面互相关联，南北互通，东西相连，形成民族互联体。⑤

---

① 乌兰巴根：《清初辽、金、元三史满文、蒙古文翻译研究述评》，《民族研究》2011 年第 4 期。
② 乌兰巴根：《〈元史〉满文翻译和蒙古文翻译的学术意义》，《满语研究》2009 年第 2 期。
③ 江桥：《乾隆御制四、五体〈清文鉴〉编纂考》，第二届国际满学研讨会论文，1999，北京。
④ 江桥：《乾隆御制四、五体〈清文鉴〉编纂考》，第二届国际满学研讨会论文，1999，北京。
⑤ 纳日碧力戈、特日乐：《构筑中华文化共同体》，《广西民族研究》2019 年第 1 期。

少数民族和汉语方言区人群需要学好全国通用语言，只有学好全国通用语言才能更好、更有效地参与全国范围的社会管理、民主监督、经济活动、法治建设等。在全国范围内，掌握多数人使用的全国通用语言是"语通"的关键，全国通用语言具有跨语言交流的功能，是中央政府制定大政方针和各类政策法规的标准语言，也是各类教育部门、大中小学校和科研机构使用的标准语言，根据宪法规定，"国家推广全国通用的普通话"。但是，在少数民族聚居区，汉族和少数民族互相学习语言不仅有利于民心相通，有利于感情交融，也有利于民族团结、共同进步、共同繁荣发展。

第四节　文通

中国各民族文化丰富多彩，海纳百川，牢牢铸成中华民族共同体文化，深深嵌入人类共同体文化。各族人民不仅要认同彼此的文化，还要主动了解和学习彼此的文化，在丰富各自文化的同时，巩固和发展更高一层的共同体文化。文通在于文化上的互相学习，互相欣赏，互相尊重。

中华文明是在融合诸多文明的基础上形成的，汉族和少数民族对中华文明都做出了重要贡献，"中华文化是各民族文化的集大成"[1]。代表农耕文明的汉文化对于中华民族文明共同体的培育、形塑和铸造起到不可替代的作用，贡献突出；其他南北方民族，无论大小，都为中华民族的凝聚成形做出了贡献。吕振羽指出，汉族是全世界第一大民族，是中华民族的主要部分，中华民族文明历史的主要创造者是汉族，"但同样不容否认，中国境内其他兄弟民族，对过去中国文化的创造也都直接或多或少有其不朽的贡献"[2]。在中国多民族统一的历史进程中，秦汉以后有过魏、蜀、吴的割据，有过五胡十六国之乱和南北朝分立，有过辽、夏、金与宋对峙，"但每经历一次曲折，统一的规模就更为盛大，元比隋唐还要恢廓"[3]。忽必烈取《易经》"大哉乾元"之义建立元朝，以今日的北京为大都。忽必烈重用汉臣，用汉法，借鉴前朝的各项政治制度，发挥包容性和扩展性的优势，做出了独特的历史贡献。

---

[1] 《习近平著作选读》第一卷，人民出版社，2023，第285页。
[2] 白寿彝主编《中国通史》第一卷导论，上海人民出版社、江西教育出版社，2015，第26页。
[3] 白寿彝主编《中国通史》第一卷导论，上海人民出版社、江西教育出版社，2015，第74页。

（元朝）的武力是显赫的，它使用武力的破坏性也是很显然的。另一方面，在农业、手工业和文化的发展上，也都有显著的成就。物质和文化的交流也空前高涨。①

清朝建立后，在文治武功方面多有建树，为巩固多民族国家统一，为中国鼎盛，为各民族多元一体大业，做出了重要贡献。清朝政府出于治理需要，提出"满汉一家"的口号，尊儒祭孔，给明朝的崇祯皇帝发丧，保留汉人文化传统，开科取士，定孔子为文圣人，关羽为武圣人。满族人早期与蒙古族人结盟通婚，满蒙在政治军事上相互支持。清政府改革西藏的政教体制，创立金瓶掣签制度，设立驻藏大臣，加强中央和西藏的联系；在广西、云南等少数民族比较多的地方实行"改土归流"政策，设官府加以管理。

张立文研究中国哲学理论思维形态，创和合学，② 旨在打破中西之辩，他认为中西之分有浓厚的地缘政治色彩，包含一个政治预设："一种文化优于另一种文化，优势文化应当奴役、统摄并同化劣势文化"。③

> 从和合学的人学角度和人文立场来考察，文化是标志人类生存样式、意义规范和可能发展方向及道路的整体性范畴。每个民族都有自己独到的文化形态（类型），都有与全人类息息相关的人文精神。各民族的文化类型及其人文精神虽千差万别，但却是彼此平等的，都是人类文化和合体中的有机元素、因素。④

这个用来和合"中西"的观点完全适用于观察中国各民族文化，而且还直接呼应了人类学家列维-斯特劳斯的文化平等观：

---

① 陈得芝主编《中国通史》第八卷中古时代·元时期上册，上海人民出版社、江西教育出版社，2015，第196页。
② 张立文：《和合学概论——21世纪文化战略的构想》（上、下卷），中国人民大学出版社，2016。
③ 张立文：《和合学概论——21世纪文化战略的构想》（下卷），中国人民大学出版社，2016，第405页。
④ 张立文：《和合学概论——21世纪文化战略的构想》（下卷），中国人民大学出版社，2016，第405页。

人们不得不等到本世纪中叶才看到两条长期分离的道路的相互会合：一条通过通信活动迂回到物理世界；而另一条……则通过物理学迂回到通信世界……因而，如果我们承认，最现代化的科学精神会通过野性的思维本来能够独自预见到的两种思维方式的交汇，有助于使野性思维的原则合法化并恢复其权利，那么，我们仍然是忠实于野性思维的启迪的。①

其实，凡事绝无极端，黑白分明的二元对立是省力的认知办法，只能暴露人类的局限，不能代表万物的实存。万物万象交融关联，对它们的任何分类都属于权宜之计，分类不存在必然性，不仅如此，每一种分类都有局限性，都建立在不同程度的任意性上，夸张的任意性会用黑白分明的办法区分事物，在认知中把事物之间的关系变成对立关系，非甲即乙，绝不容忍亦甲亦乙。虽然各种分类系统背后的民族文化也包含任意性成分，但这种任意性只是物感物觉—事物相指—象征意义互联体的一部分，不会独立存在。② 从感官物觉到精神抽象，从模仿到推理，从感性到理性，符合中国形气神对转的道家思想，一生二，二生三，三生万物，抱阴负阳，冲气以为和。三数辩证统一，致中和，求中庸。各民族的文化不存在你死我活的敌对关系，只存在互容文通的和合关系，心通、情通、语通、文通，物物通，事事通。

第五节　政通

中国的民族区域自治制度是历史上多方政治协商的结果。各个民族及其精英在这个过程中，为了共同的目标，探讨共赢之策，互相留出空间，彼此尊重感情，共同建立了民族区域自治制度。事实证明，民族区域自治制度符合我国国情，为推动我国少数民族经济社会全面发展，为少数民族文化的创造性转化和创新性发展，为激发少数民族的主体性、积

---

① 〔法〕列维-斯特劳斯：《野性的思维》，李幼蒸译，商务印书馆，1997，第309页。
② 参见纳日碧力戈《从皮尔士三性到形气神三元：指号过程管窥》，《西北民族研究》2012年第1期。

极性和创造性,提供了牢固的制度保障。我国的民族区域自治制度值得珍视,值得爱护。

多民族共生,多民族认同从一开始就存在,正如新中国承认的56个民族并非源于民族识别,而是各有历史来源。

> ……中国各少数民族是历史形成的,不是由识别而产生;50年代少数省区对个别族体开展调查、辨析族属、明确族称,只是对该共同体的明确,关键在于国家依据相关资料而确认。"识别"不等于"确认"。①

新中国及时制定和实施民族区域自治制度,成为民族之间政治协商的重要内容和成果。其实,无论中外,各国都存在如何让弱势群体从社会发展中受惠并制定优惠政策保护其权益的问题。

然而,我们的社会科学研究习惯于把"民族"当"问题"来研究,中国学者大多对"民族问题"唯恐避而不及,认为它敏感,属于政府治理范畴,不属于学术。一些国外学者起初也被告知最好不要碰中国的民族问题,因为这会影响到"饭碗"。② 不过,随着中国进一步改革开放,信息世界的进一步扩大,民族研究也有了更为广阔的前景,学术禁区的范围缩小了,讨论的空间扩大了。

我们的学术研究应当避免"方法论民族主义",避免以族为界、以族为敌,避免把少数民族看成"问题",也不能把族群看成"累赘"或者"隐患"。我们在讨论民族问题的时候,首先要学会"一日三省",要学会费孝通所倡导的"文化自觉",避免套用已被西方国家不再强力推行的"一族一国"的理想模式;要学会从他族观点看问题,"进得去,也出得来",有弹性地与他人协商,克服"二元对立"的死结,走第三条路,即商议之路,走向重叠共识。③ 这里引用一段费孝通的话是有必要的:

---

① 秦和平:《"56个民族的来历"并非源于民族识别——关于族别调查的认识与思考》,《民族学刊》2013年第5期。
② Dru C. Gladney, "Contemplation," in Liu Xin(ed.), *New Reflections on Anthropological Studies of (greater) China*, Berkeley: The Regents of the University of California, 2004, pp. 107-140.
③ 纳日碧力戈:《全球化视野下的中国民族关系研究:内视、自觉与正义》,《中央民族大学学报(哲学社会科学版)》2011年第6期。

……在历史上有两个中心主义，第一个是汉族中心主义，再一个就是西方中心主义，就是这两个中心主义把西部的文化给淹没了。大家不去看它、了解它了。一讲就讲汉族的东西，其实西部不仅仅是汉族；一讲就讲西方的力量，不重视本土的力量。在这两个中心主义之下，就把我们西部的这一广大地区的人文资源给掩盖起来了。西部是一个多民族的地区，我们要承认它的文化的多元性，这些不同民族的存在，都是根据自己不同的自然环境和人文环境形成了自己的不同的民族文化。[①]

　　民族本身不是问题，它的存在也不一定必然带来冲突；关键在于如何处理和应对，如何培育语际和族际的包容态度，如何做到互守尊严，和睦信任，利益互补，美美与共。民族之间互为差异共同体，语言不通，文化殊异，信仰有别，这些就像人类个体长相不同，自然生物千姿百态，是我们日常生活的一部分，本应习以为常，不必大惊小怪。但是，对于中国这样一个有着几千年悠久历史的文明体来说，汉语汉文具有超稳定性，儒家天下观以文化中心主义为根基，外族语言和文化不大容易被接受。因此，费孝通提出的"文化自觉"一定要和"文化反思"相结合才能奏效。在不了解外族语言和文化的情况下，他族就成为问题，就自然而然地成为驱逐对象或者同化对象。族类的区分恰恰建立在语言和文化之上。正是因为我们把民族看成"问题"，民族所承载的语言和文化的差异也就成了"问题"。在不了解少数民族的情况下，许多人会把少数民族看成"异己"，对他们的语言和文化感到诧异并加以排斥。

　　其实，从费孝通人文生态的观点看，少数民族、他们的语言和文化，是人文生态的组成部分，与多数民族的语言和文化共同构成"美美与共"的生动格局。不仅如此，按照费孝通的思路，人文生态还可以变成人文资源，这与他"从遗产到资源"的想法是贯通的。

　　　　"人文资源"的概念，是本课题学术总指导——费孝通先生在课题立项时提出来的。……所谓的人文资源和文化遗产是同一个对象，

[①] 方李莉编著《费孝通晚年思想录》，岳麓书社，2005，第94~95页。

当其不和当今社会发生联系时,就成为过去时代的遗留物,也就是所谓的文化遗产,但当其和当今社会发生联系,成为未来文化发展的基础,成为地方文化认同的标志,成为文化产业可开发利用的对象时,其就被转化成一种资源,我们可以称其为"人文资源"。[1]

要跳出我族中心主义的怪圈,就要真正接触少数民族文化,要去"看它",去"了解它"。在"看它"和"了解它"之后,就能够以"非问题"的办法去处理"民族问题",即民族"去问题化"。民族问题"非问题化"首先要从关键符号[2]入手,不了解少数民族的关键符号,或者误把自己的关键符号当作别人的关键符号而加以推广,会带来民族之间的误解,也容易导致"民族问题"出现。目前中国的民族话语充满歧义,尤其在使用不同的民族语言进行表达时,其中的意思会南辕北辙。这主要是民族符号的

---

[1] 方李莉主编《从遗产到资源——西部人文资源研究报告》,学苑出版社,2010,总序第1~2页。
[2] 20世纪70年代美国人类学家奥尔特纳(Sherry Ortner)根据鲁思·本尼迪克特等人类学家的相关研究,提出"关键符号"学说,涉及意义的产生、感情动员和社会经验的组织,也关系到概念分类和文化图式。
　　·Summerizing symbols(总括符号)
　　　　　　　　Root metaphor(根隐喻)
　　·Elaborating symbols(细化符号)
　　　　　　　　Key scenario(关键情节)
"总括符号"总结、表达和象征着整个符号系统对于相关者在情感和总体倾向上的意义,它们大致属于神圣符号,如旗帜、十字架之类,有个别或局部代替全部或整体的作用,故称"总括符号"。用中国的例子说,就像黄帝陵对于汉族,要么你崇拜它、敬畏它,要么你就是不肖子孙,被开除"族籍"。"细化符号"对笼统的感情和观念做细化处理,便于自己和他人理解,并可以转化为有序行动。同时,"细化符号"可进一步划分为"根隐喻"与"关键情节"两部分。"根隐喻"用符号喻指文化行为许多方面,并把它们联系在一起。如非洲丁卡人以"牛"喻人——"人像牛一样聚在一起"。中国人"讲面子",事情要做得到位、得体,否则会"丢面子""没面子",人家会认为"不给面子",等等。"面子"是中国文化里的一个关键符号。"关键情节"提供行为举止的范式,告诉人们如何做事成事。这方面的例子可以举"孔融让梨""学雷锋",等等。如何判定"关键符号"?奥尔特纳提出五条标准:(1)本土人告诉我们,说 X 有重要的文化意义;(2)X 似乎会引起本土人的正面或者负面反应;(3)X 会出现在许多不同场合,这些场合可以是行为的,也可以是符号的(如活动、交谈、神话、礼仪、艺术等);(4)围绕 X 有致密的文化"加工",如词汇上的详尽阐释,有关 X 性质的精细刻画,这些都超出常规;(5)在文化上对 X 有较大限制,有超多的规矩,或者对违规者有严厉的制裁。参见 Sherry Ortner,"On Key Symbols," *American Anthropologist*, 75 (1973)。

寓意各有不同,与历史也有种种独特勾连。蒙古族人会以崇敬的心态提起成吉思汗,藏族人会以同样的心态提起他们的转世活佛,苗族人会以同样的心态提起蚩尤大帝。当我们一厢情愿地用"黄帝"符号去统辖成吉思汗或者转世活佛时,就会出现关键符号的互不兼容,导致心理隔阂,这恰恰是我们在处理当下民族关系问题时常常忽略的问题。此外,当我们说到"中国"这个关键符号时,通常有狭义和广义两种理解。狭义的理解把中国和华夏等同,广义的理解把中国和各民族等同,这两种理解对民族关系问题会产生截然不同的效果:前者把少数民族排除在外,后者把少数民族包括进来。中国民族问题非民族化处理的要点,是如何区分"华"和"汉",确认"中国是各民族共同建造的家园""中华民族等于中国各民族组成的共同体""当代中国是汉族占绝大多数,同时包括各少数民族在内的政治共同体"这样一些表述。另一个颇能说明问题的关于关键符号的例子是反映意识形态的语言符号。各民族的关键符号都有关于语言本体的细化体系,有根隐喻,也有关键情节,其中包括关于语言起源的传说和信仰,也有关于语言习得的具象描述。"昔者仓颉作书而天雨粟,鬼夜哭"。这些都是一种语言意识形态的表露,是根隐喻。汉字魏碑外方内圆,隶书外圆内方,体现做人之道,属于关键情节。过去,黑格尔、莱布尼茨说汉文是图画文字,阻碍科学思维,不利于哲学抽象,但曾几何时,以汉语为母语者人才济济。不过,还是有人把别人对汉字的褒贬横加在国内少数民族文字上,说这些文字缺乏科技词汇、不能代表先进的生产力、是西部大开发的短板等,这些不符合语言学常识的说法颇值得商榷。任何语言都可以代表先进的生产力,都可以有丰富的科技词汇,也都可以在方方面面和联合国语言相媲美。尊重少数民族语言文化就是尊重他们的人格,是民族问题非问题化的重要保障。

无论是历史的还是现实的经验,都越来越显示出自治模式和自治制度在处理民族问题方面所具有的独特优势,使越来越多的多民族国家力求通过各具特色的"自治",来应付国内的民族问题。[1]

---

[1] 李红杰:《由自决到自治——当代多民族国家的民主政治经验教训》,中央民族大学出版社,2009,第295页。

中国的民族区域自治制度充分体现了马克思主义民族理论中国化的特点,中国共产党本着照顾历史、承认现状、面向未来的精神,本着各民族平等、团结、进步、和谐的总方针,把大小民族一律称为"民族",没有像苏联那样,把人们共同体分成民族、部族、氏族、部落。[1] 中国有以长期统一为主流的历史,各民族之间有"相依互补的经济文化联系",有"近代以来各民族在抵御外来侵略和长期革命斗争中形成的休戚与共的关系",这三条纽带把我国各民族凝聚成为牢固的中华民族共同体。[2]

"政通人和"是中国人的一句老话,是历史经验的浓缩。处理好民族事务,解决好民族问题,政治道路、政治理念和政治制度是关键。中国共产党从一开始就重视民族问题,坚持把马克思主义基本原理与中国民族问题实际相结合,把解决民族问题与解决社会总问题相结合,推进马克思主义民族理论中国化,走出了一条适合中国国情、具有中国特色解决民族问题的道路。以毛泽东同志为主要代表的党的第一代领导人"确立了以民族平等、民族团结、民族区域自治和各民族共同繁荣发展为核心的民族理论政策框架"[3]。《中国人民政治协商会议共同纲领》根据中国国情和历史传统决定建立单一制的统一的多民族国家;1954 年颁布的新中国第一部宪法规定了有关民族事务的任务和政策。《中国人民政治协商会议共同纲领》和宪法明确规定各民族平等,禁止民族歧视和压迫,"保障各民族在政治、经济、文化上的平等权利"。改革开放以来,历届中央领导集体都高度重视民族事务,颁布了《中华人民共和国民族区域自治法》,大力帮助民族地区全面发展,同时也强调民族区域自治制度是解决我国民族问题的一条基本经验和一项基本政治制度,"是发展社会主义民主、建设社会主义政治文明的重要内容,必须长期坚持和不断完善",不容动摇,不容削弱。[4] 中国共产党选择民族区域自治制度代表了

---

[1] 毛泽东说:"科学的分析是可以的,但政治上不要去区别哪个是民族,哪个是部族或部落"。参见《毛泽东民族工作文选》,中央文献出版社、民族出版社,2014,第 185 页。
[2] 国家民委《民族问题五种丛书》编辑委员会、《中国少数民族》编写组、《中国少数民族》修订编辑委员会编《中国少数民族》(修订本),民族出版社,2009,第 10~11 页。
[3] 国家民委《民族问题五种丛书》编辑委员会、《中国少数民族》编写组、《中国少数民族》修订编辑委员会编《中国少数民族》(修订本),民族出版社,2009,第 19 页。
[4] 国家民委《民族问题五种丛书》编辑委员会、《中国少数民族》编写组、《中国少数民族》修订编辑委员会编《中国少数民族》(修订本),民族出版社,2009,第 19~22 页。

新中国的国家意志，是依法治国的重要内容。我国的民族事务和民族关系需要有民族区域自治的制度保障，有了这样的保障，"才有可能更好地促进各民族和睦相处、和衷共济、和谐发展，巩固和发展平等团结互助和谐的社会主义民族关系，共同为实现中华民族伟大复兴的中国梦而奋斗"[①]。习近平在2014年中央民族工作会议上的讲话中指出：

> 有人说，民族区域自治制度不要搞了，民族自治区可以同其他省市实行一样的体制。这种看法是不对的，在政治上是有害的。我再次明确说一遍，取消民族区域自治制度这种说法可以休矣。民族区域自治是党的民族政策的源头，我们的民族政策都是由此而来、依此而存。这个源头变了，根基就动摇了，在民族理论、民族政策、民族关系等问题上就会产生多米诺效应。[②]

中国迈进了新时代，民族区域自治制度是确保"政通族和"的重中之重，是铸牢中华民族共同体意识、构筑中华民族共有精神家园的政治保障。

[①] 丹珠昂奔：《民族工作方法论——中央民族工作会议精神学习体会》，民族出版社，2016，第46页。
[②] 转引自丹珠昂奔《民族工作方法论——中央民族工作会议精神学习体会》，民族出版社，2016，第119~120页。

第七章　中华民族共同体精神的守正创新之路

　　守正创新需要有"绝地天通"的基础。守正，就是守住伦理和美德的底线，讲公平，行正义，爱自然，益众生；创新，就是综合各种势能，秉持"三生万物"的理念，继承、发展、更新中华民族共同体精神。守正，就是要根据新时代中华民族是由中国各民族共同组成这个不可否认的事实，坚守共同体精神；创新，就是抛弃"一族一国"的旧观念，告别民族分高低的狭隘思想，放眼和践行自觉自信、百川归海、兼和而生态的前景。

第一节　重续地天通

　　前文已经提到《尚书》《国语·楚语下》等古籍里记载的"绝地天通"的故事。在那个传说中的黄帝时代，"民神杂糅"，人神可以自由升天降地，往来于天地之间，这是一个"人人萨满"的时代。值得一提的是，当时的人把昆仑山当作天梯，游走于天地之间。蚩尤率领山神水怪大战黄帝，军力庞大，不可小觑。黄帝之孙，即传说中的五帝之一颛顼，大规模整顿天地间的秩序，命令自己的孙子"重"两手托天上举，命令自己的另一个孙子"黎"两手按地下压。结果天地之间的距离越来越大，上下通道都被隔断，唯有昆仑天梯可供攀缘。"重"和"黎"遵循颛顼的谕旨分别掌管天上的众神事务和地上的人神事务，神和人游走于天地之间，需要事先取得"重""黎"的许可。这段史话以隐喻的方式勾勒出由"民主"到"治民"的历史过程：先是人人自主，人人自治，然后是区隔管理，分而治之，民神不得杂糅，为"君君臣臣父父子子"的秩序奠定了思想基础,也为中央集权提供了神话根据。"民神杂糅"象征了差异,小规模的"民主"不会带来大乱,但在黄帝、颛顼的五帝时代,"民主"已经失控,不仅民神要隔开,人和人也要隔开,民神之间的沟通只能通过"特批"的"昆仑天梯"。这是为了治理,也是对于民神杂糅、不讲规矩的"惩罚"。这种"天梯"制度与非洲丁卡人神话中的"绳梯"相对应,同样表现了"道德惩罚",只是更加直白罢了。格尔茨引林哈德的描述说,丁卡人相信天(上神之所在)和地(人类之居所)最初用一根绳子连在一起,人类可以攀缘而上,随意上天下地,进出这两个国度。第一对男女只要求一天有一粒谷子。不过,后来那女人有了贪心,开始种植更多的谷子,不小心用锄把触碰了上神,上神一怒之下割断了那根绳子,退回到天上,留下人类为衣食而劳作,忍受病痛和死亡之苦,体验与造物主分离的后果。[①] 假设丁卡人的祖先小心翼翼,一天只要一粒种子,杜绝贪心,就能够避免神怒。同样,如果绝地天通之前,民神往来有序,而不是杂糅喧哗,那么颛顼帝就用不着绝地天通了。不过,这只能是一厢情愿的猜想,因为绝地天通和绳梯的史话和神话毕竟是为后来的社会秩序服务的,是为了满足治理的需要而产生和传播的。维柯不无道理地认为,在人人萨满的时代,人人作诗,"诗造天下",能歌善舞、能言善辩的巫觋是神学诗人,正是他们创造了人文精华。[②] 生活创造了神,人人萨满,人人神仙。天地万物,有用的就是神,[③] 而那些吟诗作赋的初民本身就是神。

绝地天通和绳梯的传说象征了人们对差异和无序的恐惧。一方面,每个人都会张扬自己,为所欲为,随心所欲;另一方面,每个人都不愿意别人太张扬,不愿意他们为所欲为,随心所欲。大千世界本身就是差异和普遍之对立统一的杰作,是形气神合一的自然。以人类的音和乐为例:万物的差异触动人心,通过声音来加以形象表达,各种声音交相呼应,变化无穷,从中产生条理次序,成为"音"。再把音配上道具,歌之

[①] 〔美〕克利福德·格尔兹:《文化的解释》,纳日碧力戈等译,上海人民出版社,1999,第123页。
[②] 〔意〕维柯:《新科学》,朱光潜译,人民文学出版社,1997,第25页。
[③] 〔意〕维柯:《新科学》,朱光潜译,人民文学出版社,1997,第7页。

舞之，成为"乐"。① 对于差异与普遍的辩证统一的认识，不仅在中国古人那里早有深刻认识，在西方世界也并不陌生。亚里士多德认为外物对于灵魂的触动产生词语，指出口语是内心经验的符号，文字是口语的符号；虽然各民族没有共同的文字，也没有相同的口语，但语言毕竟是内心经验的符号，而全人类的内心经验是相同的。② 其实，万物的差异本属于自然，自然并非杂乱无章，其中蕴含着普世法则，类似于深层语法。资本主义来到世间，给人类社会带来巨大的生产力和能动性，人不畏神，要改造自然，重定规则，创造规律。但是，人类中心主义的改天换地确实给人类自己带来种种意料之外的后果，从温室效应到雾霾侵袭，从草原沙漠化到河水断流，这些恶果促使人类从自我中心主义走向万物共生主义。凡事都要有度，中庸而不偏激，因地制宜，入乡随俗，这是人与自然、人与人、人与社会相处的自然法则。道法自然的古训至今成立。

从宏观上看，人与人、人与社会的关系属于万物关联的一部分，与其他物象比较，既有特性，也有共性。人类比其他物象有更多的主体性，因而也更具有改天换地的能力，如果误用，其后果不堪设想。人类不仅会在改天换地中犯错误，也会在处理自己内部关系的时候犯错误。在种族主义盛行的旧日美国，黑人遭到多种歧视，财产甚至生命常常面临被剥夺的危险；更有科学种族主义助纣为虐，企图把黑人打入另类，"永世不得翻身"。然而，以博厄斯为代表的美国人类学者高举反种族主义的旗帜，谴责西方种族中心主义、西方种族和文化的优越论。在他们长期不懈的努力下，反种族主义成为当今国际学界和政界的主流话语。博厄斯等人类学者一方面强调人类"心理普同"，另一方面倡导和推动文化相对论，强调语言、文化、种族边界互不重合。他们从理论上解决了差异和普遍的对立统一。如果把天看作普同性，把地看作差异性，那么，人类心理普同就是天，语言、文化、种族就是地。地上的征象纷繁复杂，变化无穷；天上的大道统辖万物，一以贯之。和而不同与天下大同是互相

---

① 《礼记·乐记》："凡音之起，由人心生也。人心之动，物使之然也。感于物而动，故形于声。声相应，故生变。变成方，谓之音。比音而乐之，及干戚羽旄，谓之乐。"参见吕友仁、吕咏梅译注《礼记全译 孝经全译》，贵州人民出版社，1998，第684页。
② 〔古希腊〕亚里士多德：《亚里士多德全集》第一卷，苗力田主编，中国人民大学出版社，1990，第49页。

呼应、辩证统一的。

从大生态观出发，人是大自然的一部分，虽然有超越物质的主体性，有心智和感情的特质，但毕竟要受到物的纠结，受到形的制约，物用的需要统辖着民间智慧的走向，学以致用，用通精神，其中有继承，也有创新。本着生态的观点看问题，人的物性要和神性勾连互动，否则会走入二元对立的本质化死胡同。显然，单纯的语言转向不能拯救人文社会科学，完全回归庸俗唯物论也不是出路。值得一试的是万物共生的创新之路。这条创新之路是物物关联、心心相通之路，它能够把古人"地天通"的史话、贝特森的"元关联"思想[1]、拉图尔的"万物议会"的论点[2]联结在一起，给我们提供一种兼顾内因和外因、形物和精神的全新生态观。我们是万物的一部分，自我和非我有着千丝万缕的关联，不存在谁要主宰一切的唯我独尊，也不存在你死我活的截然对立，我与非我互相交融，你中有我，我中有你，在互动过程中创造意义和价值。

现代性带来形与神的对立，非此即彼，没有妥协的余地。但是，在现实生活中，一切都是妥协或者协商的结果。物与物要协商，要互相让步；人与人要协商，要互相让步；人与非人也不例外。这样，我们就能够避免谁决定了谁的形而上困境：世界上万物互为环境、互为结构，在互动中保持犬牙交错的组织形态。如同河流与大地协商着走出自己的河道，蜿蜒伸向大海，人与非人、自我与他者也在互相礼让中美美与共。即便是仇人相见，也不愿意随便同归于尽，在激烈的冲突之后，他们一般都要各自让出距离，维持彼此之间的中间地带，井水不犯河水。

中国自古就是一个多民族国家，一些主要民族还有过互相治理的经验，更多的民族互通有无，相得益彰，战争也罢，和平也罢，总归是在共享同一个时间和空间，命运把他们联系在一起。时至当代，民族共生首先是政治共和空间之下的语言共生、文化共生、认同共生和信仰共生。建设现代政治文明是建设和保持良性民族关系的重要前提，培养多样共生的思维方式和实践模式，是其中不可或缺的主要内容之一。在这个基

---

[1] Gregory Bateson, *Mind and Nature: A Necessary Unity*, New York: Hampton Press, 2002.

[2] Bruno Latour, *We Have Never Been Modern*, trans. by Catherine Porter, Cambridge, Massachusetts: Harvard University Press, 1993.

础之上，本民族对于他民族的语言和文化等方面的理性态度和公平理念，就能够被培养出来，逐渐变成社会规范。在中国，民族区域自治制度是维护各民族语言、文化以及其他各个方面包容性平等的政治保障，没有公平正义的理念和制度，民族平等就会变成空话。各民族的政治共和是新中国政治文明的重要基石。当代中国毕竟不是小国寡民的封建帝制国家，毕竟不是一族一国的有限共同体；它是大国多民族的现代政治共同体，是语言和文化多元的新中国。那种"非我族类，其心必异"的旧观念必然要被"各美其美、美人之美、美美与共"的新观念所代替；那种弱肉强食、适者生存的森林法则，也要被千灯互照、光光交彻的生态美德所代替。

然而，现实却并不那么乐观。现代性不仅带来生与熟、先进与落后、蒙昧与文明等二元对立，也让汹涌澎湃的民族主义变成这类二元对立的话语保障、感情动力和实践模式。被极端民族主义驱动的各种人，会狂热地鼓吹语言和文化的同质，认为只有同文同种的国家才是安全的国家，否则就是不安全的国家。然而，如果我们认真梳理历史，细心观察社会就会发现自己生活在一个充满差异的世界中，从我们的五官到周围的大千世界，从语言纷繁到文化多元，差异创造了我们的世界，普同是在差异的基础上实现的。没有差异就没有普同。如果到处都是普同，那么普同就是多余的概念和词语。同样，如果民族差别全部消失，那就没有必要有民族概念和民族实体了。民族共生是一个富有生命的理念，也是一个令人信服的现象。言语不通，可以互相学习；文化不同，可以互相借用；认同有异，可以互相交流。

民族共生的理想世界是地天通的世界，社会和睦发展的前景是从绝地天通到续地天通的过程，天上盛行普同，地下充满差异，差异和普同，天上和地下，通过交流和沟通连为一体。民族关系中有形，有神，也有沟通之气；民族内部也有形、气、神。所以，形气神是民族共生中的普遍现象。换一句话说，民族共生也是形气神的一种共生现象。借用"绝地天通"的隐喻，民可传神，神可通民，民神混杂，这是"续地天通"的理想境界，值得追求，值得拥有。民族和睦共生不仅要从民族之间和民族内部着力，更要从整个宏观社会角度着力。民族关系的良性发展不仅取决于民族关系本身，还取决于政治、经济、公平、正义等诸多方面的良性发展，其中政治体制的良性发展尤为重要。中外关于绝地天通和绳梯一类的史话和传说，对于当代社会改善社会运行机制，改善民族关系，克服非生态的思想和行为，提供了较好的前瞻性理念和启迪人生的思想资源。我们要把自己重新归入自然万物的范畴，通过观察和学习自然界中的万物共生的良性格局，重新学会包容差异，学会各美其美和美人之美，建设和发展重叠共识，以超级生态的眼光描绘、解释和建设美美与共、千灯互照的新生活。

第二节　共同体精神的意向性推动

詹姆士的意向性学说可以解释培育中华民族共同体精神的可行性。他认为，意识就像一条流动的河，这样的意识流由实体部分和过渡部分组成，过渡部分就是意识的边缘，边缘把各个实体部分连成一体，成为意义之源。① 人们通常只关注一个个孤立的由实体部分构成的"意识点"，没有注意"边缘"，这种环绕实体部分意识点的"光晕般的边缘"，把"看似孤立的点状意识隐隐约约地与其他意识点相互渗透并连接在一起，进而构成了整体化的意识活动"。②

> 乐音的现象更为明显地表明了边缘的与思想的中心点相互交织的情况，尽管我们可以标记下每一个音符，并认为这些音符的排列组合就构成了乐曲。但是一旦让我们如实地描述自己听音乐的体验，我们就会发现，各个音符之间不可能是断裂开来的，每个可被标记的音符周围总环绕着泛音或余音，正是它们的相互构成才使得乐曲能够连续不断地演奏下去。③

---

① 姚城、陈亚军：《从意识的边缘到思想的对象——论威廉·詹姆士的意向性学说》，《福建论坛（人文社会科学版）》2019年第11期。
② 姚城、陈亚军：《从意识的边缘到思想的对象——论威廉·詹姆士的意向性学说》，《福建论坛（人文社会科学版）》2019年第11期。
③ 姚城、陈亚军：《从意识的边缘到思想的对象——论威廉·詹姆士的意向性学说》，《福建论坛（人文社会科学版）》2019年第11期。

培养和铸牢中华民族共同体意识要着眼于这种实体部分和过渡部分的整体性,把多种语言和文化的意识点整合成共同体的意识流,绝不拘泥于一族一国的孤立的、被割裂的意识点。生活中的中华民族共同体意识是一条意识流,这条意识流把各民族不同语言和文化的意识点融为一体,从过去流向未来。文字上的中华民族共同体意识很难把这样的共同体意识流描写清楚,语言的民族性和区隔性会产生宰制效应,会强调自我感觉的意识点,不能把生活中的共同体意识流还原回来。所以,回到生活中格外重要。生活中的各民族人民密切交往、交流、交融,全身心交融在民间共同体的意识流当中。这类民间共同体意识流可以在现代国家的框架内,在各种分类手段、话语操演、象征活动的指引下,汇合成为超级共同体的意识流。

表面上差异很大的人群、语言、文化、信仰、习俗等,其实都存在元关联:一种是结构上的元关联,如一般动物身体和眼睛的结构关系与人类身体和眼睛的结构关系存在相似性;另一种是质料及其功能上的元关联,如具体的器官和器官功能。如果我们能够在认知上回到原初状态,就能找到同一性;离开原初状态,我们就看到各种差异,看到各种分类。中华民族共同体除了元关联意义上的共性,还在历史上的交往、交流、交融中发展出许多共性,没有历史意识和历史知识,是看不到这些共性的。马克思说:

> 人们自己创造自己的历史,但是他们并不是随心所欲地创造,并不是在他们自己选定的条件下创造,而是在直接碰到的、既定的、从过去承继下来的条件下创造。①

历史固然重要,但需要注意历史叙事的主体有所不同,书写历史的语言有所不同,所以对世界和事务的呈现也会有所不同。铸牢中华民族共同体意识需要有平等团结的意向性推动,要有古为今用的理性思考,有意识地从各类人群用各种语言书写的历史中,发现民族平等团结的例证,把它们汇集成中华民族共同体形成与发展的篇章。

---

① 《马克思恩格斯选集》第一卷,人民出版社,2012,第669页。

第三节 共同体精神的艺韵共鸣

费孝通认为，在中国先有科技兴国，使人致富，然后会有文艺兴国，让百姓过上真正精神和物质都富足的生活。[①] 中华民族共同体精神的成功构筑取决于科技兴国和文艺兴国是否能够协调得好，是否能够做到美韵治国、美韵统民，即艺术是否能够融入社会生活、人际关系和价值体系。艺术之要在于"艺"，不在于"术"。费孝通说"艺"就是"韵"，[②] 可谓一言中的，如书法，如舞蹈，如做人，都讲韵律。艺术以及由艺术支持的美学会给国家运行带来韵律，持久的良治需要有韵律，韵律体现在万物共生之中。国运呼唤强化良治，呼唤经济、社会、人文、美德之良性共生，而良治和"共生"与艺术生活存在千丝万缕的关系。皮尔士从切身体会出发，提出万物归逻辑，逻辑归伦理，伦理归美学（aesthetics），这和费孝通关于人富了之后要寻求文艺的说法有相通之处。当今世界，工业文明进入信息文明，科技兴国的口号也将要被文艺兴国的口号所置换，美韵治国、美韵统民的时代到来了。

艺术具有地天通、形神连的特性，因为它离不开感官和肢体，当然也离不开心智和情感，具象和抽象如此圆融一体，如此和谐对转，如此充满韵律，无怪乎费孝通要提倡文艺兴国。文学、书法、绘画、雕塑、建筑、音乐、舞蹈、戏剧、电影、曲艺，这些艺术形式充满创新的冲动，充满生命活力，人不分男女，学不分文理，都能够被艺术包容进来，提升上去。佩里·安德森指责盖尔纳对民族主义的解释过于功利，过于实证主义化，盖尔纳回答说："我不是没有情感，我可以用口琴演奏30多首波希米亚民歌，如歌如泣，让自己的发小声泪俱下，受不了，让我停下，很难想象，没有烈酒，没有民歌，我如何能够写那本关于民族主义的书。"[③] 盖尔纳表面严肃认真，内心却充满感情，用酒和歌来联通天地，触摸民族魂灵，阐发学术哲理。

[①] 方李莉编著《费孝通晚年思想录》，岳麓书社，2005，"编者的话"第10页。
[②] 方李莉编著《费孝通晚年思想录》，岳麓书社，2005，"编者的话"第10页。
[③] Ernest Gellner, "Reply to Critics,"in John A. Hall and Ian Jarvie(eds.), *The Social Philosophy of Ernest Gellner*, Amsterdam-Atlanta, GA: Editions Rodopi B. V., 1996, pp. 624-625.

艺术对于灵魂激情的那个瞬间有深刻记忆,每一次操演都是重温。演奏需要物感,物感是一种感觉,是一种神韵;歌舞需要统觉,统觉是多种感官的协作,呈现复合诗性。临场表演需要沟通天地,捕捉感觉,需要发挥,需要创造。因此,艺术之所以为艺术,就在于它的活力,就在于无数次灵魂被拨动、被触及的那一刻。艺术不能离开物感物觉,永远需要借助音像和感官的物质性,需要不断从日常生活中汲取能量,让物性和神性融为一体,而非形神分离,气韵缺失。艺术因临场创造而充满活力,也因感官协调而讲究关联,这种关联会扩展开来,引起共鸣,触动无数的活灵魂。皮尔士在研究影像的时候,把情感命名为第一性,动作为第二性,精神为第三性。[①] 根据他的指号理论,第一性是质感,第二性是关联指向,第三性是升华。[②] 也许我们可以借题发挥,说第一性是触及灵魂,第二性是关联,第三性是艺术:被触及的灵魂发出声音,做出举动,被触及的灵魂和触及灵魂的外物发生了关联,这种关联被创造性地表达为音像形式,即艺术。当然,如果我们忠实于皮尔士的原意,那么这三性互为条件,缺一不可,而且不具有先后关系。

艺术源自制作,以触及灵魂的纯真让万物共鸣,让万象关联;艺术因共鸣和关联而充满活力,而艺术活力又让万物共鸣不息,让万象关联不断。艺术、诗性、关联,彼此互为条件,互相生成,形成自足的连续体。德勒兹说"运动总是出现在两者之间的空隙中","总是出现在一个具体的绵延中","因此,每个运动都将有其质的绵延"。[③] 这个说法有启发性:艺术发生和存在于万物之间的空隙中,这个空隙是关联,是运动,也是质的绵延。艺术是质的绵延,是诗性的绵延,也是关联的绵延。绵延就是活力。

马克思主义把原始共产主义描写成人人平等的社会,把共产主义社会描写成在生产力高度发达的基础上形成的更高阶段的人人平等的社会。

[①] 〔法〕吉尔·德勒兹:《电影1:运动-影像》,谢强、马月译,湖南美术出版社,2016,第308页。
[②] 参见纳日碧力戈《从皮尔士三性到形气神三元:指号过程管窥》,《西北民族研究》2012年第1期。
[③] 〔法〕吉尔·德勒兹:《电影1:运动-影像》,谢强、马月译,湖南美术出版社,2016,第4页。

无论是原始共产主义社会还是发达共产主义社会，至少在理想层面上应当是形气神高度和谐的社会，而处于原始共产主义社会和发达共产主义社会之间的各类社会形态，则是形气神不和谐的时代，时而形压倒神，时而神压倒形，有气无力是这些社会形态的特点。

  作为马克思主义的历史唯物论和辩证唯物论者，差异性与共同性、多元性与一体性都是客观存在，如果过分地突出差异性、多元性是问题，同样过分地强调共同性和一体性也是问题。因为在中国，抹煞了共同性、一体性，过分地强调差异性、多元性，就会脱离事物的本质、违背中国民族和谐发展的方向，甚至酿成灾难性的后果；同样，抹煞了差异性、多样性，过分地强调共同性、一体性，也会脱离事物的本质、违背中国社会发展的基本规律，同样给中国人民和中国社会带来灾难性的后果。①

在处理差异性、多元性与共同性、一体性的时候，需要从兼和相济的理念出发，掌握民族关系的艺韵，因势利导，不偏激，不强求，但也不消极，不否定，以充满诗性的激情，追求共同体认同下的千灯互照、光光交彻。

第四节　协商共生的伦理道德

"己所不欲，勿施于人"是中华民族的传统美德，面对新时代，这个表述要发展为"人所不欲，勿施于人"，这样就可以避免把自己的价值观加在对方身上，避免误以为对方也是这样想，造成一厢情愿的后果。协商共生就是在兼和的基础上，互相给对方留出空间，把自我反思和站在对方的立场上想问题结合起来，守望相助，互守尊严，不把话说死，不把事做绝。

---

① 丹珠昂奔：《民族工作方法论——中央民族工作会议精神学习体会》，民族出版社，2016，第5~6页。

我们所说的"共生",是向异质者开放的社会结合方式。它不是限于内部和睦的共存共荣,而是相互承认不同生活方式的人们之自由活动和参与的机会,积极地建立起相互关系的一种社会结合。①

中国是多民族国家,这是共识。多民族就意味着语言多、文化多、交流多、交融多,不同的语言文化,不同的社会人群,都需要和睦共生。夫妻、父子、母女、工人与老板、公司成员之间、病人与医生,都存在共生关系;社团、氏族、民族、国家也都是社会共生体。② 历史上各民族相互之间的交流碰撞、接受吸纳并存,③ 发展成为中华民族这个兼容多种语言和文化的超级共同体。各民族长期交往交流交融,形成协商共生的传统,里面有利己,也有利他,兼和相济,和睦而不失自然。云南省红河哈尼族彝族自治州的哈尼族长期与汉族、彝族、傣族等其他民族和睦相处,发展出"牛马亲家",即以哈尼族为一方,汉族、彝族、傣族等其他民族为另一方,协商"定亲",一方出牛、马、羊,另一方饲养,生下的幼畜双方共有,将来买卖或宰杀,利益均分,或者双方共同合伙出牛马,轮流饲养使用。春天坝区插春秧繁忙时,牛马归坝区河谷的各族亲家喂养和使用;夏天半山区的哈尼族种稻时,牛马就归他们喂养和使用;冬天山区气候寒冷,牛马回到坝区河谷的各族亲家过冬。双方因此建立起深厚感情,逢年过节,都要请自己的亲家做客,平常也走亲戚。哈尼族通过这种"牛马亲家"的形式与其他民族友好相处,营造了和谐的生存环境,很好地适应了当地人与社会、人与人的关系。④ 甘肃省甘南藏族自治州舟曲县,诸教圆融,各方神职人员礼尚往来,和睦共处。⑤ 当地藏汉民众信仰多种宗教,涉及苯教、藏传佛教、汉传佛教、道教和基督教,

---

① 井上达夫:《走向共生的冒险》,每日新闻社,1992,第24~25、116页,转引自胡守钧《社会共生论》(第二版),复旦大学出版社,2012,第4页。
② 胡守钧:《社会共生论》(第二版),复旦大学出版社,2012,第3~4页。
③ 丹珠昂奔:《民族工作方法论——中央民族工作会议精神学习体会》,民族出版社,2016,第78页。
④ 范元昌、何作庆:《哈尼族人与自然和谐相处的文化特征》,《云南民族大学学报(哲学社会科学版)》2008年第6期。
⑤ 舟曲县多民族共生的个案参见马宁《藏汉接合部多元宗教共存与对话研究——以舟曲地方为例》,民族出版社,2014,第314~336页。

各教门都有自己的圣诞日——婆婆神的圣诞日、释迦牟尼佛的圣诞日、鳌山得道普救真人的圣诞日、赤爷的圣诞日、黑爷的圣诞日、山川父王和萧儿龙王的圣诞日,藏汉信众共同参与各种神灵圣诞日,神职人员互相走动,互致祝贺。例如,当地每年农历正月十九举行迎婆婆民俗活动,各寺院的僧人都来诵经祈福,藏汉民众都参加;龙神鳌山得道普救真人圣诞日这一天,藏汉民众纷纷前来,祭祀还愿,僧人们也来吹唢呐助兴;1994年举行了藏传佛教寺院黑峪寺的开光典礼,藏汉民众纷纷前来祭祀还愿,黑峪人杀牛熬汤,招待宾客,龙山寺的8名庙官和阴阳先生也前来打理。舟曲地方还流行"主儿家"习俗。藏族人称汉族好朋友为"主儿家",藏族人下山后来城里办事,就住在结交的汉族主儿家,主儿家为他们提供担保,帮助解决困难。过去,外人来舟曲地方行商,需要有熟人介绍,带着礼品,在当地认主家,"以后即可自来,买卖均由主家介绍,极为方便,唯不可相欺,违则见绝于主家,而他家亦不再受其认矣"①。新中国成立后,藏族人也开始到县城或者乡镇集市上卖山货,换取生活用品。他们下山赶集,来到主儿家,把骡马拴在场院中,打声招呼就可以,不会丢失。

自古至今,中国人把伦理道德放在治国理政、社会生活和个人修养的首位。据李学勤主编的《字源》,"伦"指"相比并、相匹敌",也指"伦常,即封建礼教所规定的尊卑长幼之间的关系";②"理"本义是"治玉",引申为"治理、料理""条理、纹理、道理";③"道"指"所行道也",引申为"方法、技艺、规律、学说、道义",也指道家、道教之道;④"德"从"行"(一说从"言")、从"直"、从"心",本义"登、升",也指"道德、品德""恩惠、感恩、德政、客观规律"。⑤ 在《现代汉语词典》(第7版)中,"伦理"指"人与人相处的各种道德准则"⑥;

---

① 顾颉刚:《甘青闻见记》,载中国人民政治协商会议甘肃省委员会文史资料研究委员会编《甘肃文史资料选辑》第28辑,甘肃人民出版社,1988,第183页。
② 李学勤主编《字源》(中),天津古籍出版社、辽宁人民出版社,2012,第706页。
③ 李学勤主编《字源》(上),天津古籍出版社、辽宁人民出版社,2012,第20页。
④ 李学勤主编《字源》(上),天津古籍出版社、辽宁人民出版社,2012,第133页。
⑤ 李学勤主编《字源》(上),天津古籍出版社、辽宁人民出版社,2012,第136页。
⑥ 中国社会科学院语言研究所词典编辑室编《现代汉语词典》(第7版),商务印书馆,2016,第857页。

"道德"涉及社会意识形态，"是人们共同生活及其行为的准则和规范"①。我国各民族的道德生活涉及三个层面：以道德为主题的隐性和显性的社会制度、人际关系结构和社会道德结构、个人行为和社会行为。②我国信奉佛教（藏传佛教、南传佛教）的少数民族，如藏族、傣族、纳西族、白族、布朗族等，要求人们向善弃恶，以"十善"信条规范自己的行为：不杀生；不偷盗；不邪淫；不妄语；不两舌；不恶口；不绮语；不贪欲；不瞋恚；不邪见。③我国回族的商业伦理包括诚实经商、公平交易、平等竞争、凭约守信，提倡关心弱势群体。④无论是多数民族，还是少数民族，他们的道德生活深深嵌入社会制度、人际关系和个人及社会行为之中。

在西方世界，自古希腊的亚里士多德到近代德国的康德、黑格尔都把伦理道德作为探讨的主题之一，而且限于道德哲学；自 20 世纪初，英美社会文化人类学者也开始直接或间接地根据世界各地民族志个案，专题研究不同文化人群的伦理道德观。⑤ 英语"伦理"是 ethics，"道德"是 morality：ethics 源自古希腊语词 ethos，意为"生活方式"或"习俗"、"习惯"；morality 的词根是拉丁语的 mos，是古希腊语 ethos 的直译。也就是说，在英语里 ethics 和 morality 是同义词。但是，自 20 世纪人类学和其他社会人文领域出现反思话语以来，ethics 和 morality 似乎有所分工。威廉斯（Bernard Williams）认为，ethics 是回答如何生活问题的任何一种方式；morality 是对于这个问题的某种答案。⑥ 齐贡（Jarrett Zigon）认为，

---

① 中国社会科学院语言研究所词典编辑室编《现代汉语词典》（第 7 版），商务印书馆，2016，第 269 页。
② 李伟、潘忠宇：《中国多民族道德生活史研究的总体思路与设计》，载杨国才、李伟、王韵等《民族伦理与道德生活研究》，中国社会科学出版社，2016，第 14 页。
③ 杨国才：《少数民族伦理与道德生活的研究对象与方法》，载杨国才、李伟、王韵等《民族伦理与道德生活研究》，中国社会科学出版社，2016，第 25 页。
④ 裴玉洁：《回族的商业伦理道德》，载杨国才、李伟、王韵等《民族伦理与道德生活研究》，中国社会科学出版社，2016，第 229~232 页。
⑤ Jarrett Zigon, *Morality: An Anthropological Perspective*, Oxford and New York: Berg, 2008, "Introduction," pp. 1 - 20; Signe Howell(ed.), *The Ethnography of Moralities*, "Introduction," London and New York: Routledge, 1997, p. 2; Richard B. Day and Joseph Masciulli(eds.), *Globalization and Political Ethics*, Leiden: Brill, 2007, "Introduction," pp. ix-xiv.
⑥ Pat Caplan(ed.), *The Ethics of Anthropology: Debates and Dilemmas*, London and New York: Routledge, 2003, "Preface," p. 3.

morality 有具身性惯习（embodied habitus）和公众话语（discourse）两层含义；ethics 则表示因 morality 崩溃引发的自觉反思。① 兰贝克（Michael Lambek）提出很有人类学味道的日常伦理（ordinary ethics）的视角：伦理是人类状况的一个组成部分；人类的一言一行都涉及伦理，要承担伦理责任，评价自己和他人的行为，认或不认，关心别人或被别人关心，也不断意识到自己的不足。② 作为概念的伦理道德，在不同文化人群中有不同的语用习惯和日常说法，例如在津巴布韦的绍纳（Shona）语和蒙古国的蒙古语中，找不到和 ethics 和 morality 对应的词语。在绍纳语里，只有一个词 tsika，表示"对人尊重"，缺乏涉及西方式独立个人的伦理道德概念；蒙古语里也以阶序分层的伦理道德概念（yos 表示普遍的"规矩""道理""习惯"；surtakhuun 表示个人"被教会的那些东西"）来定位"社会人"，蒙古国人用道德定位自我，以自己的行为是否对自己合适为核心，这不同于西方同情他人的道德规范。③ 其实，在内蒙古的蒙古语中，yos 还有"主义""礼节""礼貌"的意思；相关的词句还有 bey-e ben medekhü ügey（"不知深浅""没有分寸"）、khiri ben medekhü ügey（"不自量"）等。张岱年指出，道德生活以生理合一为基本原则，即生命、生活与当然的准则或道德的规律交融合一；他反对生与理的截然对立，反对只讲理、不重生的理想主义，反对"只讲生不重理的自然主义"，也反对无差别对待生与理，"主张把生与理有机统一起来既重生亦重理的生理合一论"。④

在中华民族共同体精神中积淀了各民族协商共生的伦理道德，可加以充分挖掘和呈现，经过跨文化、跨人群、跨地域的比较研究，丰富全人类的伦理道德精神的宝库。毋庸置疑，在道德伦理的相对论和普世论之间存在紧张关系，处理好了，是辩证统一；处理不好，就成为不可调

---

① Jarrett Zigon, *Morality: An Anthropological Perspective*, Oxford and New York: Berg, 2008, "Introduction," p. 18.
② Michael Lambek(ed.), *Ordinary Ethics: Anthropology, Language, and Action*, New York: Fordhan University Press, 2012, "Introduction," p. 1.
③ Michael Lambek(ed.), *Ordinary Ethics: Anthropology, Language, and Action*, New York: Fordhan University Press, 2012, "Introduction," pp. 12, 16-17.
④ 转引自杨国才《少数民族伦理与道德生活的研究对象与方法》，载杨国才、李伟、王韵等著《民族伦理与道德生活研究》，中国社会科学出版社，2016，第 29 页。

和的矛盾关系，将我们带入伦理道德的困境。摆脱这种困境的唯一办法，就是多开协商对话的渠道，在交往交流中逐步达成重叠共识，或者发现，或者创新，重新发现原初时代的地天通、元模式和元关联，重温物触人心的感觉，回归"凡音之起"的那一刻。

  借用荣格（C. G. Jung）深层心理学的基本术语"原型"观念（Archetyp 或 Archetypus），我们可以说，在任何一种古老传统——特别是诸轴心文明——之中，都存在着一种可以称之为"精神史原型概念"的名相或观念。这种精神史原型概念，由于其高度的源始性、多义性，故而在跨文化翻译中，几乎都有顽强的不可翻译性，这是上帝在跨文化理解的巴别塔之前额外深挖的一道堑壕。中国先秦思想资源中的"道"与"仁"，印度传统中的"大梵"，古希腊传统中的 logos、mythos、ethos 等等，大概都在此属。①

  汉斯·昆说，没有世界伦理就没有世界秩序；② 同样道理，没有族际伦理，就没有族际秩序。我们需要培育族际伦理，其核心应当是守望相助，互守尊严。各民族在守望相助中凝聚成一个整体，在互守尊严中达成重叠共识。

  日本学者黑川纪章提出"新共生思想"，其核心是"圣域论"或"中间领域论"："在明显对立、被极端化、合理化的两极之间，设置一个哪一极也不是的'中间领域'"，它处于两项对立与合理化之间，是暧昧、非合理化的。③ 这个"中间领域"的观点和兼和相济的观点接近，可以兼容差异和对立，是将各民族的"圣域"向上提升、形成更高一级"圣域"或者"中间领域"的可以借鉴的思路。不是对抗，不是消灭，而是兼容，让差异在兼容的努力中产生美韵，实现对立统一。

  荷兰心理学家、动物学家和生态学家弗朗斯·德瓦尔（Frans de Waal）著有《共情时代：一种机制让"我"成为"我们"》一书，从动物的心理和行为，观察和讨论人类如何因共情而同情或仇恨他人，如何

---

① 〔瑞士〕孔汉思：《世界伦理手册》，邓建华、廖恒译，三联书店，2012，杨煦生中译本序第6页。
② 〔瑞士〕汉斯·昆：《世界伦理构想》，周艺译，三联书店，2002，第44~45页。
③ 〔日〕黑川纪章：《新共生思想》，覃力等译，中国建筑工业出版社，2009，第189~191页。

面对灾难和外族相濡以沫,又如何在尘埃落定之后内斗厮杀。①

众所周知,自私是人类的天性。但在人的天赋中除了自私的本性之外,还有一种本性也是客观存在的,那就是怜悯或同情。这种本性让我们不由自主地去关心别人的命运,感受别人的幸福,同情别人的苦痛。这种原始的情感遍及每一个人类个体,并非为品行高尚的人所独享,即使罪大恶极的恶棍,我们也无法否认他拥有怜悯和同情的本能。②

人类共生、人类与自然共生、人类与万物共生,这些都需要共情的支持。人之初,性本恶,性亦本善,需要控制,需要调适。2005 年美国路易斯安那州遭受飓风袭击,一位接受电视台访问的嘉宾态度鲜明地表示:"他人疾苦,与我无关。"③ 其实,这位嘉宾的表态并不符合包括人类在内的动物界的本能。例如,黑猩猩会用 20 分钟抢食物,然后它们会把抢到的食物分给好友和家人;俄国无政府主义者克鲁泡特金指出,人类在为生存而奋斗的时候,需要互相合作,对抗恶劣环境;在西伯利亚的冰天雪地里生存的动物会"尊重公有制原则"。④ 但共情是有限度的,一群原本互相理毛、亲密无间的黑猩猩在分家之后会互相残杀;极端的纳粹主义者对自家人体贴入微,"可转过脸去就可以剥人皮做灯罩,滥杀无辜"。⑤共情可以用到光明面,也可以用到黑暗面。《哈利·波特》的作者 J. K. 罗琳曾经在大赦国际的伦敦总部工作过,她永远不能忘记这样一件事:有一次在空荡荡的走廊里突然听到痛苦和恐惧的尖叫——有一位持

---

① 共情的核心部分是调整情绪,与对方同步;然后发展出关心他人和换位思考。参见〔荷〕弗朗斯·德瓦尔《共情时代:一种机制让"我"成为"我们"》,刘旸译,湖南科学技术出版社,2014,第 233 页。
② 〔英〕亚当·斯密:《道德情操论:求富有道即合德》,何丽君编译,北京出版社,2008,第 1 页。
③ 〔荷〕弗朗斯·德瓦尔:《共情时代:一种机制让"我"成为"我们"》,刘旸译,湖南科学技术出版社,2014,第 1 页。
④ 参见〔荷〕弗朗斯·德瓦尔《共情时代:一种机制让"我"成为"我们"》,刘旸译,湖南科学技术出版社,2014,第 7、37 页。
⑤ 〔荷〕弗朗斯·德瓦尔:《共情时代:一种机制让"我"成为"我们"》,刘旸译,湖南科学技术出版社,2014,第 90 页。

不同政见者得罪了本国当权者,他们处决了他的母亲。

如果共情纯粹依靠理智,仅仅是前额叶皮层的产物,那罗琳听到男子的尖叫后绝不会产生如此特殊的感受,也不至于终生铭记。共情比这深入得多,不仅需要用耳朵和神经"听到"尖叫,也要动用产生恐惧和厌恶的脑区,"感受到"尖叫。幸好有这种能力,否则共情则会失去用武之地。换位思考本身是中性的,既可以有建设性,也可能具有破坏性。违背人性的罪行就是依赖于换位思考的。①

各民族要在协商共生中,培养和巩固有利于平等团结的共情,相濡以沫,同舟共济,避免把共情用于酷刑、折磨、杀戮、灭绝。

第五节 希望之旅:让理想放出光芒

布洛赫是20世纪初西方马克思主义学者,毕生钻研古希腊理性哲学、希伯来宗教信仰精神、德国古典哲学、现代西方哲学和马克思主义哲学。② 他认为,社会历史是有主体的行进过程,"蕴含主体新奇、变革、超越和希望之流"。③ 布洛赫接受亚里士多德的物质概念,"把物质标志为一种'动态存在'(Das Dynmeion)",这个物质母胎是质的自然,包罗万象,无穷无尽;物质不会凝固在静态唯物论状态,而是"在思辨的、过程的、动态的唯物论中向前形成其映像"。④ 物质、自然和历史向新事物敞开,未来的现实形态来源于现实自身的动态存在,存在于"时间之流"。"否"表示现在还不在那里(das Nichit-Da);"否"不是"无",而是"意味着关于某物的匮乏或空虚状态","意味着对某物的冲动",意味

---

① 〔荷〕弗朗斯·德瓦尔:《共情时代:一种机制让"我"成为"我们"》,刘旸译,湖南科学技术出版社,2014,第235页。
② 陆玉胜:《革命乌托邦的终结——西方马克思主义研究》,山东人民出版社,2015,第48页。
③ 陆玉胜:《革命乌托邦的终结——西方马克思主义研究》,山东人民出版社,2015,第49页。
④ 〔德〕恩斯特·布洛赫:《希望的原理》第一卷,梦海译,上海译文出版社,2012,中译本序言第13页。

着"对这种匮乏状态的逃避和克服"。① 在生物界,"否"意味着"尚未",呈现为"尚未的存在论"。② 培育和构筑中华民族共同体精神,需要把握物质、自然和历史向新事物敞开的特性,对"尚未"充满希望,向往人类和世界的共有精神家园。物质存在内部孕育着"尚未","世界是永久的试验台","尚未被意识到的"和"尚未形成的"指向"趋势—潜能—乌托邦","尚未"是指向未来的势能,永远是开放的过程。

布洛赫关于物质—质料的"尚未"观涉及"人在世界中"的状态,涉及运动过程"由内向外"的能量释放与生成,"亦即中国古人所说的'生生之谓易'"③。世界和事物本身拥有内在的、"尚未完成"的驱动力,④ 这个类似于中国古代的萨满巫觋,他(她)用永远指向"尚未"的巫力沟通地天通,关联万物,不断让形气神关联、合一。从全新的隐喻意义上说,中华民族共同体精神应该也属于这样一种指向"尚未"的势能,它牢牢把握住物质、自然和历史本身的"尚未"性质,超越空想和幻想,把质感、情感、心智统合在势能释放的过程之中,把人的主体性、主动性和创造性落实在物感物觉中,建造兼和相济的未来世界。

中华民族共同体精神的培育和形成既有中国传统特色,也有人类古往今来的地天通共性。本雅明把艺术创作等同于物质生产,艺术家就是生产者,艺术品就是产品,艺术欣赏就是消费,而艺术技巧构成了艺术生产力。⑤ 作为生产力的艺术技巧把形式和内容凝结在一起,是力、形式、内容的三合一。这相当于皮尔士符号(指号)理论中的对象(object,第二性)把征象(representamen,sign,第一性)和释象(interpretant,第三性)凝结在一起:征象指物质性,可视、可触、可听、

---

① 金寿铁:《希望的视域与意义——恩斯特·布洛赫哲学导论》,商务印书馆,2016,第151页。
② 金寿铁:《希望的视域与意义——恩斯特·布洛赫哲学导论》,商务印书馆,2016,第151页。
③ 陆玉胜:《革命乌托邦的终结——西方马克思主义研究》,山东人民出版社,2015,第52页。
④ 陆玉胜:《革命乌托邦的终结——西方马克思主义研究》,山东人民出版社,2015,第52页。
⑤ 陆玉胜:《革命乌托邦的终结——西方马克思主义研究》,山东人民出版社,2015,第67页。

可尝、可闻；释象是理性升华，是事物的规律；对象呈现的是前因后果的逻辑关系，是事实的粗朴性，包含指向某物的动能或者势能，能够把征象和释象连接在一起。① 符号（指号）过程是事物质感、事物相指、事物规律三元互动的开放过程，这个过程始终涉及质料、指向性势能和象征意义，超越了休谟式的互不关联、非连续性的"质性原子主义"，② 含有互相渗透、连续性且不断朝向相当于布洛赫"尚未"的现实性。我们在不断接近理想真理，但这是一个永远无法完满实现的理想，没有任何综合陈述可以最终并彻底被证实，不存在绝对的确定性、绝对的精确性和绝对的普遍性。③ 费孝通晚年讲文艺兴国，恐怕就有重续地天通的寓意，文艺操演有一种粗朴性，更有一种美韵，扑面而来，避免语言的干扰，向新事物敞开永不关闭的物质、自然和历史之门。

至此我们已经看清楚，从布洛赫到本雅明，从中国古人的地天通到形气神，都隐含了"道生一，一生二，二生三，三生万物""万物抱阴而负阳，冲气以为和"的大道，二元对立要服从于三元合一。培育和构筑新时代中华民族共同体精神，进而培育和构筑人类命运共同体精神，本身属于希望之旅。守正创新，善用指向"尚未"的势能，不离日日新的质感，守望事物规律的理想之光，这是中华民族共同体在继承中发展的必由之路。不能沉湎于旧记忆，要升起新希望。

---

① 纳日碧力戈：《从皮尔士三性到形气神三元：指号过程管窥》，《西北民族研究》2012年第1期。
② 〔美〕弗兰克·梯利：《西方哲学史（增补修订版）》（英汉对照版），贾辰阳、解本远译，吉林出版集团有限责任公司，2014，第556页。
③ 〔美〕弗兰克·梯利：《西方哲学史（增补修订版）》（英汉对照版），贾辰阳、解本远译，吉林出版集团有限责任公司，2014，第555页。

第八章　中华民族共同体与人类命运共同体

我们拥有一个共同的地球，全球化和数字化让世界各地的各个人群前所未有地联系在一起，一损俱损，一荣俱荣。温室效应，疫情暴发，金融危机，所有这些都能转化为"世界时刻"，充满不确定性。无论从哪一个方面看，站在和中立场，中华民族共同体精神都是人类命运共同体精神的组成部分。

第一节　中华民族共同体是人类命运共同体的组成部分

中华民族共同体是人类命运共同体的组成部分，也是宇宙万物的一部分。至少有两条充分的理由支持这个说法。

第一，根据社会人文学界比较普遍接受的观点，人类起源于非洲，逐渐分布到世界各地，在这个漫长的人口迁移的过程中，各个人群之间的交往、交流、交融从未完全断绝过。放眼全球，人类拥有同一个地球，无论人们走到哪里，在什么样的时间点，都注定是人类命运共同体的一个成员。

第二，《庄子·齐物论》曰："天地一指也，万物一马也"；"天地与我并生，而万物与我为一"。[①]

中华民族共同体有两个突出特点：一是多元一体，二是开放包容。百川归海，有容乃大。中华文明有多种起源，从考古学的红山文化到良渚文化，从玉石之路到丝绸之路，这是一个百川归海的浩荡过程；中国

[①] 陈鼓应注译《庄子今注今译》上册，商务印书馆，2007，第72、88页。

各族人民以开放的心态大量借鉴外来优秀文化,从物质到精神丰富自我,本土消化,反馈他人。从家庭到祖国,从祖国到世界,形成环环相扣的递进关系;新时代的人口流动、信息沟通、商贸往来,形成顶针续麻的互联网。中华民族共同体的开放性和包容性,让它有自属于而非自外于人类命运共同体的良好自觉性——"四海之内皆兄弟","有朋自远方来,不亦乐乎"。

苏秉琦说,我们在21世纪要同时完成双接轨的任务:一个是古今接轨,以古代中国的发展轨迹看未来中国,把传统文化的积极因素转化为建设中国特色现代化的动力;一个是中国的考古学与世界考古学接轨,把区系的中国提升为世界区系中的中国。① 季羡林教授在谈及河西走廊的时候指出,世界上历史悠久、地域广阔、影响深远且自成一体的文化体系只有中国、印度、希腊、伊斯兰四个,再没有第五个;而这四个文化体系汇流的地方只有一个,就是中国的敦煌和新疆地区,再没有第二个。② 同样,我国东部、东北部、东南部乃至环太平洋文化圈有着广泛的联系。

> 例如作为饕餮纹祖型的那种眼睛部位突出、夸张的神人兽面纹艺术风格、有段石锛等就与环太平洋文化圈中的同类因素可能有源流关系。进入成文历史之后,"四夷"的概念在不断变化,秦汉以后的"四夷"主要指汉民族以外的边疆四隅的兄弟民族。这"四夷"正是中国同外部文化的连接点与桥梁,很难把中国与世界文化截然分割开……在中国,从旧石器时代起,从来就不是封闭的、孤立的,这已为许多考古发现证实。……陆上丝绸之路、海上丝绸之路、陶瓷之路、香料之路如此,不见经传的条条通路更是如此。……或许是最重要的一点,则是世界上没有其他文明古国能像中国这样,既

---

① 苏秉琦:《满天星斗:苏秉琦论远古中国》,赵汀阳、王星选编,中信出版社,2016,第27~28页。
② 季羡林:《敦煌学、吐鲁番学在中国文化史上的地位和作用》,载汤一介选编《季羡林佛教论集》,山西教育出版社,2010,第212~213页。

有如此广阔的文化区域，又有如此长久的文化传统。①

新中国选择马克思主义中国化的道路，把中华民族看作由不分大小、一律平等的56个民族组成的共同体，这个过程是本土化与国家化兼和通变的过程。回顾马克思主义经典作家对本土化与国家化的看法，恩格斯20岁时就表现出不同寻常的平衡力，一方面"他把德意志民族作为一个整体来看待，把德意志作为自己的'祖国'"；另一方面，他也"冷静地表达了反对狭隘民族主义的观念"。② 马克思在《论犹太人问题》一文中提出"犹太人的解放，就其终极意义来说，就是人类从犹太精神中解放出来"③，就是把人类解放作为消除市民社会不合理现象的终极目标。

自从现代西方国家出现，以族为界和以国为界的现象在主权观念的推动下前所未有地凸显出来，同文同种、一族一国成为理想模式，殖民战争、市场经济、大规模的移民潮和难民潮、互联网和数字化生存，彻底打破了原有的自然边界，让种族、民族、语言、文化、政治的边界更加不能重合。然而，两次世界大战、大规模的自然灾害、毁灭性的环境污染，无视国界和族界，纠正了各类种见和偏见，每个人都意识到自身处于一个充满不确定性的风险社会之中。因此，我们没有任何理由把特色和普世对立起来，中华民族共同体和人类命运共同体都被"共同体"联系在一起，都享有"共同"二字，二者分别属于不同层级的共同体。费孝通用中国化的表述把大小共同体的关系说清楚了："各美其美，美人之美，美美与共，天下大同。"④ 这个表述无论是对中华民族共同体，还是对人类命运共同体，都是很适用、很贴切的。

中国古人"天地与我并生，而万物与我为一"的观点表达了宽广的胸怀，天人合一，物我为一，新时代的今人要本着守正创新的信念，不仅对中华民族共同体有自觉自信，对人类命运共同体有自觉自信，还要

---

① 苏秉琦：《满天星斗：苏秉琦论远古中国》，赵汀阳、王星选编，中信出版社，2016，第28页。
② 张三南：《"两个共同体理念"与马克思主义民族理论中国化》，《学术界》2020年第1期。
③ 《马克思恩格斯文集》第一卷，人民出版社，2009，第50页。
④ 费孝通：《"美美与共"和人类文明（上）》，《群言》2005年第1期。

对万物共同体有自觉自信。

第二节 中华民族共同体人文资源的兼容性

中华民族共同体文化不能自外于人类命运共同体文化,不能关起门来孤芳自赏,而是要兼容其他共同体文化,在互动交往中不断创新,在动态平衡中继承、发扬、创新自己的特色。历史悠久的汉字是古代各大文字体系中唯一传承至今的表意文字系统。在古代,汉字是东亚地区国与国之间的交流文字,直至20世纪前,汉字是日本、朝鲜、越南等国家的官方书面规范文字。后来东亚诸国也存在自行创制的汉字,日本制定了《常用汉字表》,韩国也制定了《教育用基础汉字》。

西方的霸权扩张是世界近现代史的主线。在东方,政治、经济、军事、文化等内容的全面扩张,始于强迫门户开放的西方炮艇政策。1840~1842年中英两国发生了鸦片战争,中国实行五口通商;1853年美国海军准将佩里率美国海军舰队强行驶入江户湾的浦贺港,日本被迫开放国门,德川幕府于1854年3月31日与美国政府签订《神奈川条约》。日本和中国的精英们悲愤之余,痛感向西方学习的重要性,于是他们学习外语,出国考察,仿造洋炮,引进西学,形成风气。

然而,这种西学东渐并非简单的学习和模仿,并不止于翻译出版大量的外文典籍。这是一场曲折多变的跨语言实践,是古今中外各种思想和实践的大较量、大对话、大协商。"西学东渐"中的翻译活动,首先是政治活动,翻译家们往往也是政治家和外交家,他们的翻译思想体现在他们的社会行动中,他们的翻译是当时社会实践的一部分。西来的思想观念不切合东方的历史和现实;东方的历史和现实有着深远的文化和知识根基。在日本,"翻译西方"既是语言问题,也是实践问题。[1] 中国也不例外。问题的核心有五:

如何让西方语言表达的概念较贴切地翻译成为东方本土的概念,使之在千年文化框架中找到位置?

---

[1] Douglas Howland, *Translating the West: Language and Political Reason in Nineteenth-Century Japan*, Honolulu: University of Hawaii Press, 2002, p. 2.

如何让西方语言表达的概念在东方本土的社会实践中找到位置，使之"物化"为新现实？

如何让西方语言表达的概念变形，使之适应"国情"？

如何让西方语言表达的概念悄然改造本土原有的概念，使之扩大意义，改换所指，变通用法？

如何造新词新义，使之与新政新风相适应？

但是，所有这些都不能够在书斋里实现，而要在社会中实践。较早借鉴西方的日本实行立宪政体，实行有保留的代议制，但是，在日本政治精英的眼中，当时的民众尚不具备民主意识，需要先接受教育指导，培养和树立现代政治观、道德观，只有这样，他们才能真正代表自己，自觉自主。① Howland 认为，同样是文明（civilization）一词，它有前后不同的含义，即它的所指在日本西化之后发生了变化。明治维新以前的文明（日语作 bunmei）指普天仰视的中国文明；明治维新以后的文明指西方模式。因此，文明的意义有古今嬗变，要对西化和文明有所区分，即古代的文明指中化，现代的文明指西化，不能笼统地把文明等同于西化。历史和实践把不同的意义赋予同样的语言指号；语言研究不能离开历史研究和社会研究。日本的近代史告诉我们，当今汉字文化圈内使用的政治法律术语，都见证过不平凡的翻译竞争，表现西方政体的西方语词，尤其是来自英、法、德、荷诸语的名词，起初都有多种日语译名，这些译名代表了日本人对西方政治文化的不同理解和解释，也代表了西学本土化的不同取向，从而也导致了不同的社会行动。其实，自由、民主之类的观念在西方也存在争议，有不同的解释和用法以及由此引起的不同实践。有鉴于此，日本在翻译西学的过程中有不同话语，也在所难免。早期关注西化的日本学界大多认为西方代议制和工业资本主义蕴含着先进的伦理道德，而事实上 19 世纪英国式的个人主义却受到日本精英们的批判。在西方政治、经济、军事强大和东方伦理、文化、礼仪积淀之间，始终存在紧张关系，理想上的扬长避短、批判地吸收，并不能避免全盘接受的可能。这样的紧张关系自然要反映到翻译中来。例如"自由"一

---

① Douglas Howland, *Translating the West: Language and Political Reason in Nineteenth-Century Japan*, Honolulu: University of Hawaii Press, 2002, p. 2.

词在最初借入的时候，具有"自私自利"的意味，尤其暗指无政府主义，影响社会安定，精英当然要对它的意义进行重新解释和界定。众所周知，19世纪60~80年代日本政治的焦点不是天皇特权的问题，而是自封的寡头政治集团掌握权力的问题，具体表现为政府的行政权和人民建立政府的自主权之间的矛盾。日本天皇在此举足轻重：1889年日本天皇颁布了明治宪法，人民通过国民议会分享国家行政权，同时也因此把主权移交给天皇，把民权移交给政府。促成这个过渡的要素之一，是新译入的"社会"概念，社会进化模式取代了社会启蒙模式——这两种模式都突出对人民的政治指导并使之合法。[1] 明治维新时期改革者心目中的当务之急是扭转先前德川幕府失败的对外政策。面对欧洲帝国主义和殖民主义的炮艇政策和军事扩张，当时的日本寡头政治集团拥戴皇权，团结国人，一致对外，这与明治维新的先驱者吉田松阴提出的"尊王攘夷"的口号一致。从明治宪法的颁布到"自由""民权"等外词的译入，都是东西合璧，都是皇权第一、民权第二的取向，和西方原来的民主自由思想差距较大。明治宪法的第一章是整部宪法的核心，强调皇权独揽，神圣不可侵犯。由西方翻译借入的政治观念在日本变形，与本土的历史文化融合，发展出了日本式的社会语义场。英国思想家密尔的《论自由》的核心是公民自由或个人自由，而在日本，这种自由经过文化翻译，变成了在皇权至上前提下的政治改革口号，个人自由一定要服从国家利益和文化道义。自由观念要为推翻幕府统治，建立立宪政府服务。中村敬宇翻译的日文版《论自由》于1871年出版，英文的liberty（与freedom同义）被正式翻译成"自由"。但由于"自由"含"自私"之义，译者一再强调"自由"必须和合作、互敬、重才挂钩。[2] 其实，英文liberty一词在当时有四种汉语译法：自主、自由、自在、无羁。然而，在18世纪70年代日本的法律文献中，我们却找不到"无羁"和"自由"的表述，只能找到"自主"和"自在"的字眼，分别表达自治和自决的观念，不同于当时英美国家流行的积极自由（positive liberty）和消极自由（negative liberty），

---

[1] Douglas Howland, *Translating the West: Language and Political Reason in Nineteenth-Century Japan*, Honolulu: University of Hawaii Press, 2002, pp. 4-5.

[2] Douglas Howland, *Translating the West: Language and Political Reason in Nineteenth-Century Japan*, Honolulu: University of Hawaii Press, 2002, p. 96.

前者通过自治达到自我实现,后者排斥任何外来干涉。① 与此同时,英文的 nation 一词也有三种汉语译法:国家、国民、民族。国家强调"家",国民突出"民",民族偏重"族"。这些译法都把"社会"作为核心,对原文中"人民"的义素不予浓描,这也是由东西方传统和现实的差异所决定的。②

文化中国的形成,是一部古往今来的交流史,它的边缘不断变化和扩展,直到近代国民国家的再分野,又和政治疆界重合。纵观历史,仅就汉语词汇来说,较大的外来文化影响有三次:第一次是汉武帝时期,张骞通西域,来自异域的借词和译词留在汉语中;第二次为汉代以降的佛学东渐,佛经的翻译和操演,给汉语留下梵语借词和译词;第三次为明清之际,西学东渐,以外国传教士和商人为先导,东西方文化大交流,西方的借词和译词大量进入汉语。③ 自东汉至北宋,生活在中土的中外僧人付出毕生的努力,把古代印度的佛典翻译成汉文典籍,卷帙浩繁,达1690 多部,6420 多卷,近传神州,远扬朝鲜、日本、越南诸国,形成与藏语系佛教相并立的汉语系佛教。④ 这项巨大的翻译工程,首先是语用活动,涉及肢体的操演,记忆的再现,想象的创造,对话的实践,历史的重演;此外,它还涉及本土化的技艺,协商的谋略,实用的变通。例如,译经者在翻译时,要尽量地利用汉语原有的字词,旧词新义,变革语境。即使如此也不能全面翻译和表达异域的梵地文化,现有的汉文语料不足以表达大量的新概念,为满足构词需要,还要创造一些新汉词。新词缘翻译佛经而生,它们可分为三类:音译词、意译词、半音半意词(梵汉合璧词、混合词、半译词),其中梵汉合璧词的构成包括:音译加类名词,创造新词,如佛为梵语 Buddha(佛陀)的音译,生成新词佛土、佛门、佛法、佛道等,菩萨为梵文 Bodhisattva(菩提萨埵)的音译,生成菩萨性、菩萨道、观音菩萨、地藏菩萨等;音译兼意译加类词,创造新词,

---

① Douglas Howland, *Translating the West: Language and Political Reason in Nineteenth-Century Japan*, Honolulu: University of Hawaii Press, 2002, p. 99.

② Douglas Howland, *Translating the West: Language and Political Reason in Nineteenth-Century Japan*, Honolulu: University of Hawaii Press, 2002, p. 185.

③ 梁晓虹:《佛教与汉语词汇》,佛光文化事业有限公司,2001,第 233 页。

④ 梁晓虹:《佛教与汉语词汇》,佛光文化事业有限公司,2001,第 10、12 页。

利用汉字的意符，如魔为梵语 Mārā 的对音字磨的改造，把石字改成了鬼字；"梵汉同义合并、相补，创造新词"，如尼姑，尼与姑在梵汉中各表女性，合起来表示女出家人，即比丘尼，等等。① 这种梵汉合璧的译法是复杂的文化实践，并非简单的书面作业。译者要掌握梵汉双语，就要先在两地有切身的长期生活，衣食住行，与说这两种语言的当地人朝夕相处，共居一个社区，同悬于一张"意义之网"。同时，译者还要充分注意具体语言的文化特性，如汉字的意符就有明显的标指功能，也有象似的遗迹，可用来为汉字译经服务。

1000多年前，梵文《金刚经》被译成维吾尔文和藏文，随后，在14世纪初，又被希日布僧格和宝尼亚希日一道根据维吾尔文和藏文译成蒙古文，一些梵文借词也出现在蒙古文中，如 nom（经、书）、debter（本子、册）、toin（喇嘛）、huarag（僧侣）、erdeni（宝贝，宝物）、yirtinchu（世界）、shilug（诗）等。16世纪末，蒙古土默特部阿拉坦汗建呼和浩特（库库和屯），翻译并用金粉和银粉书写了全套《甘珠尔》；清朝康熙皇帝令译师重订并刊印《甘珠尔》。译师们字斟句酌，有时为表达准确，对译文进行必要增减，注意蒙古文押头韵的特点，通观词句。②

中国古代就有关于"通言语之官"的记载，如《周礼·秋官司寇》篇提到的官职"象胥"；唐代贾公彦撰《周礼·义疏》对翻译定义说："译即易，谓换易言语使相解也。"③ 鲁迅认为，中国译佛经，汉末质直，六朝达雅，唐朝尚信。④ 质直的译风指"因循本旨，不加文饰"；代表达雅译风的鸠摩罗什认为："改梵为秦，失其藻蔚。虽得大意，殊隔文体。有似嚼饭与人，非徒失味，乃令呕哕也。"⑤玄奘是信译的代表，主张"五不翻"：为保密不翻，多义不翻，本地无实物不翻，尊古不翻，生善不翻；不翻即不用意译，只用音译。⑥

---

① 梁晓虹：《佛教与汉语词汇》，佛光文化事业有限公司，2001，第 300~305 页。
② 《民族语文翻译研究文集》编辑组编《翻译研究论文集》，民族出版社，1987，第 7、10、15 页。
③ 罗新璋编《翻译论集》，商务印书馆，1984，第 1 页。
④ 参见鲁迅《关于翻译的通讯》，《鲁迅全集》第十卷，人民文学出版社，2005。
⑤ 转引自罗新璋编《翻译论集》，商务印书馆，1984，第 3 页。
⑥ 罗新璋编《翻译论集》，商务印书馆，1984，第 3 页。

第三节　文化自觉与文化自信

费孝通于 1997 年在北京大学社会学人类学研究所开办的第二届社会文化人类学高级研讨班上首次提出"文化自觉",这是在全球化背景下提出的促进跨文化互动交流的伦理倡导。当然,文化自觉要通过知己知彼来实现,通过发现别人的根与魂来找到自己的根与魂,要借助他人的眼光来反思自己的立场,通过他人的定位来找到自己的定位。

党的十八大以来,中央领导在多个场合谈到中国传统文化,表达对中华优秀传统文化、优秀传统思想价值的认同。文化自信与核心价值观成为中央政府文件、高级领导人讲话乃至各行各业人士常用的关键词。文化自信是文化自觉的结果,文化自觉是文化自信的条件。同时,文化自信可以促进更加深刻的文化自觉,更加坚定的文化自信同样可以成为更加深刻的文化自觉的条件,二者互为条件、互相促进。同时,中华民族共同体的这种更加坚定的文化自信和更加深刻的文化自觉,也属于人类命运共同体的文化自觉和文化自信的一部分,不存在脱离具体民族的抽象的人类命运共同体的文化自觉和文化自信,只存在具体民族的具体的文化自觉和具体的文化自信;这些具体民族的具体的文化自觉和具体的文化自信,可以被兼和相济、中和包容为更高一层的人类命运共同体的文化自觉和文化自信的综合表达。各美其美,美人之美,美美与共,可以为人类命运共同体的精神价值增光添彩,甚至可以"恩德广及草木昆虫"[①],推动人与社会和人与自然的和睦共生关系,形成跨系跨界的宇宙生态观。

"天下远近大小若一","天下为公","它山之石可以攻玉",这些都是古人中外之辩、华夷之辩的超越和升华。文化自觉和文化他觉是孪生兄弟,没有对域外文化、他文化的了解甚至体悟,就没有深层次的文化自觉。通过他者的眼光反观自我,从周边看中国,这些都是必不可少的。

提出文化自觉或者类似口号的先行者,大多是有海外经历或者熟悉海外话语的人,当然不排除通过中西文化之争而有感而发者。仅举梁启

---

① (三国)曹操:《曹操集》,中华书局,2012,第 4 页。

超、费孝通为例。梁启超与他的老师康有为是戊戌变法的核心人物,梁启超是中国近代思想史上最重要的思想家之一,他在当时的思想界和学术界引领新潮,在批判性检视传统文化以及其他方面,也走在前面,是名副其实的领军人物。需要指出的是,梁启超在戊戌变法失败后亡命日本,直到辛亥革命,在日本生活了10多年,主要在横滨和东京从事政治活动,发表各种言论。梁启超亲历日本社会政治生活,广泛接触到各种思潮,"编织出了他自己特有的思想"[1]。梁启超在日本期间受福泽谕吉影响最大,全盘接受他的"野蛮""半开""文明"三阶段论,由原来"救无量世界""天下群"的世界主义转向"天演""爱国"的爱国主义。[2]不过,福泽谕吉的心目中存在两个"西洋",一是现实的西洋,二是理念的西洋。福泽谕吉从自己的西洋观出发,认为西洋人之力不足惧,有道理时和他们交往,没有道理时"则唯击退之";理屈时要认错,有理时绝不屈服。[3] 福泽谕吉的"理念的西洋"指西洋的精神,他"主张发觉西洋文明的底蕴和精神,使日本迅速文明化,从而与现实中之西洋对抗"[4]。梁启超也呼应福泽谕吉,指出"求形质之文明易,求精神之文明难。精神既具,则形质自生;精神不存,则现在无所附"[5]。后来梁启超和自己的老师康有为对民族主义的看法不同,梁启超接受伯伦知理的国家有机体论,同意以"排满"为手段,为了"唤起民族精神","势不得不攻满洲",但最终目的是建立国民国家,因此不同意革命党人仅仅强调民族主义。

两年以来,民族主义稍输入于我祖国,于是排满之念,勃郁将复活。虽然,今吾有三问题于此。……曰:(一)固有之立国心。(二)可实行之之能力。(三)欲实行之之志气。其第一事,则吾固具之矣。其第三事,则在今虽极少数,而不能谓之无也。独其第二

---

[1] 郑匡民:《梁启超启蒙思想的东学背景》,上海书店出版社,2003,第1页。
[2] 郑匡民:《梁启超启蒙思想的东学背景》,上海书店出版社,2003,第51~65页。
[3] 郑匡民:《梁启超启蒙思想的东学背景》,上海书店出版社,2003,第66页。
[4] 郑匡民:《梁启超启蒙思想的东学背景》,上海书店出版社,2003,第66页。
[5] 梁启超:《国民十大元气论》,载张品兴主编《梁启超全集》第一册,北京出版社,1999,第267页。

事，则从何处说起耶？日言排而不能排，犹无价值之言也。即使果排去矣，而问爱国志士之所志，果以排满为究竟之目的耶？抑以立国为究竟之目的耶？……排满者以其为满人而排之乎？抑以其为恶政府而排之乎？……故今日当以集全国之锋刃向于恶政府为第一义，而排满不过其战术之一枝线。……必离满洲民族，然后可以建国乎？抑融满洲民族乃至蒙苗回藏诸民族，而亦可以建国乎？……由此言之，则吾中国言民族者，当于小民族主义之外，更提倡大民族主义。小民族主义者何？汉族对于国内他族是也；大民族主义者何？合国内本部、属部之诸族，以对于国外之诸族是也。[①]

近现代中国建设的先行者们一方面徘徊于世界主义和民族主义之间，另一方面徘徊于大民族主义和小民族主义之间，但正是在这样的徘徊中他们带领中国人对内对外知己知彼，摸索出了一条符合国情的本土之路。从梁启超的"大民族主义"，经过孙中山承认的"五族共和"，再到新中国56个民族的确认、费孝通"中华民族多元一体"的提出以及习近平"铸牢中华民族共同体意识"的号召，这条道路已经十分明了，在改革开放大方向和共建"一带一路"倡议的指引下，通向人类命运共同体，也通向未来人人平等、万象共生的大同世界。

费孝通师从吴文藻、潘光旦、史禄国、马林诺夫斯基等中外名师，从英国拿到社会人类学博士学位，毕生从实求知，志在富民。

> 我在70岁时重新开始了社会学人类学的研究，进入了第二次学术生命。我在早期提出"文化自觉"时，并非从东西文化的比较中，看到了中国文化有什么危机，而是在少数民族的实地研究中首先接触到了这个问题。80年代末我去内蒙古鄂伦春聚居地区考察，这个民族是个长期在森林中生存的民族，世世代代传下了一套适合于林区环境的文化，以从事狩猎和养鹿为主。近百年来由于森林的日益衰败，威胁到了这个现在只有几千人的小民族的生存。90年代末我在黑龙江又考察了另一个只有几千人、以渔猎为主的赫哲族，存在

[①] 张品兴主编《梁启超全集》第二册，北京出版社，1999，第1069页。

问题是同样的。中国 10 万人口以下的"人口较少民族"就有 22 个，在社会的大变动中他们如何长期生存下去？特别是跨入信息社会以后，文化变化得那么快，他们就发生了自身文化如何保存下去的问题。我认为只有从文化转型上求生路。要善于发挥原有文化的特长，求得民族的生存与发展。可以说文化转型是当前人类共同的问题。所以我说"文化自觉"这个概念可以从小见大，从人口较少的民族看到中华民族以至全人类的共同问题。[1]

这是以小见大的人类学民族学功夫，从几千人看到十几亿人，再看到全人类，绝不为族界、国界所限定，小到村寨、家庭，大到社区、地域、国家乃至全球、宇宙，如"萨满"在地天之间畅行无阻，通变自如。

费孝通指出，当今社会学、人类学、民族学研究全球化、文明和文化，已经超越纯学术的范围，成为要解决世界性严峻问题的学科。全球化给人类带来各种便利、多种发展，带来沧海桑田、日新月异的景象，同时也带来国家之间、民族之间、宗教之间的各种交融和冲突。人类不得不面对各种挑战。迄今为止，还没有哪一种思想或者意识形态能够圆满解决不同文明之间如何相处的问题；无论发达国家还是发展中国家，都面临不同文明如何相处的严峻挑战。[2] 20 世纪，西方强势文化不断扩张，自我中心主义、西方至上主义、殖民主义、极端国家主义和种族主义成为两次世界大战的催化剂，"也是造成很多国际性问题的重要原因"；为了寻求解决全球化与不同文明之间如何相处的问题，需要在更高层次上重新认知自我文明和他人文明，只有在不同族群、不同民族、不同国家之间达成某些新的共识，"世界才可能出现一个相对安定祥和的局面"[3]。费孝通曾经多次提到"和而不同"这个中国文化的核心概念，还提出"文化自觉"，"就是每个文明中的人对自己的文明进行反省，做到有'自知之明'"；[4] 后来又提出"各美其美，美人之美，美美与共，天下大同"的设想。

---

[1] 费孝通：《文化自觉的思想来源与现实意义》，《文史哲》2003 年第 3 期。
[2] 费孝通：《"美美与共"和人类文明（上）》，《群言》2005 年第 1 期。
[3] 费孝通：《"美美与共"和人类文明（上）》，《群言》2005 年第 1 期。
[4] 费孝通：《"美美与共"和人类文明（上）》，《群言》2005 年第 1 期。

费孝通的学术生涯始于 70 多年前广西大瑶山的人类学民族学田野调查和研究,这种经验性研究对他一生的学术产生了决定性影响。这种理论和实际相结合的方法,可以帮助人们摆脱各种旧的刻板印象和判断,弄清楚各种文明中的社会生活状况,"并以此为基础(而不是以某种意识形态体系为基础)来构建人类跨文明的共同的理念"。① 费孝通的导师马林诺夫斯基有一套行之有效的民族志研究方法,为人类学功能学派打下理论基础。

  他的这一贡献与其说是学术上的,不如说是人文价值上的,因为长期以来,西方学术界流行的是以西方为中心的社会进化论思潮,把殖民地上的人民看成是和白人性质上不同、"未开化"的"野蛮人"。马老师却号召人类学者到那些一直被认为是非我族类、不够为"人"的原始社会里去参与、观察和体验那里人的生活。马老师使这些"化外之民"恢复了做人的地位和尊严。②

费孝通指出,研究者先要克服对他文化的各种误解、曲解和偏见,然后才能在跨文化的观察体验中有更高的见识、更强的领悟力,也就有更高的悟性。③ 费孝通还指出,在中国的综合国力和国际地位不断提高的时候,更应该加强文化自觉和文化反思,对我文明和他文明都要反思,这使我们能够清醒地认识自己的状况,摆正我们在世界上的位置;世界上的各种文明几乎都是以多元一体的形式构建起来的。④ 中华民族多元一体可以有更大范围的启示:中国古人说天下就是说中国,相当于一个世界,他们说天下"分久必合,合久必分",并不是现代西方那种民族国家的统一或者分裂,而是世界的分崩离析和重归大一统,从多元走向一体是整个历史发展的主线和大趋势。⑤

---

① 费孝通:《"美美与共"和人类文明(上)》,《群言》2005 年第 1 期。
② 费孝通:《"美美与共"和人类文明(上)》,《群言》2005 年第 1 期。
③ 费孝通:《"美美与共"和人类文明(上)》,《群言》2005 年第 1 期。
④ 费孝通:《"美美与共"和人类文明(下)》,《群言》2005 年第 2 期。
⑤ 费孝通:《"美美与共"和人类文明(下)》,《群言》2005 年第 2 期。

> 人们常说，"只有民族的，才是世界的"，这是不错的；反过来说，只有世界的，才是民族的，才能使这个民族的文化长盛不衰，也很有道理。所以，文化上的唯我独尊、故步自封，对其他文明视而不见，都不是文明的生存之道。只有交流、理解、共享、融合，才是世界文明共存共荣的根本出路。不论是"强势文明"还是"弱势文明"，这是惟一的出路。
>
> ……要做到"各美其美、美人之美"，也就是各种文明教化的人，不仅欣赏本民族的文化，还要发自内心地欣赏异民族的文化；做到不以本民族的标准，去评判异民族文化的"优劣"，断定什么是"糟粕"，什么是"精华"。①

费孝通于20世纪末提出"文化自觉"的观点。21世纪以来，从中央高层到学界都在文化自觉的基础上提倡文化自信，尤其是中央领导把文化看作民族和国家的灵魂，多次讲到文化自信，强调"文化自信是更基本、更深沉、更持久的力量"②。文化自信不是文化敌视，不是文化对抗，更不等于狭隘民族主义，而是在文化交往交流中不断提升文化自觉的高度，在继承中发展，在发展中创新，在创新中繁荣。不能忘记中国是世界中的中国，我们都是地球上的人。

> 传承中华文化，绝不是简单复古，也不是盲目排外，而是古为今用、洋为中用，辩证取舍、推陈出新，摒弃消极因素，继承积极思想，"以古人之规矩，开自己之生面"，实现中华文化的创造性转化和创新性发展。③

文化自信是在日日新、日日增的大背景下，对本民族文化开放性、吸纳性、包容性和创新性的信任和信心。我看别人，别人看我，通过互观便明白彼此的位置。自觉不是闭门造车，不是面壁自省，而是开门迎

---

① 费孝通：《"美美与共"和人类文明（下）》，《群言》2005年第2期。
② 《习近平著作选读》第一卷，人民出版社，2023，第536页。
③ 习近平：《在文艺工作座谈会上的讲话》，人民出版社，2015，第26页。

宾，是对外开放；自信不是狂妄自大，不是老子天下第一，而是三人行必有我师，是他山之石可以攻玉。文化自觉和文化自信互为表里，是在可持续的对外交往交流中不断更新、不断提升出来，也是在民众的日常生活中积累和积淀出来，只有这样，文化自信的话语才能具有粗朴、操演的力量，才能把特殊性和普遍性自觉地统一起来，中华民族共同体的地天相通、兼和相济、仁德守节、爱国主义、自强不息的价值观才能落地生根。

第四节 中华文化日日新

子曰："殷因于夏礼，所损益，可知也；周因于殷礼，所损益，可知也；其或继周者，虽百世，可知也。"① 这是对中华文化在继承中创新、在创新中发展的最佳表述。中华民族共同体文化是各民族文化的集大成，其继承、发展和创新的活力更加强大，早已不是一朝一代的礼乐损益，而是日日新的活态过程。王东在《文化创新论——中国文化从何处来，向何处去》中，提出"六大基因"、一个精髓的"中国文心"，分别为天人合一的世界观，知行合一的实践观，仁者爱人的互主体观，阴阳交合的发展观，多元兼容的文化观，情理交融的人性观，义利统一、以和为贵的价值观。② 前面的"六大基因"集中表达了一个价值观念的精髓，即义利统一、以和为贵的价值观；这六大基因中的多元兼容的文化观，对论证中华文化日日新有很好的借鉴作用。③ 中华文明源自东亚大陆，中国国土面积大，民族多，文化多。中华民族多元一体格局早已形成，承认它的合理性是唯一正确的选择，"而追求清一色的、单打一的文化格局，则是脱离中国国情的错误选择"。④ 在中国特有的文化符号中，龙的形象里隐含着多元兼容的文化理念，中华文明起源于九种原龙的多源格局，

---

① （清）刘宝楠撰《论语正义·为政第二》，中华书局，1990，第71页。
② 王东：《文化创新论——中国文化从何处来，向何处去》，吉林人民出版社，2015，第52~53页。
③ 王东：《文化创新论——中国文化从何处来，向何处去》，吉林人民出版社，2015，第47~49页。
④ 王东：《文化创新论——中国文化从何处来，向何处去》，吉林人民出版社，2015，第47页。

决定了龙是多元文化的综合创造；其"三停九似"①、通天神兽的形象，象征了包容多元、综合创新的精神，向世界敞开宽厚博大的文化襟怀。中国人注重多元文化的综合创新，不满足于简单的机械相加，而是在兼收并蓄中追求创新、发展和创造。中国人善于在多元文化并存中，执着追求中华民族文化的主体性与一体化，让多元民族、多元文化不断加入中华文明发展的历史长河中。中国人不仅以海纳百川的态度和胸怀对待外来文化，而且善于通过综合创新，坚持以我为主，"弘扬中华民族主体性，保持中华民族的多民族统一性"。② 中华文化在现代发展中不仅没有丢失自己，反而因为自觉自信、开放包容而更加彰显，因为能够以兼和兼容、并行不悖的理念处理好多与一的关系而更加光大。

自主（autonomy）和自生（autopoiesis）的生命现象，对我们加深认识中华文明日日新的现象颇有启发性。细胞自生单位（cellular autopoietic unity）的分子成分要在互动网络中保持联系，实现细胞的代谢。这种细胞能量的特点在于，细胞代谢所制造的成分本身，恰恰构成了生产这些成分本身的转换网络，即自生、自产；其中一些成分构成边际，构成这个转换网络的界限，也就是膜。这种膜的产生不像织布机生产布匹，不是一物生出另一物；它要限制生产自身成分的转换网络的扩张，同时也加入这个网络，即它也是这个网络的一部分。③ 这种思路类似吉登斯的结构化理论，能动者在结构制约下活动，而结构在能动者的活动中得到复制④——这符合自主、自生的基本原理，即结构和行动因互相嵌入而具备交互自我再生产的机制。弗里（W. Foley）引用莱文廷（R. Lewontin）的观点说，生物体和环境互动、互生，对于生物体来说，环境不是外部结构，而是生物体自身的产品；环境反映生物体的生物特征，具体的生物特征及其相关的生命活动会参与相应环境的营造。没有生物体就没有环

---

① 王东：《文化创新论——中国文化从何处来，向何处去》，吉林人民出版社，2015，第47页。
② 王东：《文化创新论——中国文化从何处来，向何处去》，吉林人民出版社，2015，第48页。
③ H. Maturana and J. Varela, *The Tree of Knowledge,* Boston & London: Shambhala, 1998, pp. 45-46.
④ 〔英〕安东尼·吉登斯：《社会的构成——结构化理论大纲》，李康、李猛译，三联书店，1998。

境，没有环境就没有生物体。换句话说，生物体既是进化的对象，也是进化的主体。① 这就是自组织（self-organization）现象。以单细胞生物为例，它的代谢制造着各种成分，这些成分又构成变化系统，而这个变化系统也制造了这些成分。细胞和细胞器有一种特殊结构，将其内涵物与环境分隔开来，这个结构就是生物膜。生物膜不仅分隔内外，还使细胞和细胞器与周围环境共成一体。重要的是，膜上的脂质是兼有疏水和亲水基团的两性分子，形成双层结构。在这个双层结构中，疏水头聚集在内部，亲水头在膜两侧。②

人类的农作物都是从野生植物培育出来的，驯化作物为人体提供淀粉和人体需要的热量。

在上世纪20年代，苏联植物育种学家尼古拉·瓦维洛夫在伊朗研究栽培小麦起源时发现，一些栽培作物的杂草无论是形态还是习性，都跟作物非常相似，有着差不多的高度和差不多的成熟期，在收获的时候，杂草的种子很容易就跟粮食混在一起。这一现象被命名为"瓦维洛夫拟态"（Vavilovian mimicry，或称"杂草拟态"）。③

杂草伴生作物，那些长得像作物的杂草经受了人工选择压力，存活下来，最终登上了新的舞台，成为二级作物，其中燕麦就是这样的二级作物，它原本是混迹于麦田里的杂草，因为更适应相对低温和贫瘠的环境而成为备荒储备粮，甚至成为区域性的主要谷物。

中华文化日日新需要这样一个杂草拟态、差异伴生的过程，异质性和同质性伴生始终，不断创新、生生不息。

无有远迩，毕献方物，惟服食器用。④

---

① W. Foley, *Anthropological Linguistics*, Massachusetts: Blackwell, 1997, p. 44.
② 冯德培编《简明生物学词典》，上海辞书出版社，1983，第1578~1579页。
③ 钟蜀黍：《哪怕是杂草，也会翻身征服我们的餐桌》，腾讯网，https://mp.weixin.qq.com/s/jdJfXzgXBbU-wFkUr2WoJA。
④ 王世舜、王翠叶译注《尚书》，中华书局，2012，第451页。

> 先王之于民也,懋正其德而厚其性,阜其财求而利其器用。①

古人"惟德其物"②,突出德,避免玩物丧志。从某种意义上说,古人的"器用"涉及这样的"杂同"现象,形物取其用,不可失德。但是,在新的时代里,这样的"器用"和"杂同"已经不能仅仅限制在形似和器用层面之上;在全球化的大趋势一定要把它们提升到形意和神似的层面,即需要有文明互鉴、文化共享的高度,告别鸡犬不相往来的自闭心态,不求回归小国寡民的古旧时代。在这个方面清朝的康熙皇帝做出了表率:他重用荷兰人费尔南德·南怀仁(Ferdinand Verbiest,1623—1688年),任命他为钦天监监正,康熙皇帝向他学习天文学原理和欧几里得定理,他们之间用满语讨论西方技术,康熙皇帝"每天都钻研数学和几何数小时",甚至"断言西方数学起源于《易经》","西方方法源自中国"!③ 就连钱穆这样"一生以阐发中国文化的现代意义自任"的国学大师,也不主张中西文化对抗,"以拒斥现代的变革";相反,"他早年对西方的学术和思想毋宁是十分欢迎的","所以章太炎、梁任公、胡适等人运用西方哲学和史学方法研究先秦诸子,曾受到他的推重"。④

其实,不管我们愿意不愿意,时代潮流会推动我们不断革新、创新、前行:在过去可能会被认为是奇技淫巧的东西,现在人人把玩;在过去可能会被认为是落后、不发达的地方,现在成了荡涤灵魂的人间天堂;在过去可能被认为是穷人养家糊口的粗粮,现在却成为富人保健养生的营养。随着网络时代的到来,在这个变化无穷的数字化生存空间里,中华文化日日新,它要面对古人,也要面对外人:面对古人就是面对历史传统,面对外人就是面对全球化、面对改革开放。内外平衡,兼和相济,继往开来。

中华文化只有在改革开放中才能不断获得新生。但是,改革开放是一个层层递进的过程,是以小见大、由内而外、由外而内、循环往复的过程。改革开放始于内需:1978年12月22日召开的十一届三中全会确

---

① 陈桐生译注《国语》,中华书局,2013,第2页。
② 王世舜、王翠叶译注《尚书》,中华书局,2012,第451页。
③ 〔美〕乔安妮·赵美羊:《卡尔·雅斯贝尔斯视野中的人类全球史——轴心时代与文明相互嫁接理念》,金寿铁译,《学术研究》2013年第12期。
④ 余英时:《钱穆与新儒家》,《中国文化》1992年第1期。

立了解放思想、实事求是的思想路线，做出了把全党工作的重点转移到社会主义现代化建设上来的决策，提出了改革开放的基本方针。改革开放已经有 40 多年，各方面的成就硕果累累，中国已经成为名副其实的强国。在这样的大背景之下，我们又面临着铸牢中华民族共同体意识的重大课题，这是以小见大、由内而外、由外而内、循环往复过程中的一个环节，也是中华民族守正创新的发展。要铸牢中华民族共同体意识，就要像人类学家费孝通那样，善于以小见大，从鄂伦春族、赫哲族的文化认知汉族文化，从汉族文化认知人类文化，打破族见、种见，打破文化偏见，推动跨文化、跨文明的对话。铸牢中华民族共同体意识的前提是大小民族彼此认同，共同认同中华民族共同体；大小民族认同彼此的优秀文化，共同认同中华民族共同体文化。同时，中华民族共同体和中华民族共同体文化是人类命运共同体和人类命运共同体文化的一个组成部分，中华民族共同体和人类命运共同体之间不存在硬边界，只存在连续的过渡，在更为广阔的尺度上，中华民族共同体和人类命运共同体又都属于万象共生、万物生长的大千世界。

第五节　中华民族共同体精神的当代价值

臧渤鲸在《中华民族新论》中写道：

> 五年来的艰苦抗战，已把中华民族拉上了起死回生的光明大道。随着太平洋战事的爆发，中华民族已不是孤军奋斗了。中华民族的复兴，不但已经得到确实的保证，就是将来世界大战后的一切，也需要我们中华民族的助力。我们祖宗所遗留于我们的"以柔克刚"的黄老精神，"中庸之道"的孔子精神，对于这次西洋物质文明所酿成的战争混乱以及极端思想，确有补偏救弊之功。所以，时到今日，我们不但为了自己要加倍努力，也需要奋发有为。百年来的积弱，将由这次大战为转折点，而走上富强康庄之路。但我们必须向百尺竿头更进一步，我们必须如此，才能对得起祖宗在天之灵，和先烈革命之血。[①]

---

① 臧渤鲸：《中华民族新论》，商务印书馆，1946，第 3~4 页。

改革开放以来，经济体制、文教卫生体制等都发生了重大变革，中国积极主动地加入经济全球化，中国人开始广泛接触西方发达国家的理想信念、价值取向、伦理规范、道德观念、风俗习惯等，中华民族的传统文化自近代以来再次受到冲击，原有价值理念受到资本市场的挑战，过去的崇奉成为今天的遗绪，无公德的个人主义和精致的利己主义流行起来，人与人、人与社会、人与自然的关系也变得"不自然""不生态"。面对这样的挑战，中国高层领导人一再强调建设中华民族共有精神家园的重要性。胡锦涛在党的十七大报告中号召"弘扬中华文化，建设中华民族共有精神家园"，使祖国传统文化的精华与现代社会相适应、与现代文明相协调，在保持民族性的同时，体现时代性。习近平在2019年9月27日举行的全国民族团结进步表彰大会上的讲话中指出"要不断铸牢中华民族共同体意识……构筑中华民族共有精神家园"[1]；党的十九届四中全会通过的《中共中央关于坚持和完善中国特色社会主义制度　推进国家治理体系和治理能力现代化若干重大问题的决定》提出"坚持各民族一律平等，铸牢中华民族共同体意识，实现共同团结奋斗、共同繁荣发展的显著优势"；"打牢中华民族共同体思想基础"。[2] 新中国的中华民族和中华文化跨入了新时代，继承传统中的精华并加以创新，使之能够兼和新时代、再续辉煌，为全体人民和全人类做出应有贡献。

中华民族共同体精神的当代价值在国家提倡的社会主义核心价值观中得到体现：自由、平等、公正、法治、爱国、敬业、诚信、友善。其中自由、平等、公正、法治是社会目标，爱国、敬业、诚信、友善是个人准则。这些都是具有普遍性的价值，反映了新时代中华民族共同体对其成员的要求。

一般说来，自柏拉图、康德以降，西方主流思想囿于心物二元对立，灵魂与肉体不能圆融，不同于东方传统的道法自然、由二生三的圆融取

---

[1]　习近平：《在全国民族团结进步表彰大会上的讲话（2019年9月27日）》，人民出版社，2019，第3页。
[2]　《全面建成小康社会重要文献选编》（下），人民出版社、新华出版社，2022，第1127、1132页。

向。但是，如果我们回到世界文明的轴心时代①，那么，我们就能够看到一派世界主义的动人景观。德国哲学家、精神病医生和政治思想家卡尔·雅斯贝尔斯在精神病学、心理学、哲学、历史学、政治、宗教等领域都有建树，他从生存哲学着眼，努力钻研佛陀、老子、孔子、耶稣、龙树等东方思想家，根据东西方世界观的比较研究，致力于世界和平与世界自由。②雅斯贝尔斯在其名著《历史的起源与目标》中，提出了"轴心时代"说，认为在公元前800年至公元前200年，存在享有共性的轴心期文明，包括中国、印度、波斯、巴勒斯坦、古希腊，这些文明的标志性人物和典籍有孔子、老子、墨子、庄子、列子、诸子百家、《奥义书》、佛陀、琐罗亚斯德、以利亚、以赛亚、耶利米、以赛亚第二、荷马、巴门尼德、赫拉克利特、柏拉图、修昔底德和阿基米德，这些地区的人类全都意识到整体的存在、自身和自身的限度，这些共性未必仅仅是巧合所造成的幻觉，而似乎是某种深刻的共同因素，即人性的唯一本源的表现。③按照雅斯贝尔斯的分析，埃及和巴比伦缺乏突破，尽管有宏伟壮丽的建筑、雕塑等，但还是慢慢地走到了尽头；古希腊、中国和印度是发生了突破的文明，只是后来中国和印度缺乏新时代的感觉，止步不前，而欧洲却在不断的突破中获得了它的生命。④张光直也关注连续与突破的问题，但他的看法与雅斯贝尔斯不同：从旧石器时代起，就存在玛雅—中国文明连续体，它属于世界式（非西方）的文明，而西方式的文明则属于突破性的文明。张光直以"绝地天通"的故事来揭示中国古代的萨满文明，这个古老文明的本质特点是"地天相通"，而非神话里的

---

① "轴心时代"（Axial Age），又译"枢纽时代"，是雅斯贝尔斯（Karl Jaspers）在其所著《历史的起源与目标》（The Origin and Goal of History，德文原本于1949年出版）提出的。他认为，在公元前第一个千年内，哲学的突破"以截然不同的方式"，发生在古希腊、以色列、印度和中国，人类对宇宙、人生等的体认和思维，都有新的飞跃。参见余英时《论天人之际——中国古代思想起源试探》，中华书局，2014，"代序：中国轴心突破及其历史进程"第1~2页。
② 金寿铁：《生存、自由和交往——卡尔·雅斯贝尔斯生平、著作和思想》，《河北师范大学学报（哲学社会科学版）》2019年第6期。
③〔德〕卡尔·雅斯贝尔斯：《历史的起源与目标》，魏楚雄、俞新天译，华夏出版社，1989，第8、20页。
④ 吾淳：《差异、交集与互补——雅斯贝斯"轴心期"理论与张光直"连续体""突破性"理论的比较》，《同济大学学报（社会科学版）》2017年第3期。

"绝地天通"——根据大量的民族志记载和研究，我国以及其他地区普遍存在萨满巫觋文化，至少在民间生活中，地天依旧相通，民神杂糅属于常态。亚里士多德这样解释语言的起源：

> 口语是内心经验的符号，文字是口语的符号。正如所有民族并没有共同的文字，所有的民族也没有相同的口语。但是语言只是内心经验的符号，内心经验自身，对整个人类来说都是相同的，而且由这种内心经验所表现的类似的对象也是相同的。①

《礼记·乐记》载：

> 凡音之起，由人心生也。人心之动，物使之然也。感于物而动，故形于声。声相应，故生变；变成方，谓之音；比音而乐之，及干戚羽旄，谓之乐。
> 乐者，音之所由生也，其本在人心之感于物也。②

亚里士多德和戴圣对轴心期文明互通做了最好的注解：物触心灵，心动音起，形声方音，语言乃出，礼乐乃成。人类具有形神互动、心物交感的共性。又如泰勒斯的水为最初元素说、赫拉克利特的火为最初元素说，③ 也是很好的注解。墨子说："力，刑（形）之所以奋也。"④ 他同样注意形质的"感奋"作用：形被感知，触动心灵，形质贮存的"指他"势能，就是"气"，发挥作用，让形与形互联起来，上升为"神"——形气神大团圆。物感物觉是能动者的物感物觉，被感知的形质会奋力指向

---

① 〔古希腊〕亚里士多德：《解释篇》，秦典华译，载苗力田主编《亚里士多德全集》第一卷，中国人民大学出版社，1990，第49页。
② 陈成国撰《礼记校注》，岳麓书社，2004，第271页。
③ 〔美〕弗兰克·梯利：《西方哲学史（增补修订版）》（英汉对照版），贾辰阳、解本远译，吉林出版集团有限责任公司，2014，第18、26页。
④ 水渭松：《墨子·经上》，中国国际广播出版社，2011，第249页。

其他现象，能动者由此进一步推演出事物的规律。① 那个时代的世界主义是不脱离物感物觉的"地天通"式的文明连续体，也可以说成是形质和神韵合一的文明连续体。不过，根据学者对孔子和柏拉图的诗学理论的比较研究，可以看出后轴心时代中西文化不同取向的端倪。以孔子为代表的文论传统以抒情为主，注重艺术的审美愉悦，以培育仁德为目的；以柏拉图为代表的诗学传统以逻辑推理为主，注重文艺的教育功能，以培育理智和意志为目的。② 孔子以诗歌"兴、观、群、怨"表达自己的文艺观：诗歌之"兴"可以激发读者的意志、情感与联想，"观"有助于认识社会现实和提高观察能力，"群"有助于协调人际关系；"怨"能让人发泄愤懑、怨刺上谏。柏拉图把抽象的理念作为文艺理论的根源，认为现实社会是对理式的模仿，文艺是对现实社会的模仿，因此是对理式模仿的模仿——理式世界是神造的第一性，依附于理式世界的现实世界是第二性，隔了两层的艺术世界属于第三性。③

  在柏拉图看来，床有三种：一是床这个"理式"，那是床之所以为床的道理，它是永恒不变的真实存在；二是木匠依据这个"理式"所创造出来的床，他（它）是个别的、可见的，因时间和空间的不同而有所差异；三是画家模仿现实生活中的床所画出来的那张床，它是画家从某一角度观察所得，并不能全面体现床的实体本质。它们分别代表了世界的三个层次：理式世界、现实世界和艺术世界。④

柏拉图的"床喻"与《黄帝四经》中"虚同为一，恒一而止"及

---

① 这里采用皮尔士的符号三性理论。按照皮尔士的说法，物感物觉、事物相指、抽象意义三者，有新有旧，同时在场，不会像我们描述的那样先后有序；我们排出先后顺序，只是出于描述和理解起来方便的目的。
② 胡庆：《中西轴心时代诗学理论异同原因——孔子与柏拉图文艺功能比较》，《哈尔滨师范大学社会科学学报》2015年第1期。
③ 胡庆：《中西轴心时代诗学理论异同原因——孔子与柏拉图文艺功能比较》，《哈尔滨师范大学社会科学学报》2015年第1期。
④ 胡庆：《中西轴心时代诗学理论异同原因——孔子与柏拉图文艺功能比较》，《哈尔滨师范大学社会科学学报》2015年第1期；另参见〔古希腊〕柏拉图《柏拉图全集》第二卷，王晓朝译，人民出版社，2017，第615~616页。

"人皆用之,莫见其刑(形)"的说法有共鸣之处,① 只是《黄帝四经》说的是"太一"无形,更加抽象,而柏拉图讲到的抽象图式比太一要具象一些,属于二级抽象,不属于"莫知其名"。由此可以推断,孔子的文艺观属于"环型的运思模式"②,有诗乐舞合一、言音意互联、③ 内外交融的特性。

地天相通、兼和相济、仁德守节、爱国主义、自强不息,这些中华民族共同体精神的内核,均由绵延数千年的古老传统,或彰显或潜行,积淀、提炼、升华而成,可以为现代人类的普遍价值观所借鉴和吸收。地天相通的实质在于形神交融、心物不分,把精神和物质统合起来,合二为一,或者由二生三,不求对立,避免对抗——何况在日常生活中二者不存在对立和对抗的关系,它们在生存实践中本来就交融在一起,同属于生存智慧中的阴阳互转的对立统一。一阴一阳之谓道,地天相通出自然。地天相通就是一种泛生态观,地阴天阳,宇宙之中,山河之间,处处阴阳对转,时时万象共生。无论做人、做事,还是策划、思考,都离不开道法自然的泛生态精神。自强不息的精神在市场经济的条件下非常适用,百折不挠,坚持不懈,锐意进取。但是,自强不息需要和仁德守节相配合,必须被它所制衡,否则就变成非生态、无公德、难持续的极端个人主义。古今中外的社会经验告诉我们,任何极端都不可持续,兼和相济、取其中和才符合共生的规律。海纳百川、兼和相济不等于不讲公平,不讲法治,不讲诚信,而是讲矛盾的对立统一,是有原则和底线的。张岱年指出:

> 《中庸》云:"万物并育而不相害,道并行而不相悖。"此可谓广大而和谐之境界,然实为不可能的。就实际情状而言之,万物并育而更相害,道并行而亦相悖。就实际言之,和谐是暂时的,冲突是经常的……如一民族内部斗争过甚,则必亡国、灭族。④

---

① 余明光:《黄帝四经与黄老思想》,黑龙江人民出版社,1989,第334页。
② 王士跃:《环型思维结构与直线型思维结构:孔子〈论语〉与柏拉图〈对话录〉文体之比较》,《社会科学研究》1987年第1期。
③ 胡奇光:《中国古代语言艺术史》,上海人民出版社,2010,第7页。
④ 张岱年:《张岱年全集》第三卷,河北人民出版社,1996,第193~194页。

所以他认为"中庸易致停滞不进之弊",应"以兼和易中庸"。①

在张先生看来,"兼和"以对立统一为实质而侧重于阐明"一"、"多"关系,也就是在承认差异性即肯定事物多种内外矛盾客观存在的前提下,进一步追求事物内外矛盾之间的动态平衡。②

这种海纳百川、兼和相济的中华民族共同体精神对内可以由多生一、以一容多,促进民族平等团结,铸牢中华民族共同体意识;对外可以促进文明互鉴,去粗取精,去伪存真,充分体现自身的当代价值:自由、平等、公正、法治、爱国、敬业、诚信、友善。哲学家罗蒂说,一个国家的民族自豪相当于一个人的自尊:过分的民族自豪可以导致好战和帝国主义,就像过度的自尊会变成傲慢;但是自尊太少会让人拿不出道德勇气,民族自豪感不足会阻碍人们积极有效地参与有关国策的争鸣。③ 理想的中华民族共同体应当是中国各民族更加凝聚、更加向心的共同体,它不独属于哪一个民族,不独属于哪一种文化,而是属于国内各个民族和国内各个民族的文化。中华民族共同体的兼和精神是辩证统一的生态精神,具有很高的当代价值。

中华民族共同体精神作为人类命运共同体精神的组成部分,应该和其他民族的共同体精神存在重叠共识的价值观,可以推动文明互鉴,为创造人类文明新形态服务。在中华优秀传统文化中,"道生一""二生三""三生万物""道法自然"的哲学观强调生生不息、协同自然,由此可以延伸扩展为兼和多样、万邦共存、兆民共享的现代观。

皮尔士的符号理论也是一种"三"观。他的三性理论把物象与推理衔接起来,推理又把已知和未知联系起来,④ 具体和抽象把外部世界和内部世界联系在一起,始终呈现互动性、开放性、自返性。在他的指号理

---

① 杜运辉:《"兼和"与"和合"辨析》,《高校理论战线》2009 年第 5 期。
② 杜运辉:《"兼和"与"和合"辨析》,《高校理论战线》2009 年第 5 期。
③ Richard Rorty, *Achieving Our Country: Leftist Thought in Twentieth-Century America*, Cambridge, Massachusetts: Harvard University Press, 1998, p. 3.
④ Daniel Valentine, *Fluid Signs—Being a Person the Tamil Way*, Berkeley: University of California Press, 1984, p. 43.

论中，第一是质感（如黄色），是一种潜能，它要立即转向第二，即事实（如黄色交通灯），而在质感和事实之间居中协调的是第三，即推理或者理性（如交通法规中对于闯黄灯的处罚规定）。从第一到第三是由物到心；心之为心，习惯也。① 皮尔士说"人是一堆习惯"（Man is a bundle of habits）②，信念也是习惯，但它是被意识到的习惯。③ 皮尔士说的习惯接近布尔迪厄说的"惯习"：日常生活中的临场作用是有规则的，要受到生成原则（generative principle）的指导；这个生成原则会产生实践，实践又会反过来再生产临场作用的规则，这些规则恰恰内在于产生上述生成原则的客观条件之中。④ 也就是说，规则是实践的中介，也是它的结果。需要特别指出，皮尔士说的习惯是活习惯，不是死习惯；培养习惯不靠直觉，不靠固定，靠指向他者，靠指号中介。同时，皮尔士说的指号可以对转，可以顺指，如象似指向标指，标指关联象征；也可以返指，如象征指向标指，标指指向象似，恰恰是这样一种返指能力使指号过程变成了开放和更新的习惯，也具有"既是中介，也是结果"⑤ 的二重性特点：象似—征象、标指—对象、象征—释象在指号过程中自我生产，也生产自我生产的规则。信念是对于习惯的意识，新的环境会让人吃惊，吃惊让人产生怀疑，旧习惯因而也被颠覆。⑥ 这种意识和怀疑就是对旧习惯进行反思，对旧习惯进行扬弃，产生新习惯，这是人类的特性。新旧

---

① 例如，在南亚研究中"种姓"（caste）是关键词，但"种姓"又来自"种"（jāti）。"种"不仅用于人类，也用于动物和植物，甚至用于无机物，例如金属和矿物；它由一套能生产的思想体系发展而来，针对人们体内和体外的各种"单位"（units）。如果要表达这些阶序性文化单位的性质，最好莫过于"物质"（substance）一词。这些价值不同、阶序不同的物质是种姓制度的基础，种姓制度不过是这些阶序物质系统的诸多表象之一。参见 Daniel Valentine, *Fluid Signs—Being a Person the Tamil Way*, Berkeley: University of California Press, 1984, p. 2。

② Charles Hartshorne and Paul Weiss(eds.), *Collected Papers of Charles Sanders Peirce*, Volume VI, Cambridge: Harvard University Press, 1935, pp. 151-152(6. 228).

③ Charles Hartshorne and Paul Weiss(eds.), *Collected Papers of Charles Sanders Peirce*, Volume IV, Cambridge: Harvard University Press, 1933, p. 37(4. 53).

④ Pierre Bourdieu, *Outline of a Theory of Practice*, Cambridge University Press, 1977, p. 78.

⑤ 〔英〕安东尼·吉登斯：《社会的构成——结构化理论大纲》，李康、李猛译，三联书店，1998，第89页。

⑥ Charles Hartshorne and Paul Weiss(eds.), *Collected Papers of Charles Sanders Peirce*, Volume V, Cambridge: Harvard University Press, 1934, p. 279(5. 417), pp. 360-361(5. 512).

习惯的交替源于新环境带来的冲击,这类不断出现的新环境和冲击,促使人的习惯不断对外开放,不断更新。习惯的缺失导致怀疑。习惯和对于习惯的意识给人带来安心和满足,相反,怀疑给人们带来焦虑和不满,因此人类要努力避免这样的处境。[1]在黑格尔看来,思想有普遍性,也有能动性,"就思维被认作为主体而言,便是能思者,存在着的能思的主体的简称就叫做我"[2]。能思者首先是个反思者,他(她)要审时度势,根据具体情况不断调整自己的习惯,在实践中既要受到原有习惯的约束,也要有所创新,完成扬弃的过程,达到自己的目的。由物归心是重要的,由心返物也同样重要,它们都是心物对话的可逆过程。皮尔士希望自己的研究包罗万象,能够解释自然科学与人文社会科学,自比亚里士多德、莱布尼茨,自喻"瓶中抓狂的黄蜂"[3]。他努力打通物质与精神的区隔,认为精神与自然是一个连续体,"物质只不过是固化为习惯的精神"[4]。笔者认为,皮尔士所说的精神是指号精神,即人类所认知的万象精神,万象的意义就是精神。无论是精神现象还是物质现象,无不相互关联,组成一个互相作用的连续体,即万物皆生态。多才多艺的美国人类学家贝特森(Gregory Bateson)从民族志研究转向控制论研究,把个人、社会和生态系统合为一体,提出关联性模式,讨论如何用元模式来改造我们自己的思维模式。[5] 贝特森指出,把生命界中任一成员的某身体部分与其自身其他部分相比较,取得一级关联;螃蟹和龙虾、人与马互相比较,找出对应部分之间的相同关系,这是二级关联;把螃蟹和龙虾之间的比较和人与马之间的比较相比较,即比较之比较,得出三级关联。这样,我们就建造了一个如何思考的梯子:关联性模式。关联性模式是模式的模

---

[1] Charles Hartshorne and Paul Weiss(eds.), *Collected Papers of Charles Sanders Peirce*, Volume V, Cambridge: Harvard University Press, 1934, p. 230(5. 372).

[2] 〔德〕黑格尔:《小逻辑》,贺麟译,商务印书馆,2011,第68页。

[3] 皮尔士在写给敬慕者和赞助者拉舍尔的信中提到,自己的成功归功于两个因素:一是"像陷入瓶中的黄蜂一样坚定不移",二是"发现了任何有才智的人都能掌握的思维方法"。参见〔美〕约瑟夫·布伦特《皮尔士传》(增订版),邵强进译,上海人民出版社,2008,第449页。

[4] 〔美〕约瑟夫·布伦特:《皮尔士传》(增订版),邵强进译,上海人民出版社,2008,第478页。

[5] Gregory Bateson, *Mind and Nature: A Necessary Unity*, Toronto, New York, and London: Bantam Books, 1979.

式。从最基本的一级关联到较高的三级关联，体现了从比较到比较的比较，从模式到模式的模式这样一种由具体到抽象、由特殊到普遍的过渡，即贝特森所说的如何思考的梯子。

皮尔士的万象生态观和贝特森的万物生态观符合中国儒释道传统的核心思想，尤其与黄老之学存在异曲同工之妙，对于分析中国的民族现象具有借鉴意义，可用来解析文化多元、语言多样、民族众多等现实背后的三元勾连、关联和元关联，发现各民族的社会、自然、文化是如何组合起来形成一个互联体。在初级层面上，民族多样，文化多样，语言多样；但在高级层面上，跨族或跨国的元模式就会凸显出来，这里是重叠共识的所在，也是和而不同的所在。

以皮尔士指号学中的象似为例，它会在反复指向标指和象征之后，被同化成为标指系统或者象征系统的一部分，增加了抽象性。如少数民族刀耕火种的生产方式，起初人们会关心当地人的种子、生产工具、烧荒的细节等，但到了现在，刀耕火种似乎成了落后的象征①，只有少数专家学者仍然对刀耕火种的象似特征感兴趣，它已经融入比较抽象的象征系统。同样，象征也会在指号过程中转变成为标指或者象似。例如作为新中国行政区划象征的民族自治区、自治州的名称，往往会具象成为民族服饰、民族歌舞和民族风情，充满各种想象的质感和图像。尽管三元有对转，但它们毕竟属于不同层面，特殊性、普遍性各有分工。我族中心主义者容易把自己的指号一厢情愿地送给他族，或者把他族的象征—释象当成象似—征象，把象似—征象当成象征—释象，出现普遍与特殊的错位，造成认知颠倒，行动失误。

……我们实有把普遍与特殊的真正规定加以区别的必要。如果只就形式方面去看普遍，把它与特殊并列起来，那么普遍自身也就会降为某种特殊的东西。……有时常有人拿一个以普遍为原则的哲学体系与一个以特殊为原则，甚至与一个根本否认哲学的学说平列

---

① 需要指出，国内有人类学者认为"刀耕火种"是符合当地生态环境的生产方式，"是森林孕育的农耕文化，是一个山地人类生态系统，是一个文化生态体系"。参见尹绍亭《人与森林——生态人类学视野中的刀耕火种》，云南教育出版社，2000，第337页。

起来。他们认为二者只是对于哲学不同的看法。这多少有些象认为光明与黑暗只是两种不同的光一样。(原文有着重号)①

一方面,我族的象似—征象不能混同于象征—释象;另一方面,我族的象似—征象、象征—释象也不能等同于他族的象似—征象、象征—释象。不同民族之间和不同人群之间会存在三元系统的差异,这种差异来自历史和文化的差异,即便族际交流频繁,也不会带来差异的消失。相反,交流会增加差异,增加选择的机会。网络时代的到来,让三元互动更快,范围更广,效率更高。当然,这类三元差异并不属于最高层面的差异,它们只属于国民国家、民族、族群层面上的差异。如果从高度哲学抽象出发,着眼于最高层面,我们就要承认存在着统一的象似—征象、标指—对象、象征—释象的"位",即"元三元",万象皆可归"位",化约成为征象、对象、释象。这个道理就是黑格尔关于"我"的表述:

> 但我说:"这个东西"、"这一东西"、"此地"、"此时"时,我所说的这些都是普遍性的。一切东西和任何东西都是"个别的"、"这个",而任何一切的感性事物都是"此地"、"此时"。同样,当我说"我"时,我的意思是指这个排斥一切别的事物的"我",但是我所说的"我",亦即是每一个排斥一切别的事物的"我"。(原文有着重号)②

但是,这种宇宙大同的元三元并不能代替生活世界里的日常三元,尤其是本土日常实践,中间充满相对的特殊性,因而也有了互动对转的动力。元三元是理想型,是潜能;日常三元是实践型,是现实。

如果我们以生命和非生命为单位来思考问题,我们就能更加清晰地看到关联性模式,在多样性阶序的高端发现统一性。建立在生命和生存层面上的多元共识,是全新形势下观察和研究民族多元、语言多元、文

---

① 〔德〕黑格尔:《小逻辑》,贺麟译,商务印书馆,2011,第55页。
② 〔德〕黑格尔:《小逻辑》,贺麟译,商务印书馆,2011,第71页。

化多元和价值多元的新视角。从生命诞生到成形,是一个由普遍到特殊,由特殊再返悟普遍的过程:生命的最小单位具有普遍性,生长成形后又增添许多特殊性;人类在成熟之后具备发达的心智,让他们能够透过现象看本质,在差异中发现类同,返悟万象归一的普遍性。由类同到差异,由差异再到类同,是一个由低到高的排序,是一个环环相扣的阶序关联。阶序的关联性模式,是由微观到宏观的万象共生表征。在象似—征象层面上捕捉万般差异,在标指—对象层面上分析所指,在象征—释象层面上研究抽象。这样,我们就能在差异中发现重叠,在重叠中发现共相,最终可以定位民族共生互生的社会生态。有族有群,族不为界,族族相连,休戚与共。

生物学家马图拉纳在解释生命体与环境之间的互动关系时,用结构耦合概念解释生物体和环境之间互动互生的关系。对于生物体来说,环境不是外部结构,而是生物体的产品,反映了生物体的生物特征。没有生物体就没有环境,没有环境就没有生物体。换句话说,生物体既是进化的对象,也是进化的主体。[①] 同样的道理,当两个或者两个以上的人群共处时,他们既是自组织的群体,也是互为环境的互动体;他们各自要根据对方发出或者反馈的信息调整自己的认知图式和行动结构,其中涉及功利和博弈,也涉及价值观。所以,民族问题不单纯是少数民族问题,它会更多地涉及多数民族问题。例如,多数民族的民族主义必然会导致少数民族的民族主义,而后者的民族主义会强化前者的民族主义,因而作为通行的国家政策,两种民族主义都会受到遏制。

皮尔士的自然—精神连续体和贝特森的万物关联的元模式,可以帮助我们重新认识民族共生的现实,推陈出新,建立适合本土特点的阐释模式。同时,这种万象共生观也可以是公平和美德的论说体系,在共生中生成美美与共的情操,符合罗尔斯在态度、规范和前景上的重叠共识追求。[②] 建立在万物共生之上的社会生态观,有助于我们冷静观察民族问题,把它作为历史和自然造成的权利问题看待,把少数民族和弱势群体看作现代性运动的最少受惠者,创造各种条件把他们包容到市民社会中

[①] W. Foley, *Anthropological Linguistics: An Introduction*, Oxford: Blackwell, 1997, p. 44.
[②] 〔美〕罗尔斯:《正义论》,何怀宏、何包钢、廖申白译,中国社会科学出版社,1988。

来，设身处地，易位思考，形成主体之间的协商交流。当然，从本土人观点看问题，不一定意味着本土人的观点正确，而只是提供了一个便于双方交流和理解的平台。无论哪一个民族的成员，作为公平美德态度的追求者，作为交流共同体的一分子，他们在长期互动中都懂得"进得去，出得来"的道理，既从自己角度看问题，也从对方角度看问题，最终能够避免偏激的我群中心主义。信息交流是物象共生、万物共生的基本形式，它不仅包括通常人们了解的那种语言交流，还包括身体语言交流、诗学语言交流、环境语言交流、默会语言交流等。多渠道、多手段、多风格的交流，不仅使跨族跨文化交流成为可能，也使生命形式和非生命形式之间，生命活动和非生命活动之间的交流成为可能，即生态对话成为可能，交流各方在协商对话中组成超级话语生态链，结成互动互生的生态友谊。民族和其他共同体毕竟是派生人群，具有能动性和弹塑性，可以超越国家、公民等分类，也可以超越党派、宗族等界限，具有协商共生的巨大潜力。不过，超越差异的前提是承认，不是同化，更不是否认。每一个现代国家都面临如何与各种差异共存的挑战，差异的存在是双刃剑，它可以导致矛盾冲突，也可以走向美美与共，但总的来说，多民族包容共生是大趋势。各民族之间的包容共生，如同河水自然流动，蜿蜒中找出自己的河道，他们相互之间，他们和周围的各种生命和非生命现象之间，共处互生，各自以对方为存在环境和生产环境，在美美与共中保持动态平衡的发展方向。

张岱年指出，中国精神在不失本色的前提之下，"仍是在创造之中……使之以更新的姿容表见出来……这些话的意思，即是主张不一定要执著旧的中国精神，而应重新创造新的中国精神"[①]。综合创新、守正创新，新时代是不失本色的创新时代。一方面，我们要把握文化全球化和民族化这两大趋势的并行不悖；[②] 另一方面，我们要善于远望近观，不忘记自己家园里语言多样、文化多样的丰厚遗产。以往的中西文明论，只注意固化的传统中国和固化的传统西方，好像中国停留在孔子时代，

---

① 张岱年：《张岱年全集》第一卷，河北人民出版社，1996，第247~248页。
② 王东：《文化创新论——中国文化从何处来，向何处去》，吉林人民出版社，2015，第534~536页。

西方停留在古希腊时代。事实上,中国在不失本色的同时,已经发生了沧海桑田的变化,人们到现在还在争论关于中体西用尤其是如何中体西用的焦点问题,这本身就是中国在不断发展变化的一个佐证。现代中国在经济社会、科学技术、人文社会科学以及其他领域,人才辈出,硕果累累,全面创新,突飞猛进,这些都与中国人在兼和创新精神支持下的中外交往交流分不开,尤其与20世纪70年代末以来中国的改革开放、制度创新分不开。显然,我们不能把中国文化看作边界清晰、永远不变的固体;中国文化的生命力和活力来自兼和创新,来自守正创新。同时,新中国精神之创造不应仅仅限于中西交流、文明对话、文明互鉴,还要眼光向内,仔细盘点老祖宗给我们留下了什么样的遗产,把这些遗产盘活、用足,让遗产变成资源。

> 有关"人文资源"是费孝通先生……提出来的。他指出:"人文资源是人类从最早的文明开始一点一点地积累、不断地延续和建造起来的。它是人类的历史、人类的文化、人类的艺术,是我们老祖宗留给我们的财富。人文资源虽然包括很广,但概括起来可以这么说:人类通过文化的创造,留下来的、可以供人类继续发展的文化基础,就叫人文资源。"……资源并非完全客观地存在,当某种存在物没有同一定社会活动目标联系在一起的时候,它是远离人类活动的自在之物,并非我们所论述的资源。也就是说,如果人类一代一代流传下来的文化遗产,只是静态地存在于我们的生活中,甚至博物馆里,与我们的现实生活没有联系时,其只能成为遗产,不能称为资源,只有当它们与我们的现实生活和社会活动及社会发展目标联系在一起后,才能被称为资源。[1]

我国少数民族中有丰富的民间人文资源,在建设新时代中华民族共同体精神的过程中,它们是一笔不可缺少的人文资源,不仅可以用来推动新中国精神之创造,也可以用来丰富和活化人类文明。为了创造富于活力的新中国精神,中华民族共同体需要发掘和发展各民族共同体精神的当代价

---

[1] 方李莉主编《从遗产到资源——西部人文资源研究报告》,学苑出版社,2010,第1页。

值，需要不断加强对外和对内的交流交往，在交往交流中自我更新，自我创造，自我发展，不失根脉，不失本色，迎接人类共同发展的新希望。

约翰·迪利（John Deecy）认为21世纪出现的符号学（semiosis）或元符号活动（metasemiosis）是一个划时代的标志，它前所未有地逼近真实的"存在"：人是"思维着的物"（*res cogitans*），也必然是符号动物；"符号性存在"由三元关系组成，① 涉及超越任何主观界限的感知，这些关系构成了人类获取任何知识的前提条件—— 现实一方面不以人的意志为转移，另一方面也是被社会所建构、完全可以被人们所认知。② 迪利所说的符号的三种关系，就是我们已经提到过的皮尔士符号三性论，它与轴心时代或轴心期的"地天通"观点非常合拍，超越了唯心唯物之争，让古老的智慧发出创新之光。让我们重温古人的符号论：

> 凡音之起，由人心生也。人心之动，物使之然也。感于物而动，故形于声。声相应，故生变；变成方，谓之音；比音而乐之，及干戚羽旄，谓之乐。
>
> 乐者，音之所由生也，其本在人心之感于物也。是故其哀心感者，其声噍以杀；其乐心感者，其声啴以缓；其喜心感者，其声发以散；其怒心感者，其声粗以厉；其敬心感者，其声直以廉；其爱心感者，其声和以柔。六者非性也，感于物而后动，是故先王慎所以感之者。故礼以道其志，乐以和其声，政以一其行，刑以防其奸；礼乐刑政，其极一也，所以同民心而出治道也。③

口语是内心经验的符号，文字是口语的符号。正如所有民族并没有共同的文字，所有的民族也没有相同的口语。但是语言只是内心经验的符号，内心经验自身，对整个人类来说都是相同的，而且

---

① 指物感物觉的关系、物物他指的关系、象征意义的关系。——引者注。
② John Deecy, *Augustin & Poinsot: The Protosemiotic Development, Rationale of the Trilogy*, Scranton, PA & London: University of Scranton Press, 2009, pp. iii-iv.
③ 陈成国撰《礼记校注》，岳麓书社，2004，第271~272页。

由这种内心经验所表现的类似的对象也是相同的。①

符号三性关系就是地天通关系，是形气神关系，就是物感物觉不脱离象征意义的关系，阴阳对转，生态平衡；地天通的符号三性观对于当下物欲横流、环境恶化、心物对立的现时代来说，意义重大，影响深远。地天通的符号生态观明确告诉我们，人类是自然的一部分，至多是会思考的生物，再抽象的思维也要有物性的根据。正是在物感物觉、物事相指、象征意义的基础之上，仁德守节和自强不息的精神获得了无限的能量和真正的可持续性。地天相通、兼和相济、仁德守节、爱国主义、自强不息，中华民族共同体的这些精神内核具有重要的当代价值。

习近平总书记在党的二十大报告中指出，中华优秀传统文化中蕴含的宇宙观、天下观、社会观、道德观，"同科学社会主义价值观主张具有高度契合性"；② 在2023年6月初文化传承发展座谈会上提出属于"又一次的思想解放"的创新论断："马克思主义和中华优秀传统文化来源不同，但彼此存在高度的契合性。"③ 2023年10月7日至8日在北京召开的全国宣传思想文化工作会议首次提出了习近平文化思想。习近平总书记在新时代文化建设方面的新思想新观点新论断，内涵十分丰富、论述极为深刻，是新时代党领导文化建设实践经验的理论总结，丰富和发展了马克思主义文化理论，构成了习近平新时代中国特色社会主义思想的文化篇，形成了习近平文化思想。④

中华优秀传统文化同马克思主义彼此契合，相互成就，为中华民族现代文明建设拓展了新的历史纵深，开辟了新的文化空间。中华优秀传统文化让马克思主义扎根中国，实现本土化，焕发更加强大的生命力。马克思主义为中华优秀传统文化提供了时代灵魂和发展方向；让中华优

---

① 〔古希腊〕亚里士多德：《解释篇》，秦典华译，载苗力田主编《亚里士多德全集》第一卷，中国人民大学出版社，1990，第49页。
② 习近平：《高举中国特色社会主义伟大旗帜，为全面建设社会主义现代化国家而奋斗——在中国共产党第二十次全国代表大会上的报告》，人民出版社，2022，第18页。
③ 习近平：《在文化传承发展座谈会上的讲话》，人民出版社，2023，第5页。
④ 《习近平对宣传思想文化工作作出重要指示》，光明网，https：//news.gmw.cn/2023-10/09/content_36879059.htm。

秀传统文化与时俱进，以充满时代性的势能，为中国式现代化提供强大的精神力量。马克思主义基本原理同中国具体实际相结合、同中华优秀传统文化相结合，这"两个结合"中的"第二个结合"是铸牢中华民族共同体意识的思想根基，是在铸牢中华民族共同体意识中处理好物质与精神的关系、政治与经济的关系、本民族与中华民族的关系、本民族文化与中华文化的关系、"多"与"一"的关系的关键所在。习近平文化思想为我国各族人民铸牢中华民族共同体意识提供了根本遵循。

主要参考文献

〔美〕本尼迪克特·安德森:《想象的共同体》(增订本),吴叡人译,上海人民出版社,2016。

蔡元培:《蔡元培选集》,中华书局,1959。

陈连开:《中华民族解》,《中南民族学院学报》1992年第5期。

陈兆复:《中国少数民族美术史》,中央民族大学出版社,2001,第15页。

丹珠昂奔:《民族工作方法论——中央民族工作会议精神学习体会》,民族出版社,2016。

丹珠昂奔主编《少数民族对祖国文化的贡献》,中央民族大学出版社,2012。

费孝通主编《中华民族多元一体格局》(修订本),中央民族大学出版社,1999。

费孝通:《费孝通文集》(第十三卷),群言出版社,1999。

费孝通:《"美美与共"和人类文明》(上),《群言》2003年第1期。

费孝通:《"美美与共"和人类文明》(下),《群言》2005年第2期。

方李莉:《费孝通晚年思想录》,岳麓书社,2005。

〔美〕里亚·格林菲尔德:《民族主义:走向现代的五条道路》,王春华等译,上海三联书店,2010。

〔英〕厄内斯特·盖尔纳:《民族与民族主义》,韩红译,中央编译出版社,2002。

〔美〕克利福德·格尔兹:《文化的解释》,纳日碧力戈等译,上海人民出版社,1999。

国家民委《民族问题五种丛书》编辑委员会、《中国少数民族》编写组、《中国少数民族》修订编辑委员会：《中国少数民族》（修订本），民族出版社，2009。

葛剑雄主编《中国移民史》（第一卷），福建人民出版社，1997。

关纪新主编《中国少数民族俗文学》，内蒙古教育出版社，2001。

郭永秉：《九个汉字里的中国》，上海文艺出版社，2019。

尤素甫·哈斯哈吉甫：《福乐智慧》，耿世民、魏萃一译，中国国际广播出版社，2016。

胡焕庸：《中国人口之分布——附统计表与密度图》，《地理学报》1935年第2期。

胡焕庸：《中国八大区的人口增长、经济发展和经济圈规划》，《地理研究》1985年第4期。

胡焕庸：《中国人口地域分布》，《科学》2015年第1期。

黄光学主编《中国的民族识别》，民族出版社，1995。

胡晓明、傅杰主编《释中国》（第三卷），上海文艺出版社，1998。

〔美〕郝大维、安乐哲：《孔子哲学思微》，蒋弋为、李志林译，江苏人民出版社，2018。

〔德〕黑格尔：《小逻辑》，贺麟译，商务印书馆，2011。

〔美〕韩起澜：《苏北人在上海》，卢启明译，上海古籍出版社，2004。

〔德〕威廉·冯·洪堡特：《论人类语言结构的差异及其对人类精神发展的影响》，姚小平译，商务印书馆，1997。

〔英〕安东尼·吉登斯：《社会的构成：结构化理论大纲》，李康、李猛译，三联书店，1998。

〔美〕埃里·凯杜里：《民族主义》，张明明译，中央编译出版社，2002。

陆玉胜：《革命乌托邦的终结——西方马克思主义研究》，山东人民出版社，2015。

罗新：《中古北族名号研究》，北京大学出版社，2009。

李义天主编《共同体与政治团结》，社会科学文献出版社，2011。

李学勤：《中国古代文明与国家形成研究》，云南人民出版社，1997。

路遇、翟振武主编《新中国人口六十年》，中国人口出版社，2009。

罗康智、罗康隆：《传统文化中的生存策略——以侗族为例案》，民族出版社，2009。

苏秉琦：《满天星斗：苏秉琦论远古中国》，赵汀阳、王星选编，中信出版社，2016。

施联朱：《施联朱民族研究文集》，民族出版社，2003。

施联朱：《民族识别与民族研究文集》，中央民族大学出版社，2009。

孙宏开、胡增益、黄行主编《中国的语言》，商务印书馆，2007。

〔英〕阿诺德·汤因比：《历史研究》，郭小凌等译，上海人民出版社，2010。

〔德〕斐迪南·滕尼斯：《共同体与社会——纯粹社会学的基本概念》，林荣远译，商务印书馆，1999。

翁独健主编《中国民族关系史纲要》，中国社会科学出版社，1990。

王文长：《民族贸易概论》，民族出版社，1989。

伍雄武：《中华民族的形成与凝聚新论》，云南大学出版社，2014。

萧万源、伍雄武、阿布都秀库尔主编《中国少数民族哲学史》，安徽人民出版社，1992。

萧启庆：《元代史新探》，新文丰出版公司，1983。

〔马来西亚〕萧遥天：《中国人名的研究》，国际文化出版社公司，1987。

阴法鲁、许树安主编《中国古代文化史》，北京大学出版社，1989。

阳河清编译《新的综合——社会生物学》，四川人民出版社，1985。

杨建新：《中国少数民族通论》，民族出版社，2009。

尤权：《做好新时代党的民族工作的科学指引——学习贯彻习近平总书记在中央民族工作会议上的重要讲话精神》，《求是》2021年第21期。

〔古希腊〕亚里士多德：《范畴篇·解释篇》，方书春译，商务印书馆，1986。

张岱年：《张岱年全集》第三卷《天人五论》，河北人民出版社，1996。

张崇根主编《中国民族工作历程（1949—1999）》，远方出版社，1999。

郑师渠主编《中华民族精神研究》，北京师范大学出版社，2009。

赵杰、田晓黎：《语言人类学》，民族出版社，2015。

赵翼：《廿二史札记》，中国书店，1987。

《中华民族凝聚力的形成与发展》编写组编《中华民族凝聚力的形成

与发展》，民族出版社，2000。

中国社会科学院考古研究所编《新中国的考古发现和研究》，文物出版社，1984。

中国社会科学院近代史研究所民国史研究室、四川师范大学历史文化学院编《一九四〇年代的中国》（下卷），社会科学文献出版社，2009。

中共中央统战部编《民族问题文献汇编：一九二一·七——九四九·九》，中共中央党校出版社，1991。

图书在版编目(CIP)数据

中华民族共同体意识研究 / 纳日碧力戈著. -- 北京：社会科学文献出版社，2024.11（2025.6重印）. --（兼和丛书）.
ISBN 978-7-5228-3950-9

Ⅰ.C955.2

中国国家版本馆 CIP 数据核字第 2024ND0555 号

·兼和丛书·
中华民族共同体意识研究

著　　者 / 纳日碧力戈

出 版 人 / 冀祥德
责任编辑 / 黄金平
责任印制 / 岳　阳

出　　版 / 社会科学文献出版社·文化传媒分社（010）59367156
　　　　　 地址：北京市北二环中路甲29号院华龙大厦　邮编：100029
　　　　　 网址：www.ssap.com.cn
发　　行 / 社会科学文献出版社（010）59367028
印　　装 / 北京联兴盛业印刷股份有限公司

规　　格 / 开　本：787mm×1092mm　1/16
　　　　　 印　张：17　字　数：268千字
版　　次 / 2024年11月第1版　2025年6月第4次印刷
书　　号 / ISBN 978-7-5228-3950-9
定　　价 / 118.00元

读者服务电话：4008918866

版权所有 翻印必究